齐鲁名校长领航工作室研究成果之一

公民教育研究与实践公民课堂

——以学生的自主发展选择教学

徐正烈　著

中国海洋大学出版社

·青岛·

图书在版编目(CIP)数据

公民教育研究与实践公民课堂:以学生的自主发展
选择教学 / 徐正烈著. —青岛:中国海洋大学出版社,
2021.4

ISBN 978-7-5670-2761-9

Ⅰ.①公⋯ Ⅱ.①徐⋯ Ⅲ.①中小学生－公民教育－
研究－中国 Ⅳ.①G631.6

中国版本图书馆 CIP 数据核字(2021)第 013258 号

出版发行	中国海洋大学出版社			
社 址	青岛市香港东路 23 号		**邮政编码**	266071
出 版 人	杨立敏			
网 址	http://pub.ouc.edu.cn			
电子信箱	369839221@qq.com			
订购电话	0532－82032573(传真)			
策划编辑	韩玉堂		**电 话**	0532－85902349
责任编辑	韩玉堂			
印 制	日照报业印刷有限公司			
版 次	2021 年 7 月第 1 版			
印 次	2021 年 7 月第 1 次印刷			
成品尺寸	170 mm×230 mm			
印 张	13.75			
字 数	246 千			
印 数	1～2000			
定 价	49.00 元			

如发现印装质量问题,请致电 0633－8221365,由印刷厂负责调换。

序　言

助推小公民成长 放飞民族未来希望

每个时代,都有与之辉映的教育方式;每个时代,都有时代烙印的人才标准。时代和社会的车轮滚滚前行,让教育目的愈发清晰。

教育的本质是一种有目的、有计划地培养社会人的活动。一个人要成为社会人必须经过教育和受教育的过程。教育的特性决定着社会和民族的根本特质。教育所培养的人的特质,最终要以社会的标准来衡量,新时代中国特色社会主义教育所培养的社会人应以"新公民"的标准和特质来体现。

教育在经历与功利主义的抗争后,正在回归现实。从传统教育到现代教育、再到未来教育,意味着育人方式的整体更新:从工具主义的目标转为以人为本、以学生为中心;从升学教育、应试教育转为培养合格公民,实行生活教育;从学科中心、知识本位转为能力本位;从教什么、如何教转为学会学习、学会生存,等等①。教育价值观的转型,驱动着教学方式和课堂观念的革命,实现着"人之为人"的根本转变。

教育转型,课堂教学担当起人才培养模式改革的重任,为培养社会主义合格公民做足充分准备,合格公民才在学校教育土壤中成长起来。山东沂南经济开发区实验学校"人才培养模式变革下新公民教育实验研究"课题成果,给我们提供了可复制、可借鉴的宝贵经验。

课堂阵地建设:合格公民培养模式探索

建设小公民课堂,我们首先要明白为什么要建设"公民课堂"这个问题。

---

① 田慧生. 中国未来学校 2.0:概念框架[J]. 教育研究,2017(2):16.

"培养什么人,怎样培养人,为谁培养人",体现出一所学校的教育哲学和育人方式。

纵观人类历史长河,在东、西方先贤辈出的"轴心时代",人们都在探索"培养贤人与君子""培养有智慧、有完善道德品质的人"的教育宗旨。我们认为,那个时代教育所培养的就是拥有着公民的特质、也就是一种全面发展的人。然而,到了现代,我们的教育受传统教育的影响,出现了一些违背教育本质的现象。李希贵在新学校行动研究中发现,"教师讲、学生听"的教学方式,导致现在的学生学习出现了这样一种现象:喜欢文学而不热爱语文课,喜欢体育运动而不喜欢体育课,热爱绘画而不愿上美术课,等等。

从影响创新人才健康成长的角度出发,创新教育实践存在着八个方面的缺失:道德教育缺失、生命教育缺失、科技实践教育缺失、情意教育缺失、通识教育缺失、创造个性教育缺失、批判思维教育缺失和公民教育缺失。它们不同程度地影响了人的创新性素质与创新精神。为此,我们需要予以克服和纠正。针对其中存在的被动学习、缺乏创造、缺乏民主、违背规律等核心问题,新时代到底需要构建什么样的课堂?

教育部陈宝生部长指出,应把质量作为教育的生命线,坚持回归常识、回归本分、回归初心、回归梦想。深化基础教育人才培养模式改革,掀起"课堂革命",努力培养学生的创新精神和实践能力。在"课堂革命"的号召下,齐鲁名校长徐正烈同志带领团队着眼于"两个一百年"的奋斗目标,对未来课堂、未来学习进行了深度探索。根据自己的办学实际,扎根沂蒙办教育,果敢地确立了"人才培养模式变革下新公民课堂研究与实验"。

通过几年来的研究与实践,公民课堂已成为学生生命成长的精神家园。从学校走出的每个学生人格更完善、人性更完美、人生更完满。公民课堂契合人才培养的需要,着眼于中国学生发展核心素养,基于学生未来生活需要,成为提高学生未来生活本领和生存技能的教育场所。

实现教育高质量的发展,探寻一种关于人的培养与发展方式,推动实现人的个性发展、社会发展和民族意义发展的融合,推动人才培养模式变革已经转到课堂转型轨道上,以学习为中心的课堂建设起来,"新公民课堂"成为县域市际一种最有效、最美好的素质教育方式。

公民讲堂拓展:学生站在教育的正中央

公民应该是全面发展的人,这就要求公民课堂致力于创造幸福完美的人,关注学生道德、智慧和情感的和谐发展,注重高尚心灵的培养。这样的育人目标需要公民讲堂的构建来实现。那么,公民讲堂又是什么样子呢?

公民讲堂是生命成长的课堂,生命即成长。课堂公民的成长是自主发展、个性发展、全面发展、和谐发展。课堂生活就是教师和学生人生的整体。课堂是人的课堂、生命的课堂。课堂的面貌如何,你的人生面貌就如何。教育家于漪一辈子从事语文教育,从事教书育人工作,她说"教课就是生命在歌唱",她把全部生命都融进了教书育人的事业,她用大爱和高尚人格为中国基础教育塑造了美好的教育姿态。

叶澜教授指出,教育是一项基于生命、直面成长的事业。教育的本质在于唤醒人的生命意识,启迪人的精神世界,建构人的生活方式,实现人的生命价值。

教育基于生命,生命融入成长,最终使教育成为生命的适宜"栖息地"。教育若是忽视问题、忽视成长需要,就是忽视学生生命成长的内在欲求。学生的成长需要出发,要求我们始终把学生成长放在教育的正中央。这就是一切为了生命的生命化教育。生命化教育要做到以下几方面:

培育完整的生命——要在掌握知识、发展智力和提升能力的同时,使人的情感得以升华、心性得以陶冶、人格得以完善,最终使生命得到完整的发展。

凸显生命的灵动——给学生"松绑","解放"学生,把自主、自由还给他们,使他们真正成为自己思维的主人、自己发展的主人、自己活动的主人、自己生活的主人。他们在自由、自主中享受到生命的快乐。

张扬生命的个性——生命化教育把人的个性还给教育,使教育为个体的生命而存在,成为个性化的教育。教育与生命同行,就是要让教育以生命发展为核心,创造生命成长的家园、乐园。①

教育者每个人选择并寻找到了教师职业的生命依托,一切教育教学一刻也

---

① 冯建军. 让教育与生命同行[J]. 人民教育,2006(9):6.

离不开生命,都将被赋予鲜活的生命气息。我们认为,考试、评价、布置作业、班级管理甚至是给学生排名次,这些活动都应从生命成长的需要出发,遵从生命成长的规律去设计、去安排。

有了这种依托,就有了彼此之间的尊重、理解和公平,就有了人格的平等和民主的决策,然后才有自主、民主和快乐的学习,公民的成长也就不断实现。

生命课堂不仅是课堂教学的理念,更是每堂课的底色,也是课堂教学改革的价值追求。校长为学校发展提出了"行动"概念,行动指向实践,指向人的成长,通过培养行动教师、开展行动研究、构建行动课堂等,指向每个人生命意义的建构,最终指向教师和学生完美人格的建构,最终指向"做成一个人",实现小公民作为"人"的完整成长。

公民讲堂是道德交往的课堂,道德即交往。这就决定着公民课堂必须是道德的课堂,师生、生生在道德规范的相互交往与互动中学会学习、学会成长。

生命教育无论采取什么教材、进行什么教学活动,其实都是为了让每一个学生得到生命成长,建立自己健康的人生方向,使自己成为一个人,一个有心、有力、有行动、有知识、有承担的人。衡量生命教育的目标是否科学,首先应以道德的标准来衡量。

作为教师的人生意义就以课堂为生命寄托,依托课堂岗位实现教书育人的价值追求。用一生的功夫备好每一节课,课堂上以生命的能量唤醒学生沉睡的潜能,以生命的智慧引导学生人生的智慧,以生命的创造点燃学生的创造……每位教师在与学生生命的相互交往、交流、感染、互动、启发、鼓舞中,一起享受人生的美好、快乐与幸福。

学校要求提高分数、提高成绩,获得理想的质量,这本身并没有错。关键在于我们是否从人的生命出发,从尊重生命的差异出发,从生命的真实出发,用道德的方式处理教材、教学、布置作业、班级管理、评价,让每个孩子在自己的基础上不断获得进步和发展。

公民课堂树立起了"学生中心"和"学习中心"的课堂理念,以学生成长需要为出发点应对挑战,成就美好的人生。

公民课堂的师生之间以社会道德为准则,通过生命的交往、互动与启发,一起建构生命的丰富,共同提升生命品质的过程。做到时时、处处、事事,都满足学生的需求,符合满足道德的标准与条件,促进每个人的全面发展。

公民讲堂是文化流淌的课堂,文化即流淌。在学校里,学生 80％以上的时间是在课堂上度过的。作为公民意义维度的学生的健全成长几乎都是在课堂上完成的。有了这种理解,作为教育者的教师和作为受教育者的学生,都有共同意义的成长——文化在传承中熠熠生辉!

走进学校的公民课堂,我们会发现这些践行者的教师们都会沿着"学科知识—学科德育—学科素养—核心素养—公民素养"形成的轨迹,实现着师生的共同成长。在这里,你会看到小公民在课堂里蓬勃地成长起来。例如,在思政课堂上,学生们屏住呼吸、全神贯注地倾听老师介绍井冈山红军在为争取中国人民的自由幸福而英勇斗争的故事,他们为红军动人的故事而感动得热泪盈眶;在智慧班班会课上,同学们为修订班级规则、为了一个细节更加公平而争得面红耳赤,力争做到精益求精……

这样的成长来源于学校全力为学生构建的"公民课堂"。学校以最大限度满足学生成长需要为标准,坚持问题导向,构建起以"自主性、民主性、科学性"为主要特征的"公民课堂"。同时,依据学生在校四个发展阶段,循序渐进地采用教学、助学、导学、自学四种教学模式。如在 1～2 年级侧重教学(教为主导、学为主体),在 3～5 年级侧重助学(问题引领、同伴互助),在 6～7 年级侧重导学(学案诱导、任务驱动),在 8～9 年级侧重自学(精讲精练、自主生成)。除此之外,学校还围绕公民教育培养目标,针对学生每个阶段的成长需求开展问题化学习,同时要求教师在问题设计中要面向全体学生,做到在重点处、难点处、展示处、拓展处设问,体现由易到难,引导学生的思维由浅入深。随着每个教学问题的不断解决,学生的思维水平和自主能力也得到发展和提升。

这样的课堂要求体现公民课堂的自主性、民主性和科学性,打破传统的班级授课制,追求小组、混合式学习,把学习时间还给学生,让学生成为学习时间的掌控者,培养学生的独立性思维、创造性思维、动手解决问题的能力等。

这样的课堂是教师与学生、学生与学生之间基于生命成长的互动与能量交换,通过小组的学习、管理、评价规则的制订与遵守,让班级生活诞生着公民意识,实现着"小公民"的潜滋暗长。

鲁迅先生曾说,今天的学生是什么样子,这个民族的未来就会是什么样子。这给了我们的教育和教师何等的挑战,也同时给了我们更多的改革选择空间!教师的生命状态如何,他的课堂状态就如何;课堂是什么样子,师生的生命状态就是什么样子;师生在课堂里是什么样子,学校就会是什么样子;学生在课堂里是什么样子,他的未来就会是什么样子。一句话,今天课堂的面貌如何,未来的公民面貌就会如何。

这种充满了文化的课堂,学生的成长则会充满着自主、民主和美感。构建文化课堂,实现课堂转型,是公民课堂也是未来课堂建设的根本追求。让课堂充盈着安全、民主、公正、宽容、审美、自由、开放、创造和挑战,让课堂成就学科之美、沟通之美、思想之美。

学校教师因此就有了热爱课堂的理由,因为热爱课堂就是热爱生命,就是热爱学生,就是热爱自己的生命。每位教师要在自己的课堂里与学生一起歌唱、一起推动学生全面发展的理想和教师个体自我实现的梦想。

苗成彦

2021 年 4 月

前　言

从教近三十年来，不管是作为老师还是校长，我一直致力于课堂的研究与实践。因为我知道，老师的成长在课堂，校长工作的思路也在课堂。记得有一位校长说过，当你感觉到工作迷茫时，那就走进课堂吧。

二十八年前，我在一所农村小学任教，有感于农村孩子的纯朴与胆怯，我把小组学习带入了课堂，我给它起名：活动化的课堂。现在想来这可能是"自主发展"的萌芽吧。十年前，我来到了沂南县第二实验小学，面对九十多人的超大班额，体会到老师的劳累与艰辛，我提出了"把班级还给孩子，让课堂自主发展"的办学理念，开启了课堂改革之路，减轻了老师的负担，培养起孩子的自主能力。"小组合作"成为当时班级内一道亮丽的风景线。老师们精彩的课堂实践，为"自主发展"注入了丰厚的内涵。五年前，我来到沂南经济开发区实验学校，此时的我，已经在齐鲁名校长中成为领航工作室主持人了。我知道，我之所以能成长，这源于课堂。面对当下风靡一时的中国学生发展核心素养，面对九年一贯制的办学体制，面对城乡接合部的学生，我发现："自主发展"已成为现实中最迫切的需要。在这里，我继续探寻着课堂的自主发展之路、公民教育之途……

"以学生的自主发展选择教学"，是公民课堂的核心理念。课堂是老师与学生共有的生命空间。在这个生命空间里，压实教育的责任并与其他生命交流融合，老师就必须将孩子放在课堂的正中央，围绕孩子助推成长！——菜淡了，加点盐；葱无味，放个鸡蛋！这样，也就打开了孩子们的心灵之窗，让课堂走在自主发展的路上！

"以学生的自主发展选择教学"，就是要紧紧抓住问题——这一交流的凭借，让课堂呈现智慧的碰撞。以问题展示出来的生命空间在这里得到了交融，成为"公民六艺"的修行。这些问题既有关于琐屑的知识，更有关乎智慧、情感与生命的探寻。课堂里的每一个生命，都在"引领＋帮扶＋激励"中得到了自己所期待的成长值。有的同学成为望远镜——看得深邃;有的同学成为显微镜——看得细腻;有的同学成为放大镜——看得通透……在自主发展课堂中,都得到了个性化的成长,都有了优势互补、劣势提升的比、学、赶、帮、超的学习豪迈!不管是教师还是学生,都被"公民基因"吸引到了一起。一个人提出问题,其他人都义务地去思考回应,然后新的问题不断产生,大家不断思考和回应,慢慢就构成了一个回响和谐的生命空间。在这里,所有的生命都因提出问题、思考问题和回应问题而在思想、情感、价值、人格、道德……的领域成长。教师是面向问题的组织者、引导者、思考者、回应者,学生也一样,都在共享中成长。在每一节课,教师都在为打造一个交流互渗的生命空间而努力着,感谢你们让孩子得到真挚的成长!

公民课堂成了落实公民教育的主阵地,公民教育推进了立德树人,公民教育与学校教育深度融合,惠及了千家万户。尤其是来自教学一线的老师们的思考与实践,不仅可读、可推广,而且可参考、可复制、可借鉴。

本书的出版得益于认真和坚持。认真——辐射给更多的教育工作者;坚持——编织出更富魅力的光环。自身的价值大了,聚集的铁屑才更多,也才能生产出更多有用的"农具"。不高估自己一年能做到的,但别低估自己十年所能积淀的。

不忘初心,不负韶华。

徐正烈

2021 年 3 月

目　录

第一章　公民课堂:学生自主发展的主阵地

《新时代公民道德建设实施纲要》要求:要以习近平新时代中国特色社会主义思想为指导,紧紧围绕进行伟大斗争、建设伟大工程、推进伟大事业、实现伟大梦想,着眼构筑中国精神、中国价值、中国力量,促进全体人民在理想信念、价值理念、道德观念上紧密团结在一起,在全民族牢固树立中国特色社会主义共同理想,在全社会大力弘扬社会主义核心价值观,积极倡导富强民主文明和谐、自由平等公正法治、爱国敬业诚信友善,全面推进社会公德、职业道德、家庭美德、个人品德建设,持续强化教育引导、实践养成、制度保障,不断提升公民道德素质,促进人的全面发展,培养和造就担当民族复兴大任的时代新人。

"今日之学生,就是未来的公民,将来所需要的公民,就是今日所应当养成的学生。"①培养担当民族复兴大任的时代新人,必须是在思想水平、政治觉悟、道德品质、文化素养、精神状态等方面同新时代要求相符合的。也就是学生所应具备的、能够适应终身发展和社会发展需要的必备品格和关键能力,即核心素养。其中自主发展,重在强调能有效管理自己的学习和生活,认识和发现自我价值,发掘自身潜力,有效应对复杂多变的环境,成就出彩人生,发展成为有明确人生方向、有生活品质的人。培养未来公民的主阵地就是课堂,从这个意义也可以说公民课堂是学生主自发展的主阵地。

第一节　公民课堂与自主发展

一、我所理解的公民教育:培植自主发展的肥沃土壤

公民教育无疑是当代中国教育领域最重要的主题。

---

① 陶行知. 中国教育的觉醒[M]. 北京:群言出版社,2013:52.

何为公民教育？国内外学术界的定义众说纷纭。檀传宝教授从公民身份的视角分析了适切的公民教育应该是"造就公民的教育""对公民的教育""通过公民(生活)的教育"。

陶行知在《中国教育的觉醒》中指出共和与教育："但其为可教,施以相当之教育,而养成其为国家主人翁之资格焉。"①

我们所研究的公民教育,立足课堂主阵地,改造学校公共生活空间,培养自主发展的人。这样的公民教育无疑为人的自主发展提供了肥沃的土壤和空气。

如何真正实施符合时代精神、中国国情的公民教育,这就需要我们要扎根中国大地办教育。

习近平总书记在全国教育大会上指出,要坚持扎根中国大地办教育。中华民族有着重视教育的优良传统,并在长期的教育实践基础上形成了有教无类、因材施教、知行统一等一系列教育理念。改革开放以来,中国教育发展取得的成就和基本经验让全世界看到了中国教育发展的魅力,展现了中国教育的坚定自信。

坚持扎根中国大地办教育就是要立足于中国优秀文化传统,脚踏中国教育的现实问题,面向未来。

扎根中国大地办教育,就要坚持正确的政治方向。我国是中国共产党领导的社会主义国家,决定了我们的教育必须是中国共产党领导下的中国特色社会主义教育,必须坚持教育为人民服务、为中国共产党治国理政服务、为巩固和发展中国特色社会主义制度服务、为改革开放和社会主义现代化建设服务。

扎根中国大地办教育,就是要坚持中国特色。2018 年 5 月 2 日,习近平总书记在北京大学师生座谈会的讲话中指出:"人才培养体系必须立足于培养什么人、怎样培养人这个根本问题来建设,可以借鉴国外有益做法,但必须扎根中国大地办大学。"②这就要求我们既要认真吸收世界上先进的办学治学经验,更要遵循教育规律。但更关键的还是坚持中国特色、扎根中国大地。我国有独特的历史、独特的文化、独特的国情、独特的优势制度,决定了我们必须走自己的教育现代化之路。我们必须根植于中国历史和现实的土壤中,接受着中国政治、经济和文化的滋养,一切从实际出发,继承而不守旧、借鉴而不照搬、领跑而

① 陶行知. 中国教育的觉醒[M]. 北京:群言出版社,2013:11.
② 习近平. 在北京大学师生座谈会上的讲话[EB/OL]. https://baijiahao.baidu.com/s? id=159939719 5856148325&wfr=spider&for=pc 2018.05.

不追随。

扎根中国大地办教育，就是要坚持以马克思主义为指导，全面贯彻党的教育方针，坚持以人民为中心的发展思想、以立德树人为根本任务、以促进公平为基本要求、以优化结构为主攻方向、以深化改革为根本动力，走出一条中国特色的教育现代化之路。

学校是公民道德建设的重要阵地。要全面贯彻党的教育方针，坚持社会主义办学方向，坚持育人为本、德育为先，把思想品德作为学生核心素养、纳入学业质量标准，构建德智体美劳全面培养的教育体系。加强思想品德教育，遵循不同年龄阶段的道德认知规律，结合基础教育、职业教育、高等教育的不同特点，把社会主义核心价值观和道德规范有效传授给学生。注重融入贯穿，把公民道德建设的内容和要求体现到各学科教育中，体现到学科体系、教学体系、教材体系、管理体系建设中，使传授知识过程成为道德教化过程。开展社会实践活动，强化劳动精神、劳动观念教育，引导学生热爱劳动、尊重劳动，懂得劳动最光荣、劳动最崇高、劳动最伟大、劳动最美丽的道理，更好认识社会、了解国情，增强社会责任感。加强师德师风建设，引导教师以德立身、以德立学、以德施教、以德育德，做有理想信念、有道德情操、有扎实学识、有仁爱之心的好老师。建设优良校风，用校训励志，丰富校园文化生活，营造有利于学生修德立身的良好氛围。

中国特色社会主义进入新时代，加强公民道德建设、提高全社会道德水平，是促进社会全面进步、人的全面发展的必然要求，这就需要中华人民共和国的每一位公民都要做最好的自己。作为沂蒙精神诞生地的齐鲁大地，正在践行着沂蒙精神与公民教育深度融合的实践研究。学校教育应该立足于今天并面向未来，把学生培养成今天和未来都需要的那种优质的人——公民。这就需要我们教育引领孩子继承中华民族传统文化形成的以爱国主义为核心的团结统一、爱好和平、勤劳勇敢、自强不息的伟大民族精神，结合习近平总书记提出的"水乳交融、生死与共"沂蒙精神地域特色，立德树人从娃娃抓起，强化学生的国家认同感、民族使命感。

世界上大多数现代国家，自建立之日起便十分重视公民教育，把它作为国民教育的基础性内容加以贯彻落实。通过公民教育，强化国家认同和树立国家与公民意识，淡化民族意识和地方意识。1790年前后，美国开始在中小学开设公民课，并把公民课的目标界定为"培养学生的爱国心和对美国政治制度、国家理念的理解"。到19世纪末，随着大批移民来到美国，为了使多民族的公民能够认同美国的民主制度和价值观念,统一国民的思想,加强了公民教育,教育目标就是使移民尽早美国化,使他们认同美国、忠于美国。其他发达国家也一样,公民教育课是中小学的必修课。

我国在 20 世纪上半叶的公民教育取得良好的效果。我国于 1913 年翻译出版的《美国公民学》是最早引进的公民读本。1923 年商务印书馆出版了熊子荣主编的《公民教育》,成为中国自己编写的最早的公民课教材。此后,商务印书馆在不同时期曾出版了多种公民教科书。1919 年五四运动后,无论是私立还是公立学校,大都开设公民教育课,直至 40 年代末。据有关研究,当时的公民教育取得了较好的效果,大多数上过公民课的学生,国家意识和社会责任感都较强。

改革开放以来,公民教育理论研究日渐丰富,公民教育实践的社会氛围渐趋形成。1985 年,中共中央决定在初中开设公民课,实施公民教育。1998 年国家教委发布的《中小学德育工作规程》提到,"把学生培养成热爱社会主义祖国、具有社会公德、文明行为习惯、遵纪守法的公民"。中共中央 2001 年 9 月 20 日印发实施的《公民道德建设实施纲要》提出了培养"四有"公民的目标,即"有理想、有文化、有道德、有纪律"。"公民道德建设"概念被第一次明确提出。2010年 7 月,国务院发布的《国家中长期教育改革和发展规划纲要(2010—2020 年)》提出"要加强公民意识教育,培养社会主义合格公民",首次把培养目标定位为"合格公民",强调学校是实施公民教育和道德教育的主阵地。

进入 21 世纪,我国已经和正在发生深刻的变化,特别是党的十八大之后,我国提出了要实现中华民族的伟大复兴,要坚持我们的制度自信、理论自信、道路自信和文化自信。那么,学校教育就应该立足于今天并面向未来,把学生培养成今天和未来都需要的合格公民。这就需要我们教育工作者必须立足于千百年来中华民族形成的以爱国主义为核心的团结统一、爱好和平、勤劳勇敢、自强不息的伟大民族精神,并将之发扬光大。

现代社会是一个公民的社会,现代人是公民。社会和国家需要公民来维系。所以公民教育是实现我国建设富强、民主、文明、和谐社会宏伟目标的强大精神力量。公民教育对弘扬民族精神、推动社会文明、维护社会稳定、实现民族复兴具有重大作用,是推动社会主义物质文明建设、政治文明建设、精神文明建设与和谐社会建设全面发展的最现实的举措。公民教育又是提高公民素质、培养合格公民的有效途径。而学校作为落实公民教育的主阵地,责无旁贷。

把公民教育作为课程,传承国学根脉,才能培养起学生的民族意识,增强文化自信。弘扬和培育民族精神是公民教育的重要一环，通过强化公民对国家的认同感、归属感及国家利益高于一切的观念，才会增强公民自觉将个人的利益得失与民族盛衰强弱紧密结合在一起的国家意识，培养起学生的爱国情怀。

习近平总书记所说的构建人类命运共同体，这就要求我们的培养目标是立足中国、面向世界，培养有中国特色的中国公民，我们就是要培养中国的公民。

2012年2月24日，中国人民政治协商会议全国委员会官方网站公布了一份《关于在中小学开设公民教育课的提案》的提案，体现了一些关心国家命运、关注中国教育的有识之士的真知灼见，援引相关要点如下：

公民意识是指公民个人对自己在国家中地位的自我认识，也就是公民自觉地以宪法和法律规定的基本权利、责任、义务为核心内容，把国家主人的责任感、使命感和权利义务观融为一体的自我认识。鉴于当前我国公民意识状况以及国内外形势，在中小学开设公民意识课，提升公民的国家认同和国家意识，提升公民的文明意识，淡化狭隘的民族意识和宗教意识，具有重要的现实意义。

加强公民意识教育是提升公民文明素质的关键。当前我国的公民素质不高，是国内外公认的。一是表现在许多人对公民意识还不甚了解，对自己作为公民的权利责任和义务认识模糊，对公民的道德和规范不太了解；二是公民责任和义务意识不强，有些人只强调个人利益和家庭利益或民族利益不考虑国家利益；三是公民遵纪守法意识不强，一些公民违法乱纪、贪污腐败现象严重；四是不少人忠于国家的信念不强，缺乏对国家的认同感和归属感，缺乏忠于国家的信念，有些人甚至一走出国门就不承认自己是中国人；五是有些人是非不分，善恶不辨，容易轻信谣传，上当受骗。

增强公民意识是淡化狭隘民族意识的基础，是强化国家认同和加强中华民族凝聚力的必要条件。现代国家不是以民族为基础，而是以地域为基础，以具有公民身份的个人为社会联系纽带。从中外历史来看，一个国家一旦建立，便开始强化共同意识和共同价值观，以维护国家的统一和稳定。中国历史上如此，外国也一样。中国历史上之所以能够保持长期统一和稳定，与历代王朝在全国各民族中强化共同意识和共同价值观有密切的关系。因此，共同意识和共同价值观是凝聚一个国家的重要思想武器。在现代，共同意识和共同价值观被称为公民意识。在一个统一、稳定的国家里，公民意识理应超越民族意识和宗教意识。改革开放以来，原有的共同意识和价值观不复存在，新的共同意识和价值观又没有真正树立起来，狭隘的民族意识迅速增强，民族边界分得越来清楚,严重影响国家统一和民族团结。如果民族意识和宗教意识超越公民意识,国家就不可能长期保持稳定和统一。然而我国的实际情况是民族意识和宗教意识远远高于公民意识,只有增强公民意识教育,培养全国公民共同意识和共同价值观,才有可能淡化狭隘的民族意识和极端宗教意识,增强国家的凝聚力和向心力。如果不对中小学生进行公民意识教育,民族意识和宗教意识永远不可能淡化。

国外敌对势力总是打民族牌,通过各种方式分化中国。国际反华势力为了削弱正在崛起的中国,通过各种方式分化中国,积极打民族牌:一是大力支持境外民族分裂组织;二是鼓动和支持中国部分民族地区的分裂活动;三是积极在少数民族留学生中培养代理人。因此,淡化狭隘的民族意识,强化国家认同和中华民族意识,是防止西方反华势力渗透的基础。

这份提案是由何新亮、刘庆柱、海霞、蒋明林等委员提出的。提案中还指出,中小学生是健康人格和良好道德品质形成的重要时期,也是培养国家认同和良好的公民意识及其责任、权利、义务及较高文明素质的重要阶段。为此他们提出三点建议:一是将中小学的《思想品德课》更名为《公民思想品德课》;二是重新编写《公民思想品德课》教材内容;三是把我国民族和宗教的基本常识编入《公民思想品德》教材。透过这份提案,我们至少可以增强以下这些认识:一是要实现中国梦,必须要加强公民意识教育;二是在中小学生中加强公民教育,更是迫在眉睫;三是增强公民意识有利于维护国家统一,有利于维护民族之间的团结;四是开设公民课有利于培养学生的爱国心和对政治制度、国家理念的理解;五是我国曾在公民教育方面取得过良好的教育效果,一些时代精英的公民课成绩都很优秀。

中国梦的实现取决于中华少年的雄健,其关键又在于教育,在于本书所论述的公民教育使中华少年尽早成为时代公民。

二、我所理解的公民课堂:打造自主发展的生命场

培养未来公民的主阵地就是课堂,所以我把培养公民的课堂界定为公民课堂。

真正让公民教育寓于课堂之中的,莫过于陶行知先生。陶行知早就提出生活即教育,他指出"生活教育是给生活以教育,用生活来教育,为生活向前向上

的需要而教育，生活决定教育，教育要通过生活才能发出力量而成为真正的教育。"①公民课堂所追求的就是一种生活化的课堂，这样的公民课堂就是为了打造高效课堂，利用一切有利于提高课堂效率的形式，去完成教学任务，在这个过程中，老师要遵循教育规律，遵循人的发展规律，利用学生的心理特点，提高学生的参与度，培养学生成为全面发展的人，让学生在课堂中参与，在参与中体验，在体验中发展，在发展中成长。美国伊克中学的校训是：让我听我记不着，让我看我会忘记，让我参与我会明白。说的就是学生的自主发展，也是学生的发展规律。

智育注重自学，体育注重自强，德育注重自治。从学校方面来看，就是"为学生预备种种机会，使得学生能够大家组织起来，养成他们自己管理自己的能力"，也就是"养成学生共同自治的能力"，需要时常练习自治，久而久之，习惯成自然。譬如，只有下水才能学会游泳，如果不亲身下水体验，只是在岸上读如何游泳的书籍，做游泳的动作，即使学了一辈子，到了真正下水的时候，还是要沉下去的。②

公民课堂的核心理念是"知行合一""行是知之始，知是行之成"。"墨辩"提出三种知识：一是亲知，二是闻知，三是说知。现在学校里大多都是闻知，几乎以闻知概括一切知识，亲知是几乎完全被挥于门外。说知也被忽略，最多也不过是些从闻知里推想出来的。闻知与说知必须扎根于亲知里面才能发生效力，也就是说真正的知识来源于亲身的实践。

落实公民教育，不是一两节公开课就能实现的，它需要师生在这一场所里的共同生活——生命的碰撞。学习是学生个人的事情，任何人不能代替。当教学被当作一种简单的知识传递时，它便不能引发学习，甚至还会阻碍学习。

我所提倡的公民课堂应该是"生活在线，知行合一，自主发展"。课堂是老师与学生共有的生命空间。在这个生命空间里，都有责任与其他生命交流融合。交流的凭借就是——问题。文本是一个以问题展示出来的生命空间，这些问题无关于琐屑的知识，只关乎智慧、情感与生命，他们把课堂里的每一个生命，不管是教师还是学生都吸引到了一起。只要有一个人提出问题，其他人都有义务去思考回应，然后新的问题不断产生，大家不断进行思考和回应，慢慢就构成了一个和谐的生命空间。在这个和谐的生命空间里，所有的生命都因为提

① 陶行知. 中国教育的觉醒[M]. 北京：群言出版社，2013：341.

② 陶行知. 中国教育的觉醒[M]. 北京：群言出版社，2013：51.

出问题、思考问题、回应问题而在思想、情感、价值、人格、道德……所有的领域成长。在这样的课堂中,教师到底要些什么呢? 课堂的核心不是教师也不是学生而是与生命相关的问题,因此,教师的角色不是唯一的,他们是面向问题的组织者、引导者、思考者、回应者,学生也一样。和学生一样,教师也在成长中。只不过在一节课的开始,教师要有明确的主体意识,要有打造一个交流互渗的生命空间的愿景,在师生开始交流互渗时他们有责任让交流互渗始终围绕着轴心,他们还有责任尽可能想办法让那些游离于这个空间之外的学生也进入到问题中来。

深度学习的特征是什么? 以理解为指向。对应用、分析、综合、评价等较高级的认知层次,学生能够批判地学习具有挑战性的内容,形成内在学习动机,具有积极的情感、态度和正确的价值观,能够将学到的知识迁移到新的情境中,做出决策和解决问题。

课堂,一个教师和学生生命长河天天流淌着的地方,一个充满着众多生灵喜怒哀乐的地方,一个从灵魂深处氤氲着丝丝甘泉滋润精神家园的地方。

公民课堂指向学生终身发展,它原汁原味地反映教学本质,自然本真、充满智力挑战、情趣盎然,激扬智慧、释放潜能、润泽气质、点化生命,是学生和老师内在生命活力得到充分展示的课堂。

实效,这是公民课堂追求的目标。教师往往习惯于设计好课堂的各个环节以及所占用的时间和最终的标准答案,如果学生没有按照老师的预设的步骤走,老师就会千方百计想尽办法迫使学生朝着既定的方向努力推进。课堂求顺求快,追求表面好看,这样的课堂,班里的不少学生学习之初是什么水平,学习之后仍是什么水平。

公民课堂反对唯模式化,不拘泥于教材、不局限于一节课,而是着眼于学生的终身发展,使学生和教师内在的生命活力得到充分展示,得到不断滋养。教是为了学生更好地学,要以教促学,让学生自己做主。要使学生在课堂上的展示体现出全员性、互动性、层次性和生成性。

公民课堂以学生的成长为起点和依据,着力改变教学过程中不合理的行为和思维方式,充分考虑学生的各种需求,培养求真向善崇美的高素质学生,追求教育实现人的主体价值和促进人的社会化两种功能的和谐发展与统一。[①]

只有从教学走向了教育,真正的学习才会发生。

---

① 徐洁. 把课堂还给学生[M]. 上海:华东师范大学出版社,2017:15.

(一)公民课堂三大原则

公民课堂要坚持民主性、科学性、自主性这三个原则。

1. 民主性

毛主席在同民主人士黄炎培谈到历史周期率的问题时曾说："我们已经找到新路，我们能跳出这周期率。这条新路，就是民主。只有让人民来监督政府，政府才不敢松懈。只有人人起来负责，才不会人亡政息。"这一论断也指明了我们的教育目标就是要培养未来公民的民主意识与能力，教育我们的孩子要做自己的主人，国家的主人，世界的主人。

公民课堂中的民主性就是要在课堂中形成民主的氛围，师生在教学中使用民主的语言。具体来讲就是养成学生与学生相互提问、对话的自主巡回发言方式。"请""谢谢"等礼貌用语在师生、生生对话中养成自觉。

2. 科学性

教育是一项培养人的工程，实现它的目标主要靠课堂。课堂教学有其价值追求，不同的价值取向，实现不同的培养目标。公民课堂是"眼中有人"的课堂，这里讲的科学性是指要尊重并研究学生的生命成长规律、自然学习规律和教育发展规律。

(1)公民课堂是关注生命成长的课堂。教育是关注生命的教育，课堂就应该是关注生命的课堂。生命的课堂不只是保护生命的生存，更要关注生命的发展，也就是要关注生命的成长。"生命成长"的内涵很丰富，主要包括以下几方面。其一，身心的发展。"身心的发展"是生命存在的基础，是生命机能的需要。人活着的本义是身心的发展，人生活的意义也是身心的发展。课堂要关心生命的成长，首先要关注身心的健康发展，张扬人的个性，这是成长课堂的基本价值取向。其二，情感的丰富。"情感的丰富"是生命宽度的拓展，是生命质量的渴求。课堂要关心生命的成长，就要关心情感的丰富。在课堂教学中通过不断地走近文本，接触文本中描绘的各种事物，认识各种现象，丰富各种体验，感受生命的意义和生活的乐趣，培养情感，陶冶情操。其三，智慧的生长。"智慧的生长"是生命价值的追求，是生命长度的延伸。人生命的意义是追求智慧的生长，在发展自己的同时，能为社会做出更大的贡献。课堂要关心生命的成长，就要关注人的智慧生长。在课堂教学中通过师生、生生、人本对话，生发智慧，让课堂时时闪烁着智慧的光芒。其四，道德的提升。"道德的提升"是生命灵魂的升华，是生命境界的体现。人的道德品质是在后天习得的，绝大多数人是通过后天的教育,尤其是在课堂学习中形成的。课堂要关心生命的成长,就要关注道德的提升。在课堂教学中培植人的道德,让道德彰显生命的魅力。

公民课堂要尊重人的生命成长规律。按照生命的生长法则,每个生命体都在成长,他们的成长也都有其自身规律。教育既然把促进人的发展作为自己的本质,就应该尊重人的生命成长规律。人的生命成长是自主的,每个生命体都在主动向上攀升,别人无法拔节或阻止;人的生命成长是自然的,每个生命体都在原有状态下按照自己的生长方式成长,别人无法催生或压抑;人的生命成长是自觉的,每个生命体都在按照自己的意愿积极地生长,别人无法监督或改变。教育应该尊重人的"生命自然"。从对学生教育而言,课堂教学通过教师与"学生的生命自然"对话,促进学生的生命自主、自然、自觉的成长。从对教师发展而言,教学中通过学生与"教师的生命自然"对话,让教师的生命自主、自然、自觉的成长。这样的对话较之人类与大自然的对话来说更深刻、更强烈,且同样具有重要意义。客观上看,现代课堂对此有所忽视,公民课堂的建构应该吸取教训,尊重生命成长的规律,不要压抑人之自然,而要依托人的生命自然,顺自然而为,使儿童获得精神解放的启蒙,使教师获得文化提升的启蒙。

(2)公民课堂要尊重人的自然学习规律。学习是使主体产生行为或行为潜能的相对恒久变化的过程,它是人对个体潜能的开发,自然有自身的规律。不同年龄段的人有不同的学习规律,相同年龄段的人学习语言、数学和运动等也有不同的习得规律,不同的人学习相同的学科也有一定的差异。组织学习的公民课堂应该注意学生的年龄特点和学科特色,尊重其学习规律,引导他们主动探究,在探究中成长。人的学习规律很多,在公民课堂建构时要注意把握以下几个方面:其一,人是时代的"遗传者"。人是社会的产物。人类文化的真善美,会通过基因及于每个儿童。每个儿童从出生时,就已经"继承"这个时代的文化。基于这种思想,也就是说,每个年代的儿童都遗传其诞生的这个"时代的基因",具有这个"时代的天赋",打上这个"时代的烙印"。作为公民课堂的建构就应该注意人的"遗传禀赋"和"现实起点",从他们"最近发展区"出发,引导他们在课堂中成长。离开了学习者的"现实起点",过低要求,是重复学习;过高起步,则难度太大。其二,人是天生的学习者。儿童的天性是活动的、创造的,从出生开始就爱学习,就有学习的需要。这一观念,我们从生物学特性、人与环境的适应性、脑科学的研究和儿童的现实生活中都可以得到佐证。人在天赋状态的生活方式,在成功时获得的快乐,在自我实现时得到的体验,在学习中获得的充实感,当下的这些现实的学习状态也都有所体现。课堂教学就应该尊重他们爱学的天性，引导他们不断产生新的学习需求，促进他们有效地学，让他们的学习情绪始终保持在最佳状态。其三，人的学习动力来自学习。儿童的学习热情不仅仅是自发的自然的秉性，更会在实践中迅速地走向自觉。人对于社会和大自然的认识，对于真善美的感悟，成为他们更强烈地发挥学习天性的新启动力；人在学习中获得的成功体验，在活动中得到成长的喜悦，也都成为他们更主动地发挥学习天性的新推动力。课堂教学就应该针对这个特点，呵护自然对人的雏生态的作用，尊重他们的敏感、热情、好奇的心理，顺着他们自主产生的动力，引导他们去自我探究，再生动力，不断成长。

（3）公民课堂要尊重人的教育发展规律。自然界的万物生长需要尊重自然规律，社会的进步和发展需要尊重社会规律。教育作为一种社会活动，它的活动过程要遵循教育规律。课堂是实现教育的主渠道，在组织教育活动中必须按照教育规律开展教学活动。在公民课堂建构过程中必须把握以下几个关系。其一，教育要适应人的身心发展规律。这一点我们可从两个层次去认识：一方面，从规律本身来看，教育既要满足人的身心发展需要，又要对人的身心发展进行有序引导。从这个层面上说，建构的公民课堂既要充分考虑学生身心发展、个性特征；又要引导和促使学生的成长朝预期的培养目标健康发展。另一方面，从规律发展来看，教育是有计划培养人的活动，它的目的是为了人的发展。人的身心发展受先天的遗传因素、后天的环境与教育因素的影响，本质上存在着显著差异。课堂教学要承认人的不同，要尊重人的不同，也要依傍人的不同，按照差异进行教学，最终通过教学活动还要培养出"差异"。这乃是公民课堂教学追求的境界。其二，教育内部诸方面协调发展。习近平在 2018 年全国教育大会上提出"要培养德智体美劳全面发展的社会主义建设者和接班人"，自此，党的教育方针从"德智体美"四育转变为"德智体美劳"五育，这是新时代加快推进我国教育现代化、建设教育强国、办好人民满意的教育的时代要求，也是适应国家发展战略人才培养的现实需要。德智体美劳的全面、和谐、协调发展，既是党和国家的教育方针，又是教育过程中必须尊重的教育规律。公民课堂教学必须遵循这一教育规律，关注人的身心的发展、智慧的生长、情感的丰富和道德的提升，促进人全面、健康的成长。其三，教育过程中诸要素的关系要协和。教育过程中要客观把握教育者、教育对象和教育影响三者之间的关系。多年来，人们一直倡导学生为主体、教师为主导，但在实际教学中，常是教师的主导地位得到充分发挥，学生的主体地位得不到尊重。公民课堂必须对此有所突破，真正摆正学生的主体地位。课堂要从学生成长需要出发，教学就是满足学生的成长需要。教师只是学生成长的促进者,在促进学生成长的同时,发展自己。其四,教育要和外界协调发展。教育的发展要和社会发展相适应,既促进社会的发展,又要利用社会发展的成果。就课堂教学而言,从教育条件来说,教学设施和手段受社会经济发展所影响。当今,随着社会的发展,教育现代化得到实现,公民课堂的建构要充分考虑现代媒体的合理利用,把历史和未来引进课堂,把异国和校外搬进课堂,让课堂实现时空的跨越。从教学内容来说,公民课堂的建构要冲出校园的樊篱,把自然和社会引向课堂,把课堂伸向自然和社会,让师生走进自然和社会,感受自然的魅力、社会的进步。

3. 自主性

自主性是人的品格特性,心理学研究认为,它是个体心理素质的基本内核,是一种个体按自己意愿行事的能力,是在个体的价值观与社会规范无法协调一致时、个体表现出的独立判断和抉择的行为倾向,是一种稳定的心理特质。在人发展的不同阶段,自主性的外在表现和内涵是不同的。

个体自主性思想一直贯穿马克思哲学的始终。马克思认为,人是改造自然界、创造历史的主体,一个全面发展的人应该是独立自主、自由自觉和创造性充分发挥的个人,个体的人可以突破必然性的束缚获得自主性。人通过社会实践活动改造世界、驾驭自我,从而获得充分的、不受限制的个人自主活动,实践是通向个体自主性的唯一路径。人实现个体自主性是马克思哲学的使命,是人发展自己、解放自己的必由之路。马斯诺认为,人有自我表述和完善的欲望,自我实现是人的最高层次的需要,也即是实现人的自主发展。《中国学生发展核心素养》将"自主发展"列为中国学生所必需的核心素养之一,强调自主性是人作为主体的根本属性,学生在有效管理自我学习和生活中逐步实现自我认知,提升自我效能感,挖掘个人潜力,从而对自己的人生规划、生活品质等做出独立选择。

公民课堂是自主发展的课堂。在公民课堂中,自主性往往呈现为自主思考,然后是发自个人意愿地去跟同伴合作。在这里,我们充分尊重学生的自主发展需求,以最大限度满足学生成长需要为标准,遵循学生成长规律,依据学生在校四个发展阶段,循序渐进地采用教学、助学、导学、自学四种教学模式。如在1~2年级侧重教学(教为主导、学为主体),在3~5年级侧重助学(问题引领、同伴互助),在6~7年级侧重导学(学案诱导、任务驱动),在8~9年级侧重自学(精讲精练、自主生成)。

（二）突破三个瓶颈，实现课堂自主发展

2019年9月10日，教育部陈宝生部长在《人民日报》上撰文指出：坚持内涵发展，加快教育由量的增长向质的提升转变；把质量作为教育的生命线，坚持回归常识、回归本分、回归初心、回归梦想；深化基础教育人才培养模式改革，掀起"课堂革命"，努力培养学生的创新精神和实践能力。① 教育部领导讲话，聚焦到"课堂教学"这么一个点上，这是历史上没有过的。为什么？那是因为看到了课堂改革的重要性。课堂是落实教育的主战场，它一端连着学生，一端连着民族的未来，课堂不变，教育就不变，教育不变，学生就不变，最终国家就会原地打转。

谈到四个回归，我们不妨略做分析。第一个是回归常识。教育的常识是什么，常识就是读书，学校应该就是书声琅琅的地方。有一个人说过，学校的样子应该就是一个爱读书的校长和一群爱读书的老师，带着一群爱读书的孩子，在学校里生活。课堂更是读书的地方。第二个是回归本分。教育的本分就是教书育人，教是手段，育是目的，教是过程，育是结果。第三个是回归初心。教育的初心就是因材施教，有教无类。老师要真正做到了为了全体学生的全面发展，向每个孩子提供最适切的教育，使具有不同气质、性格的学生都能得到充分发展。为社会培养德智体美劳全面发展的社会主义的合格建设者和可靠接班人。第四个是回归梦想。教育的梦想就是强国梦，有了教育的梦想成真，才能实现强国梦。这四个回归与课堂改革有关系吗？有关系。这四个回归就解答了课堂改革的总的原则，那就是以人为本、以生为本、以学为本。这是国家层面高站位的课堂教学。那么，到了我们下面基层，其实我们一直在进行课堂改革，比如邱学华的尝试教学，还有什么海量阅读，江苏省洋思中学的"先学后教"，山东省杜郎口中学的"课堂颠覆"，现在又出现了"翻转课堂"等等，这些都是课堂改革。所有课堂改革最后指向的是什么？其实就是思维！整个的课堂教学活动就是为了让思维看得见，并让思维得到提升。

从这个意义上说，第一个束缚课堂的是思维替代。这表现在：一是老师的思维替代学生的思维（老师把孩子的答案拼凑起来成为完整的答案）；二是部分学生的思维替代全部学生的思维；三是个别学生的思维替代所有学生的思维。所以，你眼里有谁非常关键。老师只知道会的孩子，其他孩子的思维，老师根本

① 陈宝生. 国之大计 党之大计——新中国教育事业的历史成就与现实使命[N]. 人民日报,2019-09-10(13).

不知道，也不想知道，因为他们得教教案，完成任务，而不是完成教学。思维这个东西看不见、摸不着，那有没有方法能让我们看到呢？其实学生的思维有外显的东西，比如语文：标出自然段，空两格就是一个自然段，这就是他们的思维外显。如果标错了，说明思维不对头，只不过我们不去关注他们罢了，因为我们得完成课堂流程。再比如，划出生字词，划出你喜欢的句子，等等，这都是语文中思维外显的东西。数学呢，画图，特别是现在很时兴的思维导图、英语情境等等，其实就是在运用对比、联想、分析、推理等方法。只不过各学科有自己独特的特点罢了。

第二个束缚是知识点的割裂。老师过于解读文本，试图挖掘文本中每一个知识点，肢解课文，问题无论大小，面面俱到详细阐述。老师虽然责任心强，用心良苦，但破坏了作品的整体美，学生淹没在大量问题中，没有进行自主解读和质疑，不利于掌握知识，出力不讨好，得不偿失。

第三个束缚是备课流程的单向。备课是一切教学活动的起点。备课的根本目的有两个：一是为了帮助学生更好地学习，二是为了促进教师不断提高教学水平。教学是人与人之间的对话，这是一个双向的交流与互动的过程，而不是一个单向的灌输过程。教师的工作对象是学生，学生是有个性的，教师的努力，最终必须通过学生自身的内化而实现。传统的课堂重视了教学流程的完美实现，反而在备课时忽略了学生的课上生成，导致课堂一味地跟着老师的备课流程来走，没有实现师生之间的双向互动。

以上是束缚课堂的三个问题。那么，如何破解呢？

一是重心下移。备课的重心下移到学生，公民课堂提倡教师备课前要充分考虑学生原有的知识基础，要关注学生的兴趣和需要，要关注学生的客观差异，要关注学生课上的可能生长点。

二是深入解读文本、立足文本、整合文本、超越文本。教师对文本的解读程度决定了这一堂课的高度和深度，没有对文本的深入解读，就不可能破解课堂束缚。

三是学情资源开发。把学生的不同表现当作资源，别当作问题的答案是否正确，以学生的资源训练学生思维进行分析推理。

四是问题设计。公民课堂要求课堂问题的设计要坚持以学生为中心，问题跟着学生走，跟着教学目标走。

五是小组学习。汇集大家的智慧，促进师生的共同成长。

破解了"思维替代、知识点割裂和备课流程单向化"这三个束缚，也就实现了课堂自主发展，这正是公民课堂的应有之义。

三、我所理解的公民核心素养

2016 年《中国学生发展核心素养》研究成果发布，以培养"全面发展的人"为核心，分为文化基础、自主发展、社会参与 3 个方面，综合表现为人文底蕴、科学精神、学会学习、健康生活、责任担当、实践创新等六大素养。

文化是人存在的根和魂。文化基础，重在强调能习得人文、科学等各领域的知识和技能，掌握和运用人类优秀智慧成果，涵养内在精神，追求真善美的统一，发展成为有宽厚文化基础、有更高精神追求的人。

1. 人文底蕴

人文底蕴主要是指学生在学习、理解、运用人文领域知识和技能等方面所形成的基本能力、情感态度和价值取向。具体包括人文积淀、人文情怀和审美情趣等基本要点。

2. 科学精神

科学精神主要是指学生在学习、理解、运用科学知识和技能等方面所形成的价值标准、思维方式和行为表现。具体包括理性思维、批判质疑、勇于探究等基本要点。

3. 学会学习

学会学习主要是指学生在学习意识形成、学习方式方法选择、学习进程评估调控等方面的综合表现。具体包括乐学善学、勤于反思、信息意识等基本要点。

4. 健康生活

健康生活主要是指学生在认识自我、发展身心、规划人生等方面的综合表现。具体包括珍爱生命、健全人格、自我管理等基本要点。

5. 责任担当

责任担当主要是指学生将来在处理与社会等关系方面所形成的情感态度、价值取向和行为方式。具体包括社会责任、国家认同、国际理解等基本要点。

6. 实践创新

实践创新主要是指学生在日常活动、问题解决、适应挑战等方面所形成的实践能力、创新意识和行为表现。具体包括劳动意识、问题解决、技术应用等基本要点。

中国的公民必须立足于我们中国的传统文化，传承国学根脉。追溯孔子对学生的培养并借助于"礼、乐、射、御、书、数"，笔者将孔子的六艺演化为"公民六艺"，即"礼、美、健、御、书、慧"，以此来培养具有中国文化底蕴的公民。

（1）礼。出处：孔子六艺之"礼"。目标：明礼崇德，学会交往。对应道德准则、价值观念。引导学生树立正确的人生观和价值观，培养明礼意识，锻铸公民意识。

（2）美。出处：孔子六艺之"乐"。目标：尚美致雅，学会审美。对应艺术修养、个人特长。培养学生审美情趣，提升学生艺术修为，在发现美、欣赏美和创造美的过程中，发挥个人特长，提升精神内涵。

（3）健。出处：孔子六艺之"射"。目标：崇健图强，学会健体。对应项目竞技、身心健康。引导学生崇健图强、知行合一，让他们拥有良好的身体素质、心理素质、竞技之道、实践能力，让他们获得抵御未来各类风险的能力。

（4）御。出处：孔子六艺之"御"。目标：御正求真，学会规划。对应社交能力、领袖风采。引导学生学会规划、通达致远。培养学生的设计力、领导力、胜任力、表现力。

（5）书。出处：孔子六艺之"书"。目标：知书悟道，学会学习。对应中西文化、古今智慧。引导学生学会学习、知书悟道。培养学生的阅读兴趣、阅读方法和表达能力，以书品培育人品。

（6）慧。出处：孔子六艺之"数"。目标：得慧达变，学会探索。对应自然科学、理性思维。引导学生学会探索、智慧通达。培养学生的创新意识、思维品质与创造能力。

既然是培养我们自己的公民，那么必须知道中国文化所独有的品格，追溯中国文化的传承，那就是人文精神，重建礼仪之邦，弘扬中国的品格正是我们现在社会所急需的。

第二节　公民课堂实施的依据

一、教学做合一理论

陶行知的教育思想与理论，源自他的教育实践与实验，显示出科学的预见性和高度的创造性。生活教育理论由"生活即教育""社会即学校"和"教学做合一"等内容组成。"教学做合一"理论是生活教育理论的重要组成部分，它的实质是生活教育的方法论：主张把教与学联络起来，以"做"为中心，学生要"在劳力上劳心"，教师要"以教人者教己"。

陶行知主张"教学做合一"，他认为"事怎样做就怎样学，怎样学就怎样教；教的法子要根据学的法子，学的法子要根据做的法子。"要在做上教，在做上学。在做上教的是先生，在做上学的是学生。他认为，先生与学生并没有严格的分别。60岁的老翁可以跟6岁的儿童学好些事情。一个活动对事说是做，对自己说是学，对人说是教。比如，种田这件事是要在田里做的，便须在田里学，在田里教。游泳也是如此，游水是在水里做的事，便须在水里学，在水里教。

做是学的中心，也就是教的中心。"做"不是盲目的行动，也不是天马行空的胡思乱想，只有手到心到才是真正地做。陶行知说，世界上有四种人：一种是劳心的人，一种是劳力的人，一种是劳心兼劳力的人，一种是在劳力上劳心的人。单单是劳力或者劳心，都不能算是真正地做。真正之做须是在劳力上劳心，用心以制力。要用心思去指挥力量，使能轻重得宜，以明对象变化的道理。

教学做合一便是生活，是实际生活，也就是日常生活。教育实乃生活经验之改造。

陶行知先生认为，先生的责任不在教，而在教学，而在教学生学。[①] 先生有三种。第一种是教书。第二种不是教书，乃是教学生。他所注意的中心点，从书本上移到学生身上来了。不像从前拿书本来配学生，凡是学生需要的，他都拿来给他们。这种办法，果然比第一种好得多，然而学生还是在被动的地位，因为先生不能一世一生跟着学生。好的先生不是教书，不是教学生，乃是教学生学。就是把教和学联络起来，一方面要先生负指导的责任，一方面要学生负学习的责任。

陶先生说过，"教学做合一的学校的辞典里并没有课外作业。课外作业是生活与课程离婚的宣言，也是教学做离婚的宣言"。教学做是一件事，不是三件事。从先生对学生的关系说：做便是教；从学生对先生的关系说：做便是学。先生拿做来教便是真教，学生拿做来学方是实学。

教的法子必须根据于学的法子。从前的先生，只管照自己的意思去教学生；凡是学生的才能兴味，一概不顾，专门勉强拿学生来凑他的教法、配他的教材。一来先生收效少，二来学生苦恼太多，这都是教学不合一的流弊。如果让教的法子自然根据学的法子，那时先生就费力少而成功多，学生一方面也就能够乐学了。所以怎样学就须怎样教；学得多教得多，学得少教得少；学得快教得快。这是教学应该合一的第二个理由。

① 陶行知. 中国教育的觉醒[M]. 北京：群言出版社，2013：35.

第三种，先生不但要拿他教的法子和学生学的法子联络，并须和他自己的学问联络起来。做先生的，应该一面教一面学，并不是贩卖些知识来，就可以终身卖不尽的（教学相长）。现在教育界的通病，就是各人拿从前所学的抄袭过来，传给学生。先生既没有进步，学生成就难有进步了。因为时常研究学问，就能时常找到新理。学而不厌，诲人不倦。

"教学做合一"理论是具有中国特点的活动教学理论，它回答了教学的基本问题。狭义地说，教育的基本问题就是教与学的问题，陶行知不仅主张教与学应该合一，还提出了教与学怎样合一的设想，那就是在"做"上要求教与学的合一，使教与学通过中介"做"而彼此相通。

马元方等认为，"教学做合一"理论内涵主要包括三个方面："其一，'教学做合一'是教学法的界定。其二，'教学做合一'是生活法的说明。陶行知十分重视和强调教学过程中的'做'，认为教师和学生没有严格的界限，谁掌握了'做'谁就是先生。其三，'教学做合一'是真知识的源泉。因此，陶行知的'教学做合一'理论，强调的是'做'，是在行动中思考，用思想指导行动，是一种实践为基础的思想和行动相结合的创造性教学。"①

"教学做合一"理论是生活教育理论的重要内容，它不仅解决了在生活中如何实施教育的问题，也为提高教学质量和成效提供了明确的方向。"教学做合一"理论本身蕴含着丰富的内涵，对教育的发展至今仍有很大的借鉴作用。它主张理论学习与实践学习的高度结合。从根本上来说，"教学做合一"这一学校教育的方法论，以实际生活为落脚点，突出"做"为中心，也将教学法与生活法完全打成一片，将教育与生活融为一体。

"教学做合一"理论为教师与学生通过课堂教学实践，获得自身的更好发展提供了理论依据。"教学做合一"理论是富有中国特色的教学理论，对今天实施素质教育、转变教师教学方法、确立学生的主体地位、推进课堂教学改革、提高课堂教学的实效性和针对性等方面，都具有十分重要的借鉴意义。其中，"教学做合一"理论关于教师和学生这两个教学主体的论述，具有非常重要的价值。一是，为了达到"教人求真、学做真人"目的，"教学做合一"是实现这一目的的必经之路。"教学做合一"理论立志于培养"真道德、真知识、真本领"的"真人"，与今天实施的素质教育有着深刻的同质性。二是"教学做合一"是启迪心智、涵养智慧的必要过程。"教学做合一"理论批判了传统教育中的"死读书"现象，提倡

---

① 马元方,谢峰,等. 地方商师院校人才培养模式的研究与实践[J]. 教育研究,2008(8):106-109.

要让教学富有创新性和智慧性。当下实施的素质教育，明确反对追求分数、片面追求效率的现象，是为了克服教育知智不分，丧失智慧的弊病。三是，"教学做合一"是教会学生学习不可或缺的重要环节。教师无法把一切知识传授给学生，却可引导学生掌握正确的方法和利用一切有效的手段和工具去延伸自己的脑和手。因为解决问题的方法有多种，不同的个体只能在"做"中，才能选择和创造适合自身的学习方法。由于有些方法难以言传，只能靠个人在"做"中不断地去体验、领会和感悟。

"教学做合一"理论对教师主导作用的发挥、学生主体地位的确立和道德践行的促进具有重要的意义。近年来，中小学课堂教学改革工作取得较大发展，但仍存在着一些问题。"教学做脱节"现象时有发生。教师重视书本知识的传授，没有在"做上教"；教学内容陈旧枯燥，远离学生的生活实际；教学方法仍以教师为主导，一味要求学生配合教师的教法，不顾学生的个性、才能、兴趣和他们各自的独特体验，学生的主体地位没有得到应有的重视，自主性没有得到有效发挥；考试成绩是唯一的评价标准，忽视学生运用所学知识分析、解决问题的实际能力；在德育实践中，学校德育实践体系存在的缺陷给德育实践的开展乃至德育效果造成了一定的负面影响。总而言之，学校的课堂教学与实践教学不能和学生的生活实际相贴切，"教学做"不能有效地"合一"，课堂教学的实效性也得不到更好地提高与发挥。主要表现为：一是教师对"做"的重要性认识不足，生活教育的思想没有深入人心；二是"满堂灌""一言堂"现象仍然存在，学生自主性未充分体现；三是学生主体性缺失，学生对"做"的重要性认识模糊，学习和实践的积极性不高；四是重理论轻实践，重校内实践轻校外实践，实践育人工作需进一步完善。

通过对陶行知"教学做合一"理论的学习和研究，把握其内涵，分析其对中小学公民课堂的指导意义。通过对中小学课堂"教学做"脱节现象的调查，剖析问题产生的原因，并据此探寻公民课堂的新路径。

二、建构主义理论

(一)概念与内容

建构主义学习理论是一种与传统的客观主义不同的学习理论，它认为学习是一个积极主动的建构过程；知识是个人经验的合理化，而不是说明世界的真理；知识的建构并不是任意的和随心所欲的；学习者的建构是多元化的。建构主义学习理论的内容主要分为知识观、学生观、学习观和教学观。在知识观上，建构主义在一定程度上对知识的客观性和确定性提出了质疑，强调知识的动态性。在学生观上，建构主义强调学生经验世界的丰富性和差异性。在学习观上，强调学习的主动建构性、社会互动性和情境性三方面。在教学观上，强调教学不能无视学习者的已有知识经验，不能简单强硬地从外部对学习者实施知识的"填灌"，而是应当把学习者原有的知识经验作为新知识的生长点，引导学习者从原有的知识经验中，主动建构新的知识经验。

（二）起源和发展

建构主义心理学被视为"教育心理学的一场革命"，兴起于 20 世纪 80 年代，是心理学发展史中从行为主义发展到认知主义后的进一步发展。建构主义心理学的创始人为瑞士著名心理学家皮亚杰，后来在维果斯基、奥苏伯尔、布鲁纳等人的推动下，这一理论得到充分的发展并形成了较为完整的体系。

苏格拉底著名的"产婆术"无疑是建构主义教学的成功范例。意大利著名哲学家维科被当代建构主义者尊奉为建构主义的先驱。德国著名哲学家康德也具有明显的建构主义色彩。一般认为，建构主义观点是由瑞士心理学家让·皮亚杰于 1966 年提出的，他创立的学派被称为"皮亚杰派"，是认知发展领域中最有影响的学派。现代建构主义的直接先驱是皮亚杰和维果斯基的智力发展理论。皮亚杰在 1970 年发表了《发生认识论原理》，其中主要研究知识的形成和发展。他从认识的发生和发展这一角度对儿童心理进行了系统、深入的研究，提出了认识是一种以主体已有的知识和经验为基础的主动建构，这正是建构主义观点的核心所在。维果斯基强调学习者的社会文化历史背景的作用，提出了"最近发展区"的重要概念；科尔伯格在认知结构的性质与认知结构的发展条件等方面做了进一步的研究；斯腾伯格和卡茨等人则强调了个体的主动性在建构认知结构过程中的关键作用，并对认知过程中如何发挥个体的主动性做了认真的探索；维特洛克提出学习的生成过程模式；乔纳生等提出非结构性的经验背景；现代建构主义中的"极端建构主义""个人建构主义"也都是建构主义的新发展。所有这些研究都使建构主义理论得到进一步的丰富和完善，为建构主义理论应用于教学实践奠定了基础。

（三）代表人物

1. 皮亚杰（1896—1980）

瑞士著名的儿童心理学家，发生认识论创始人。其发生认识论的基本假设是：认识既不起因于主体（成熟论者所强调的），也不起因于客体（行为主义者所强调的），而是主体与客体之间的相互作用。但相比之下，学习从属于发展。皮亚杰坚持认为，只有在学习者仔细思考时才会导致有意义的学习。学习的结果，不只是知道对某种特定刺激做出某种特定反应，而是头脑中认知图式的重建。决定学习的因素，不是外部因素（如个体生理成熟），而是个体与环境的交互作用。在他看来，对儿童思维运演变化过程的描述，本身就构成了对学习的解释。

主要观点：

（1）学习是一种能动建构的过程。在皮亚杰看来，学习并不是个体获得越来越多外部信息的过程，而是学到越来越多有关他们认识事物的程序即建构了新的认知图式。

（2）错误是有意义的学习所必要的。皮亚杰认为，让学生犯错误是应该的。为了使学生从事自我调节——这是平衡过程的实质性部分，学生需要经历某些冲突或不平衡。错误会引起学生顺化自己的知识结构，并把所观察到的结果同化到修正过了的知识结构中去。

（3）否定是一种有意义的学习。皮亚杰认为，通过否定的行动解决矛盾、消除差异、排除障碍或填补间隙，这些都是否定的形式。随着儿童的发展，他们使用不同的否定类型；当儿童学习一个具体的概念时，会表现出不同的否定水平。

贡献与不足：皮亚杰对影响认知发展的因素——成熟、物理环境、社会环境以及平衡过程的分析，在理论上是比较全面、辩证的。但由于他忽视了社会过程和认知过程之间的任何因果关系，认为儿童的认知发展有它自己的规律，只能让儿童自己去探索，自然而然地发展，轻视了教育和教师的作用。

2. 维果斯基（1896—1934）

苏联心理学家，社会文化历史学派的创始人。维果斯基所提出的"文化—历史"发展理论认为：人的高级心理机能亦即随意的心理过程，并不是人自身所固有的，而是在与周围人的交往过程中产生与发展起来的，是受人类的文化历史所制约的。

主要观点：

（1）心理发展观。从起源上看：低级心理机能是自然的发展结果，是种系发展的产物。高级心理机能是社会历史发展的产物。相对于个体来说：高级心理机能是在人际交往活动的过程中产生和发展起来的。

维果斯基指出，人的心理发展的第一条客观规律是：人所特有被中介的心理机能不是从内部自发产生的,它们只能产生于人们的协同活动和人与人的交往之中。人的心理发展的第二条客观规律是:人所特有的新的心理过程结构最初必须在人的外部活动中形成,随后才可能转移至内部,成为人的内部心理过程的结构。

据此,维果斯基阐明了儿童文化发展的一般发生法则:"在儿童的发展中,所有的高级心理机能都两次登台:第一次是作为集体活动、社会活动,即作为心理间的机能;第二次是作为个体活动,作为儿童的内部思维方式,作为内部心理机能。"显然,这种从社会的、集体的、合作的活动向个体的、独立的活动形式的转换,从外部的、心理间的活动形式向内部的心理过程的转化,就其实质而言就是人的心理发展的一般"内化"机制。同时,这也表明内化的过程是一种转化的过程,而不是传授的过程。

(2)最近发展区概念。维果斯基将最近发展区定义为"实际的发展水平与潜在的发展水平之间的差距。前者由儿童独立解决问题的能力而定,后者则是指在成人的指导下或是与能力较强的同伴合作时,儿童能够解决问题的能力"。

不足:维果斯基把心理过程看成是社会历史的发展过程不利于创造性的培养,心理发展不是既成社会历史一方、一元机械决定的,而是在劳动过程中使对象变化的同时,自身也在发展变化;忽视了儿童发展和学习的主动性;没有给心理发展的内部矛盾以足够的重视;过分强调了人的发展的社会历史性,忽视了人的遗传素质;偏重认知的发展,没有从人格的总体上进行把握。

(四)在教学中的应用

建构主义学习理论在教学中的应用主要有以下方面:探究学习、支架式学习、情境教学、合作学习。它们的含义如下所述。

(1)探究学习:通过有意义的问题情境,让学生通过不断地发现问题和解决问题,来学习与所研究的问题有关的知识,形成解决问题的技能以及自主学习的能力。

(2)支架式学习:是指教师为学生的学习提供外部支持,帮助他们完成自己无法独立完成的任务,然后逐步撤去支架,让学生独立探究学习。

(3)情境教学:建立在有感染力的真实事件或者问题基础上的教学称为情境教学。知识、学习是与情景化的活动联系在一起的。学生应该在真实任务情境中,尝试发现问题、分析问题、解决问题。

(4)合作学习:主要是以互动合作(师生之间、学生之间)为教学活动取向的，以学习小组为基本组织形式，来共同达成教学目标。

这一理论旨在指导公民课堂科学性的研究与实践。

第三节　公民课堂实施的策略

一、以考带研，案例集备：自主发展的前提

备课是教学实践中的重要环节，也是教师专业成长的重要过程。集体备课是提升课堂效果的核心环节，是建设教师队伍的有力举措，是加强教学研究的重要平台。习近平总书记在 2019 年 3 月 18 日召开的学校思想政治理论课教师座谈会上指出："只有不断备课、常讲常新才能取得较好教学效果。"①

通过采用集体备课，变"单兵作战"为"集团军作战"，对教学目标、教学计划、重点难点、教学方法等展开集体研讨，做出统一安排，提供多样设计，能够确保正确政治方向，解决课程重点难点问题，提升课堂教学针对性、实效性。

打造公民课堂，关键在教师。集体备课通过专家讲解示范、骨干教师说课、新任教师试讲等形式，搭建了教师集体研讨、思想碰撞、资源共享、互促进步的平台，能够使广大教师在老中青良性互动中，进一步坚定信仰、丰富学识、提升理论水平，打造一支政治强、情怀深、思维新、视野广、自律严、人格正的教师队伍。

以考带研，案例集备，是学校打造公民课堂的一次探索。强兵先强将，打铁还需自身硬。老师们在做题的过程中体验到自己在团队中的差异，在限时中锻炼了自己的做题速度和解题能力，在集体研讨中体验团队智慧对自己的成长的帮助，提高了备课的实效性。

（一）集体备课的机构

（1）集体备课以学科为单位，在年级组内实行单元知识点考试、教材通研、问题研讨、集体备课议课。课程发展中心加强对集体备课的管理。

（2）集体备课的备课人分为主备人和参备人。主备人根据领受到的备课任务，独立或与他人合作钻研教材，准备集体议课发言稿，编写先导课教案。参备人为组内除主备人以外的其他成员。参备人根据主备人的备课发言及教案设

① 习近平. 思政课是落实立德树人根本任务的关键课程[J]. 求是，2020(17)：06.

计思路,提出积极的补充和修改意见,以便主备人修改教案。

(二)集体备课的程序

(1)分配任务。备课组长根据集体备课计划将备课任务合理地分配给组内成员,并编写本单元知识点试题。

(2)个人准备。组内成员领受任务以后,个人进行备课准备,撰写主备发言稿及教学设计思路。

(3)单元知识点考试。教师进行本单元知识点考试,当场统计成绩。

(4)集体议课。主备发言人带领教师进行单元教材通研、围绕考试中的知识点进行重点问题研讨,然后叙述自己的教学设计,组内人员根据主备人的先导课教学设计情况,提出补充和修改意见,统一认识后,由主备人完善教案。

(5)公民实践课。每个执教人将修改后的教案(二稿)付诸教学实践。执教后写好教学反思。参备人参与听课,课后进行评课,并写出个人听课心得。

(三)集体备课具体要求

1. 主备人

(1)主备人要在新的教育理念的指导下,认真阅读课标、教材,搞清所备内容在教材体系中的地位,即纵、横向联系:纵向是给什么内容作铺垫的,横向与那些内容有联系。

(2)准确把握所备内容的重点和难点。编制的教案要重点突出。

(3)提出教学目标。编制的教案要从三个纬度上体现教学目标,即:知识与能力、过程与方法、情感态度和价值观。

(4)备教法和学法。教师采取的教法必须有效,学生的学法诸如小组学习法、探究法等必须符合教学实际。

(5)备教具。根据学校实际,寻找或自制教、学具;搜寻、设计制作多媒体课件。

(6)教学活动的设计要科学合理。如新的教育观、教师观、学生观的体现,行之有效的教育方法的使用,教学重点的突出,教学时间的分配,学生课内外作业的设计,教具、多媒体课件使用的时机,对学生的评价等等,都必须考虑周全。

(7)主备人的备课发言和编制的教案,是个人能力、学识等的具体体现,必须精心准备,不得抄袭。如引用了他人的教案,必须注明出处。

2. 参备人

参备人除认真履行好主备人的职责外,还必须做到:

(1)认真学习课标,通读教材,了解全册教材的内容、结构、知识点及重难点，做到宏观上把握全册教材，微观上重点吃透所领受的任务的部分。

（2）议课时，参备人要以积极的态度参与，认真研究主备人的教学设计理念，质询主备人的观点和设计思路，列出补充和修改意见。

3. 教学设计要体现公民课堂的自主性、民主性和科学性。

（四）具体实施过程

集体备课具体实施过程如表 1-1 所示。

表 1-1 集体备课具体实施过程

次数	地点	集备时间	主持人	主备人	参加教师
1	同年级组办公室	单周周三	备课组长	同年级同科一名教师	同年级同科全部教师（语文、英语、艺体）
2	同年级组办公室	双周周三	备课组长	同年级同科一名教师	同年级同科全部教师（数学）

（1）主持人负责本次教研活动，组织老师们进行集体学习、研讨。

（2）主持人负责提前做好学科组先导课的听评课安排，组织教师进行集体研讨，并做好记录。

（3）主备人带领教师进行单元教材通研、重点问题研讨、先导课研讨等，并做好记录和修改。

（4）主备人进行上公民实践课，其他教师评议、打分。

二、构建学习型组织：自主发展的保障

彼得·圣吉对于学习型组织的理论进行了归纳与整理，提出了关于学习型组织的一套较为系统的理论模型即五项修炼，其中包括系统思考、自我超越、建立共同愿景、改善心智模式和团队学习。这一理论模型，为学习型组织的创建提供了切实可行的方法，也成了后来众多学习型组织理论的基石。他在《第五项修炼实践篇》中对学习型组织进行了阐述，"在学习型组织中，成员为了创造期待的理想结果会持续地发挥自己的能力，通过这种持续能力的发挥与培养，从而在组织内培养新的思想形式，塑造集体的气氛，在这样一个组织中，所有的成员学会如何向其他人学习。"[①]

---

① 〔美〕彼得·圣吉，等. 第五项修炼·实践篇——创建学习型组织的战略和方法[M]. 张兴，等，译. 北京：东方出版社，2006：56.

　　笔者在全校范围内开展"学习型小组建设"课堂体验研讨与交流活动,主要从"小组合作学习在课堂中发挥的作用"和"课堂学习效果"两个维度来评价学习小组在课堂体验中所发挥的作用,找出问题所在,改进教学方法。

　　笔者所在的山东沂南经济开发区实验学校的自主发展课堂实践,经历了两次探索:第一次是学生学习流程的构建,约一年半的时间;第二次是"学习型小组建设"和"教学语言有效性"为主题的探索活动。虽然也取得了一定成效,但长久以来,老师的课堂主体地位很难撼动,从课堂观察来看,我们总是在担心如果老师讲的不清楚、不明白,学生怎么可能学会? 在这种心理和强大责任心的驱动下,学生自主学习的权力得不到很好的保障。想建立一种平台,把时间还给学生,让学生先经历一个学习的过程,于是我们的集备由研究老师怎样去教,转变为研究学生怎样去学,学习型小组建设便摆上了日程。

策略一:小组的划分(这是小组建设的形)

　　内涵界定:学习型小组是指以转变学生学习方式为出发点,以学生自主学习、互助合作交流为主要学习形式而构建的单元组织。

　　(1)以四人为一小组,小组长一名,副组长一名,每个成员编好号1、2、3、4。

　　(2)全班分成四个大组,分别为:A1、A2、A3;B1、B2、B3;C1、C2、C3;D1、D2、D3。

策略二:小组长培养

　　1. 课堂观察

　　(看颜色小组)小组长说,你说——你说——然后就完成了。我的思考:这是小组合作吗? 答案肯定是 No! 合作学习的目的是什么? 是互助交流,显然与我们的理念是背道而驰的。

　　2. 小组长培养的重要性

　　小组学习有序、高效地进行关键在于小组长的培养,尤其是在小组建设的初期,一是因为学生不善于表达,二是学生不善于倾听,三是学生更不会从交流中受到启迪、完善提升个人的见解,因而就要靠小组长来组织、引领。小组长是小组学习的组织者,是小组的首席发言人,小组长到底要做什么?

　　3. 小组长的职责

　　(1)组织组内成员依次发言;

　　(2)整合组内成员的不同意见;

　　(3)根据成员的发言进行小结;

(4)教会学习速度慢的同伴；

(5)汇报展示的合理分工。

培养历程：小组演示——全班模仿

场景一：谁是小组长？（我）

你是怎么组织学习的？（让他们挨个发言）

你可以根据他们的发言给予点评吗？（小组长点头）

场景二：谁是小组长？

你在发言么？（不，我在总结。）

很好，你能把还不太会的同学教会吗？（能）

场景三：屏显学习提示

默读3～8自然段，边读边画出描写巨人的语言行为的句子。

在小组内交流感受，读画出的句子——谈谈感受——带着感受再来读读句子。

（小组汇报展示）

小组长：1号读画出的句子——2号说说感受——3号带着感受再来读一读。

场景四：小组合作汇报展示

小组长：下面由我们小组汇报一下学习收获，从"美术小组25人，比航模小组多了1/4"这句话我们知道了，把航模小组看作单位"1"，下面由×××同学来根据我们的理解画一下线段图——由×××同学写出等量关系——×××同学你来列出等式并向大家做一解释（这位同学声音太小，最后老师让小组长又说明了一遍）。

慢慢地，课堂上小组学习的成效就显现出来了：

小组长职能发挥得好，能组织组内学生独立思考，并发表自己的见解，更难能可贵的是，小组长还能及时纠正同学的错误见解，真正发挥小组合作的优势，实现表达与提升的双重效益。

策略三：小组汇报交流的形式

1. 学习小组依次展示学习收获

场景：

小组汇报展示（5个小组依次展示）。

小组长：请×××同学读画出的句子——×××同学说说感受——×××同学带着感受再来读一读。

2. 学习小组合作交流

(1)小组长组织成员汇报

(2)小组长:这是我们组的学习收获,大家还有不同见解吗?

——有不同感受的小组直接汇报不同之处,不必按部就班把所有的学习收获都展示出来;哪个小组来挑战我们的诵读?

(3)教师梳理——深化认识或提升诵读。

从5个小组的课堂汇报来看,一方面看出课堂中小组建设有了很大推进,学生在小组长的组织下已经懂得怎样在小组内把自己画线的句子、读书的感受与同伴交流,并且在全班汇报时,小组长会给组内的每个学生选择回报的内容,共同展示。但从另一个方面来观察,汇报的内容形式大相径庭,这就让我们想到了两个词:展示、交流。"展示"是指单纯的展现,摆出来让大家看;交流则是指生生间、师生间的一种互动,一种思维的碰撞。我们这一环节到底要的是什么呢? 当然是后者。如何把展示发展成为交流,应该是我们努力的方向。

3. 学习小组竞赛、组际间互问互答

小组之间的竞赛。两个小组形成打擂的形式,互相检验学习的效果,增加了情趣,激发了学生竞争的意识。汇报展示内容可以是文本"意思"的解读,也可以是诵读。

策略四:课堂达标题的有效处理

检验本课学习效果,通过错例分析、提升学习能力。绝对不等同于单纯的对答案到错例分析的一个过程。

学生自己做——小组长批阅——小组长整合不同见解,错例分析——全班交流。

在达标作业的处理上,若需要小组上黑板展示,则需要一组同时上台,分单、双号,然后互批,再由另一小组上台讲评。除非学生讲解不到位,否则老师不能讲解。

策略五:小组评价

小组评价是能否长期有效发挥作用的保障关键。课堂老师的关注虽然有效但持续时间短暂,太容易中断。

最优小组评选:当堂课后记录、表格式的、一周一统计评选;一次发放20周的、每周一星;《我的大舞台》中的"评价"这一方阵——教室后面的自主发展管理平台。

关注点如下。

1. 自主与合作

公民课堂"自主性"的两个特质。

(1)自主。即学习活动在老师或"小老师"的组织下自主进行学习而非靠老师教。

例 1:9.24100×16＝　　　　　400×75＝

通过计算,你发现了什么? 还发现了什么? 以学生的体验为探究的起点,这就是自主探究。

例 2:你认为四边形是什么样的? 小组长组织讨论:哪些是四边形,哪些不是? 要说出理由。全班交流梳理总结四边形的特点。

例 3:你能对他们(六种四边形)分类吗? 一是按照自己的标准进行分类,并说说分类的理由。二是全班交流四边形可以按角分,也可以按边分。这样学生经历了自主探究—交流提升的学习过程,从而完成知识的构建。

反例:你能对他们(问题生成单上呈现出 6 个不同的四边形)进行分类吗?

可以按角来分,也可以按边来分,你想用哪种方法来分?

老师无形中固定了分类的方法,限制了学生的思维。

(2)合作。学习遇到问题需要与他人合作交流时,先在小组内研讨,再进行组际间或全班的交流。

小组合作的必要性及有效性。小组合作是解决问题的一种途径,不是唯一途径,对于较为简单、一想即通的问题则没有必要。

辩证关系:自主是根本,合作是需要。正确认识小组合作,是一种手段,但不是唯一的学习手段。

2. 展示与交流

"展示"是指单纯的展现,是单边活动;交流则是指生生间、师生间的一种互动、一种思维的碰撞,属多边活动。课堂观察中发现,学生发表见解后急于看老师,老师是中介,学生不会交流,这时候老师要注重引导学生交流,认真倾听对方的话、并从对方的谈话中受到启发,这是一种习惯的培养——倾听与交流的习惯。根据专家的研究发现,21 天以上的重复会形成习惯,90 天的重复会形成稳定的习惯。

三、四课推进:自主发展的样板

为进一步推进高效课堂教学改革,切实提高课堂教学效率,加强学校常规教学管理,旨在切实落实公民课堂的"自主性、民主性和科学性",促进教师的课堂教学交流和课堂教学水平提高,提高公民课堂的实效性,每学期学校都将组织实施"公民课堂实践活动",并以此作为反馈教师的教学效果、教学态度和教学水平的有效手段。

(一)"四课"范式

公民课堂的实施,在"自主性、民主性和科学性"三原则的指导下,着眼于未来公民的培养目标,每个学期确定一个切入点,我们以问题为导向,坚持上好"四课":教研员、骨干教师上好"引领课",普通教师上好"实践课",全体教师上好"反思课",优秀教师上好"展示课"。通过反复听课、评课,打磨教师,提高老师驾驭课堂的能力,提高课堂教学效率。

1. 引领课

以当学期的培养目标,通过讨论,集体备课,让骨干教师上引领课。

2. 实践课

所有老师在学科单元集备的基础上,通过观看引领课,再形成自己的个性化备课,在学科组的统筹下,定下自己的讲课时间,在自己班里就落实公民教育目标进行实践。讲课时,本学科组进行观课,课后进行集中研讨。

3. 反思课

实践课后,在学科组研讨后,仔细观摩自己的录像课,深入进行反思,为自己的整改提供思路。

4. 展示课

在听完所有老师的公民实践课后,根据观察,评选出最能体现本轮实践课特点的课,在活动总结大会时上展示课,便于共同交流,提升。

(二)"四课"活动要求

(1)课堂教学体现"公民课堂"的自主性、民主性和科学性,注重学生的自主、合作、探究性学习,注重同桌合作、小组合作的实效性;体现学生学段特点,按照教学、助学和导学递进,精心设计助学单、导学案。

(2)做好听课记录,填好观课量表,保证听课质量。听课教师必须在听课笔记上认真做好记录。听课记录主要包括教学实录和教学评点两个方面。教学实录主要围绕"教学环节、教学内容和学生活动"进行,包括听课时间、学科、班级、执教者、课题、第几课时等。教学过程包括:教学环节和教学内容,以及教学时采用的方法;各个教学环节的时间安排;学生互动情况;教学效果。

　　教学评点主要围绕"哪些方面好，为什么好""哪些方面不足，为什么不足""对于不足之处如何改进，为什么这样改进"的思路进行，包括：教材处理与教学思路、目标；教学的重点、难点、关键；课堂结构设计；教学方法选择；教学手段运用；教学基本功；教学思想。

　　写教学点评可以采取两种记录形式：一种是随评，把师生双边活动后所产生的反馈感应，随时记录下来；另一种是总评，就是对随评综合分析后所形成的意见或建议记在记录本上。

　　(3)听课形式，听课管理。采取学科集体听课形式进行，听课老师提前到听课教室，不得迟到或早退，不得做任何与当时教学内容无关的事情，手机设置为静音。

　　(4)落实评课工作，提高评课质量。听课人必须对所听的课与授课者进行交流点评并打分，授课者要做好有关记录。教研员、教科员、备课组长组成评审专家，专家评分占50％，教师打分占50％，成绩计入个人量化。

　　(5)讲课教师向听课教师提供讲授内容的教案，课后交由教科研中心整理存档。

第二章　公民课堂实践探索：
引领学生自主发展

当前,许多学校的课堂仍停留在"灌肠"模式,机械操练、盲目填鸭,致使学生的兴趣、爱好荡然无存,影响到未来公民的生活、生存和生命的健康。

为不教而教,让生命的美好成为常态——我们开展了"公民课堂"的实践探索。从学生的内在需求出发,以原动力为基点,辐射、生发广阔的生命成长因子,抛弃舍本逐末、费力不讨好的教学方式,引领小公民自主学习、合作探究、愉快求知,淌出了一条水到渠成的课改之路。小公民拥有了自我成长的愿景,造血补钙成为本能,自我修复成了常态!

按照小公民的成长历程和成长规律,学习分为3段进行。这促进了他们的身心健康,使他们快乐成长。

小公民Ⅰ段引领学习:教为主导,学为主体(主要指1~2年级)。

小公民Ⅱ段合作学习:问题引领,同伴互助(主要指3~5年级)。

小公民Ⅲ段自主学习:学案诱导,自主生成(主要指6~9年级)。

当然,引领、合作、自主并不是各自为战、水火不容的,而是相互促进、水乳交融的。这就足以保证小公民从一年级入学到九年级毕业整个学习阶段的高效、有序、合作性——引领、合作、自主三部曲虽各有侧重,但贯穿始终,"你中有我,我中有你",携手前行,合作共赢。

第一节　小公民引领学习

小公民引领学习主要是指孩子一年级入学到二年级学业结束这段时间的学习。这一时间段的学习也称之为"教为主导、学为主体"的Ⅰ段引领学习。

首先,我们要看一下这一阶段小公民有什么性格特点?

小学一二年级是小公民学习的起步阶段,从玩到学,如何过渡? 这时候,就需要做到"玩中学"，因为这阶段——孩子办事情比较拖沓，写作业特别慢。心里有压力、存纠结、不想写、不愿写，溜号，望天，手里拿着玩具摆弄……尤其是对学习没有兴趣，坐不住，总在动来动去……

其次，如何对症下药，尽快让小公民进入状态。

针对小公民年龄小、兴趣不持久的状况，我们要先看一下，他们的兴趣爱好点在哪里，譬如，他们喜欢动手操作，那我们就从他们喜欢的事情上来调动他们学习的兴趣。他们喜欢阅读，那就鼓励他们多看一些这样的课外书……鼓励小公民去参加他们擅长的活动。比如说，玩积木，我们就告诉他们，赶快把课堂任务做完，做完之后，我们下课前好去玩5分钟的积木。结合孩子的长处来提高孩子们的学习兴趣，这是一个重要途径。不然的话，七八岁的小公民，这时候若形成懒散的学习习惯，长此以往，对学习会越来越逃避。

对于注意力不是特别专注的小公民，最好能够提供一个小奖励。这个对他们是一个动力。

好的习惯养成需要时间，不良习惯形成却非常快。因为不良习惯跟小公民的天性有关，知难而进是比较困难的。小学里教的具体的知识，我们可能会忘掉，可是在这个过程中养成的责任感却会受益终生。所以，一定要让小公民养成良好习惯。

了解小公民、帮助小公民发现自己的能力特点，找到最适合自己的学习方法，对学习有一个积极的态度，看到挫折和挑战的时候不灰心，更愿意在学习过程中付出努力，另外加上行为习惯，这三个因素相互影响，造成了小公民对待学习是一个什么样的状态。

小公民的引领和自主的学习，就像长方形的长和宽，一起决定着它的面积。

一、小组长的培养及活动开展

（一）小公民中的小组长培养

1. 小组长的职责

（1）明确学习任务，组织组内学习。

（2）组织组内成员依次发言交流。

（3）整合组内成员的不同意见，且根据成员的发言进行小结，和组员整理展示汇报小组学习成果，推荐小组代表发言（或对前面小组的发言提出质疑或补充）。

（4）小组成员密切合作教会学习速度慢的同伴。

（5）汇报展示的合理分工。

2. 学习小组的划分

（1）以四人为一小组，小组长一名，副组长一名，每个成员由弱到强编好号1，2，3，4。组长为 4 号，副组长 3 号。

（2）全班分成四个大组，分别为 A1，A2，A3—B1，B2，B3—C1，C2，C3—D1，D2，D3

3. 培养方法

小组演示——整体实践。

（二）小组长组织组内学习交流

小组长：下面我们开始交流，×××同学你先说下自己的想法或遇到的问题。

生 1：我说一下我的想法……这是我的想法，大家有什么意见吗？

（或我在学习时遇到了……困难，请大家帮帮我。）

生 2：……（例如：我同意你的看法，但我还想补充一下；或者对于你提到的这个问题我是这样想的；或者直接发表意见，不用过渡语。）

生 3：……（我不同意你的看法，我是这么想的；或者我想要补充的是……）

小组长：刚才大家发表了自己的意见，我来做个总结，请大家做好记录……还有需要补充的吗？本次交流我们组将派×××和×××同学代表我们小组上台展示学习成果，你们做好准备。也请大家准备好对前面发言小组提出质疑或补充。

（三）全班汇报展示交流

（1）一小组代表或集体展示（首席发言小组）。

（2）小组代表：下面由我和×××同学代表我们小组汇报我们的学习成果，我们组的讨论结果是……这是我们组的学习收获。大家还有不同意见吗？（有不同感受的小组直接汇报不同之处，不必按部就班把所有的学习收获都展示出来）

（3）生生互动，成果共享。

（4）首席发言小组组长或教师：小结（刚才大家发表了自己的意见，我来做个总结……）

（课堂观察点：①小组长的引领；②学生的学习状态；③学习效果）

二、小公民如何引领（引领策略）

课堂研究调查问卷（学生卷）

亲爱的小公民们：

　　为了更好地了解我校自主发展课堂中你们的学习情况，以便改进学习设计方法，提高课堂效率，也为了进一步提高你们的学习质量，我们想通过本问卷了解你们对课堂教学的一些想法和要求。本问卷不记名，请各位同学根据自己的真实意愿认真回答。如果本问卷提供的选项不符合你的想法，可填到 D.＿＿＿＿＿＿处。谢谢你们的支持！

1. 你喜欢什么样的课堂活动？（　　　）

　　A. 自己动手，小组讨论　　　　　　B. 提问发言

　　C. 老师讲解　　　　　　　　　　　D. ＿＿＿＿＿＿

2. 你最喜欢的一门课是（　　　）

　　A. 语文　　　　B. 数学　　　　C. 英语　　　　D. ＿＿＿＿＿＿

3. 你喜欢上这门课的主要原因是（　　　）

　　A. 在这门课的课堂上更自信　　　　B. 对这门课感兴趣

　　C. 喜欢教这门课的老师　　　　　　D. ＿＿＿＿＿＿

4. 你喜欢在课堂上自主看书学习和思考问题吗？（　　　）

　　A. 喜欢　　　　　　　　　　　　　B. 比较喜欢

　　C. 喜欢看书、但不喜欢思考问题　　D. ＿＿＿＿＿＿

5. 你对你们学习小组的小组长的表现满意吗？（　　　）

　　A. 很满意　　　　B. 满意　　　　C. 不满意　　　　D. ＿＿＿＿＿＿

6. 你在课堂合作学习讨论中经常发言吗？（　　　）

　　A. 经常　　　　　　　　　　　　　B. 偶尔

　　C. 只与本小组同学交流过　　　　　D. ＿＿＿＿＿＿

7. 课堂上，小组合作交流学习，你觉得（　　　）

　　A. 对自己的学习有帮助、喜欢　　　B. 对自己的学习没有帮助、不喜欢

　　C. 只是少数人在活动　　　　　　　D. ＿＿＿＿＿＿

8. 课堂上，对小组学习成果的展示交流，你觉得（　　　）

　　A. 有必要且喜欢　　　　　　　　　B. 没必要且不喜欢

C. 正好可以玩一下   D. _____

9. 课堂上,老师对你们小组的评价,你觉得(   )。

  A. 很重要,影响学习情绪   B. 影响不大

  C. 无所谓   D. _____

10. 你希望老师主要以什么方式检测你们的学习效果?(   )

   A. 课堂达标作业   B. 平时作业

   C. 课堂提问   D. _____

11. 你觉得老师应该怎样上课让学生更喜欢?

三、小公民引领课堂各环节时间分配情况调查

亲爱的小公民们:

    为了更好地落实"我的课堂我主宰"这一理念,让你们这些课堂的小主人自己合理地分配课堂时间,请你们以小组为单位,再参考其他小组同伴的意见,把你们认为最合理的课堂环节及时间安排统计出来(表 2-1)。你们的意见就是老师对课堂设计的依据。谢谢你们的帮助!

表 2-1   小公民引领课堂各环节时间分配

课堂环节	用时(分钟)	设计理由
自主学习		
小组交流		
汇报展示		
达标作业		
老师讲授		
总结梳理		
用时合计	40 分钟	

四、引领学习中的课堂听评

    在小公民引领的课堂听评中,必须以听评课为抓手,找到问题或症结的所在,从而有针对性地改进或提升。我想,这样才是真正的引领! 在小公民引领

阶段,通过听,最重要的是评和改进,我们的小公民都得到了提升和锻炼。现将听评过程中的一些想法分享出来,以飨读者,更欢迎赐教。

小公民引领的课堂之一——雾里看花

今天听了一年级的数学课,课题是人民币,上课老师是张倩。原来听过一次,感到这位老师讲课思路清,训练扎实,学生的常规很到位。这一特点在这一节课上也体现得很明显。一上来她就进行了针对性的元角分换算的训练导入。然后引出课题:今天就来学习如何用人民币。她从生活入手,给出三种气球、三个价格,选出两个,让学生给提出一个数学问题,那就是一共花了多少钱?(此处有学生自主发展的影子。)以此老师精心讲了如何计算:单位相同——数字相加——单位换算。然后作为奖励,让听课认真的学生从气球中任选两个,分组计算需要多少钱。在进行板演后,引导学生了解两种方法(一种是化成角,得出数后再化成元;另一种是相同单位数字相加)在进行巩固训练中,就用这三种气球,任意组合进行计算。整堂课感到生活味很浓,并且能对教材进行小整合,使数学生活化、让学生易于接受。特别值得肯定的是,张老师能用奖励的形式让学生提出问题,既提高了学生的注意力,又活跃了课堂气氛。但还是没有看到心中的自主发展课堂的影子。可能是一年级的学生,跟年龄有关系。这是与老师们着手实践自主发展的课堂模式的第一节课,反思如下:

1. 课堂练习少,如何将作业置入课堂中,并且让小组之间相互批阅,既减少老师的劳动量,又能提高学生的学生效果,还起到巩固的作用。

2. 一年级的学生如何让她积极参与到课堂中来,这还是一个重要课题。

3. 老师讲的还是太多,本来人民币这一课就很难教,现在的学生没有生活基础,这给理解增加了难度。如果学生有生活场景就好了,比如有个小超市,让孩子们尽情在里面逛就好了。这使我想起一个案例,好像是老师都报怨学生太笨,结果一位名师让把最笨的小孩子找来,然后给了他两元钱,让他去买一个作业本、一支铅笔,结果小孩子一会就回来了,并且高兴地说共花了一元二角钱,作业本五角,铅笔七角,找回来八角钱。你看孩子笨吗?

4. 沉思是最好的课堂纪律。这堂课中有一个地方显示了张倩老师的智慧,那就是在讲完两种计算方法后,让学生静想一分钟。不要小看这一分钟的静想,老师们总是说纪律差,其实细细想来之所以出现学生注意力不集中的现象,是因为学生没事可做,如果老师一味地强调纪律,学生也是会走神的,自主发展的课堂应当是让学生真正出于自己本身内在的对知识、对老师引导下的某个问题深深着迷而产生的一种向往和深思。也就是说应该用自己的头脑亲自获得知识。

（2012 年 4 月 10 日）

小公民引领的课堂之二——水中望月

今天听了三年级四班刘本红老师的"两位数乘两位数"的数学课。老师先说"买了 12 本书、每本 24 元"，让学生根据这一条件提出数学问题，在列式过程中比较与前面知识的不同导入新课。然后进行估算，接着让学生自己试算，并且老师利用了小黑板把 24 乘以 12 以每组小竖线的形式呈现出来。在温习两位数乘一位数竖式计算的基础上，让学生试着计算两位数乘两位数的竖式计算，在此基础上梳理总结算理。接着进行了巩固，一是练习两道竖式计算，二是辨析。最后是进行小结：学到了哪些东西。整堂课老师有让学生自主的意识，表现在让学生提出数学问题，让学生试算。但总体看，老师讲的还是太多，学生的参与太少，比如学生练习就太少，只做了四道题，还是在打了下课铃之后，真正的课堂上，学生只是做了一道题。这样的课谈学生的自主发展是有点水中望月了。现在看来，得谈谈何为自主发展的课堂。

（2012 年 5 月 2 日）

小公民引领的课堂之三——初露端倪

今天在五年级二班听了朱晓龙老师的一节数学课，内容是分数与分数的加减运算二个单元的复习。感受最大的一点就是"小老师"的运用，整堂课由一位同学来主持，指名同学上来进行讲解，每一部分内容讲解的顺序是一定的，就是讲算理、出例题进行解答，再让下面同学质疑，然后进行释疑。整堂课老师只是幕后英雄，关键处点拨几下。

就课堂组织形式而言，是全放给了学生，看到了理想中的自主课堂的影子。学生的自主地位得到加强，特别是"小老师"的运用，使全班同学的注意力比较集中。要进行展示的同学肯定在课下进行了充分的准备，这对于促进学生的自主学习很有帮助。我感到最成功的地方是按照学生的接受能力来进行讲解，毕竟学生与学生的思维对接是最合适的，这也就是所说的"兵教兵"。在欣喜的同时也在思考该如何给老师以帮助？一是小组该如何确立？学生的讲解顺序该如何确定？二是学生该做怎样的准备？三是学生讲解完后所讲内容就擦掉了

（为给下面讲的同学留出空地），这样不方便学生对内容的理解，该如何保留住所讲的内容？（比如可否让每个讲解的学生有一个小黑板）四是学生的互动可否再放？五是对于学生的评价该如何进行？

　　当然，所有这些问题的提出都为了打造更好的自主课堂，无疑这一节课给自主发展的课堂提供了很好的思路，特别是在当下，所有老师都无所适从的时候，这就是一个火种！

（2012 年 5 月 3 日）

小公民引领的课堂之四——自主之路还很长

　　公衍芳老师讲的是三年级"数学面积"这一课。她从谈话入手，问：我们教室里都有什么？然后让学生拿出课本与练习本摸一下，感知表面，又让学生比较黑板与电视屏幕的大小，课本与练习本的大小，并问为什么大？然后理解面积的概念，让学生知道面积就是物体的表面，或封闭图形的大小就是它们的面积。接着让学生用"面积"这一概念说说生活中的与面积有关的物品，会说"课本的面积比练习本的面积大"这一句话。拿出剪好的两个长方形让学生比较大小，引导学习用画方格或拼图形的方法进行比较，并且给出了三种方法：①15 个□，14 个○；②14 个□，15 个□；③10 个，14 个□。让学生分组自由探讨，引领总结出：第一组图形不同、不能比较，第二组图形多少不一样、但大小一样可以比较，第三组图形不同不能比较。老师顺势引出长度单位与面积单位，然后理解面积单位，让学生提问题：为什么叫平方厘米？一平方厘米有多大？然后让学生理解，举生活中的例子说明。最后进行小结，学生谈了收获。

　　本节课的变化：①课堂气氛很宽松，学生的自信心很强，能大胆发言，可以说是争先恐后；②学生平时比较注重预习，比如有一个学生说出封闭图形，并说是他妈妈教的；③老师已有进行自主发展课堂教学的意识，并已着手进行，比如小组学习，让学生到前方演示等。

　　不足：①谈话有些多余，问教室里有什么东西，可接着让学生拿出课本摸封面，显得有些突兀。②小组学习组织欠妥，比如准备不充分，学生不知怎么样摆，让学生到一个组观看，可是全班 80 多人，都到一个小组看不现实，为提高课堂气氛，让学生直接站起来说，显得有些杂，应要求只要有人站起来，其他人就不能说。③评价跟不上，不能关注学生的个别差异，有一个学生说课本比本子的面积小（也有这种情况），可老师没注意到，就忽略了。

反思:说到底,还是理念的问题。学生自主发展的课堂,就是重视学生的基础,以学生的视角来切入教学内容,正视学生的发展水平,放手给学生,让学生来做课堂的主人。本节课,还是没有脱离老师的讲解,总是不放手学生,还是老师领着学生走。

建议:本节课就是三个知识点。一是理解面积这一概念。二是知道比较面积的大小,用方格法。三是了解面积单位的意义。可否这样设计:①直接让学生自学,什么是面积,你是怎样理解这一概念的,用生活中的实例来说明。②老师给出两个图形,你能用什么方法来比较大小。(这是本节课的重点与难点)用小组合作的方法(老师可以早准备小正方形)。③理解面积单位,说说每个面积单位有多大,你能举个例子吗? 让每一个小组汇报后,最后看谁能用一句话来总结这节课的收获。

(2012 年 5 月 15 日)

小公民引领的课堂之五——蓦然回首她在灯火阑珊处

今天中午第二节听了刘洪霞老师的一堂课,内容是异分母分数加减法。她先是让学生做问题生成单(表 2-2)。(这一环节用时约 6 分钟)

表 2-2 问题生成单

姓名: 班级:

预习内容	课本中异分母分数加减法
我会预习	一、写出两个分母不相同的最简真分数 1. 你能比较它们的大小吗? 2. 你能算出两个分数相加的和吗? 3. 你能算出两个分数相减的差吗? 二、通过计算我发现分母不同的分数相加减应先_____再_____
我会质疑	预习后你有哪些问题或收获? 提出 1~2 个你认为有价值的问题: 1. 2.

学生在自己预习的基础上,再进行小组交流,整理问题,选出小组内最好的同学进行汇报,并说出推荐理由。(这一环节用时约 6 分钟)

第三环节是学生进行汇报,共有两个学生被推荐上来进行汇报,其中一位还是自荐的,她的理由是感觉比上位能讲得更清楚。两位学生分别就自己的问题生成单上的问题进行了展示,先是通分,然后进行加减,其间还问下面的同学有没有不明白的,还对学生的提问进行了解答。(此环节用时约 15 分钟)。此时老师进行了点评:有些同学写的分数不规范,还有的写不出分数(可以看书上写);有的同学不通分直接进行比较。(用时 2 分钟)

第四环节是进行梳理。此环节老师针对以上情况及学生的预习同学生共同进行梳理,得出异分母分数加减时先通分、再根据同分母分数相加减的法则进行计算。然后让学生就这个发现同桌说一遍。(此环节用时 3 分钟)

第五环节是巩固训练。老师出四道题,让一个小组的四位同学来做。在做完后其他学生可上来订正并说出理由。老师也进行了适时点评。(用时 6 分钟)

第六环节进行了拓展训练。老师写出算式,学生直接给出得数。并让学生发展问题。(用时 6 分钟)

第七环节安排作业。(设计有课堂作业纸)课下做。并让学生谈本节课的收获。(用时 2 分钟)

自 3 月份开始着手自主发展课堂的想法,然后让教研员们读《生命常青》这本书,到今天不足 3 个月,前面老师们也讲了几节课,但今天才发现她犹如怀抱琵琶的美女,正在揭开那层神秘的面纱。本节课的最大看点:一是老师讲的少了,共讲了不足十分钟。二是把课堂给了孩子,学生活动的时间 37 分钟。三是小组的合作学习很有实效性。四是孩子表现得很自信,讲话落落大方,并且质疑声不断。当然事情的发展也不是一帆风顺,目前来看,自主发展的课堂存在的问题:一是问题生成单的设计,也就是备课显得非常重要。如果知识点准备的不明确,很容易造成学生思维的混乱。二是小组合作学习如何组织。三是学生自信心的培养。本节课的一个小细节或许对自信心培养有借鉴意义:一个学生在上面讲,结果另一个学生自我推荐,她的理由是她感到比上一个讲的好。看来自信不仅来源于知识的积累与技能的熟练,也可能来源于心理的优越,也就是感到别人比自己差。

不足:一是时间有点超,用时 47 分钟;二是第六环节数学小游戏可以不要,因为太难,也浪费时间。不妨放在课后,作为课后拓展。

反思:自主发展的课堂,就是指以学生的自主发展选择教学,一是摸清学生的最近发展区,这样教的才有针对性,二是理清学生的思维轨迹。只有顺着学生的思路才能去解决问题。这样看来如何知道学生的思维轨迹呢? 那就是让学生教学生,这样才能进行思维对接。

(2012 年 5 月 23 日)

小公民引领的课堂之六——自主发展的课堂需要的辅助(小组评价)

今天到校,张玉英老师到我办公室,请我去听她的课,这还是实施小公民自主发展的课堂以来第一位老师主动邀请我去听课,我很爽快地答应了。她讲的是"万以内的加法和减法"。她用问题生成单让"小公民们"预习课本 91、92 页的情景图。问题生成单如下:

1. 观察课本 91、92 页主题图,你收集到哪些数学信息?

2. 你能提出什么数学问题?

3. 你会尝试解答吗?

4. 说说你的题是怎样计算的? 能用口算吗?

5. 继续观察 93 页主题图,你发现哪些数学信息?

6. 你会提出数学问题吗? 请尝试解答。

7. 能用口算吗? 请说出你的口算方法。第一步安排的是预习前四个问题。

在小组讨论的基础上,小组进行了汇报,共有两位小公民进行了汇报,接着让小公民尝试做下面的三个问题,这次虽然经过了小组讨论,但老师可能考虑到是低年级小公民,就没敢放手给小公民们,而是自己讲开了,又进入到常规课堂中去了,下课时间到了,课堂达标还没做。

这节课的看点:①老师有勇气,有勇于实践的意识,这点最难能可贵。并且就基本功而言,老师很有潜力。②小公民有一定的基础,语言表达能力及合作意识都比较强,二年级的小公民在小组合作的时候,很像样子。③能用自主发展课堂的模式着手课堂的构建。表现为利用问题生成单切入课堂,并且用小组合作研讨与展示交流这些环节。

问题:①备课。4 个知识点:进位加法、不进位加法、退位减法、不退位减法。②问题生成单有点多,7 个问题全放在一个单子上,易转移小公民的注意力,利用情景图不合适。③小组合作如何有实效。以小组进行评价,老师评价小组,让小公民评价小老师。④还是不敢放手小公民,老师总是不放心,不知不觉就又进行讲解了。

(2012 年 5 月 29 日)

小公民引领的课堂之七——自主发展的课堂需要老师放权

今天中午听了杨宪娟老师的一节数学课,课题是"几百几十加几百几十"。她先是口算,进行训练导入,然后利用问题生成单进行了预习。问题生成单:1.我会复习。笔算下列各题:13＋35＝,29＋34＝,57＋26＝;笔算两位数加两位数时,要注意数位对齐,从( )位加起,个位满十向( )位进( )。2.我会预习。观察课本96页,学生爱护环境、收集矿泉水的情境图,回答下列问题:①500个送一次,现在够吗? 是什么意思? ②实际上要先计算什么问题? ③尝试计算上面的算式,你能想出几种算法?

在小组研讨后,进行了展示。但老师包办太多,后来又直接进入到原来的一问一答式的教学模式了。接着进行了巩固训练。又下发作业纸,进行当堂达标。最后进行小结,谈收获。

看点:低年级已开始着手自主课堂的实践,老师们有了这种意识,并在课堂中进行尝试,努力地放权给学生,但限于低年级学生的特点,老师们总是不大放心,或者是说心里有时很着急。

建议:一是问题生成单的运用。问题生成单是为了了解学生的学情的,所以此处要精,不可多而乱。二是小组合作。这是发挥学生主体地位的有效载体,这就需要注重小组的建设,首要的是有这种意识,其次是每次展示都要放到小组内,评价时也要先整体再单个,这样有助于学生团队意识的培养,长此以往,小组建设才能搞好。三是老师得放权,不要总以为学生不行,关键是顺着学生的思维进行。要精讲,精讲应该讲什么? 应做到六讲:讲好重、难点;讲好规律;讲好方法;讲好易混点;讲好易错点;讲好易漏点。老师的讲是为了少讲,甚至是不讲,这样既能培养学生的自主能力,又能减轻老师的负担,是两全其美的事,何乐而不为? 四是在做当堂达标时可以让学生准备红、黑两种颜色笔,便于批阅。

(2012年5月30日)

小公民引领的课堂之八——自主发展的课堂需要辅助(课堂达标作业)

中午第二节听了张生艳老师的一节英语课,俗话说外行人看热闹,内行人看门道。对于英语我是外行,整堂课一句都没听懂,看了看课本有好多词都不会读。但对于自主发展的课堂来说,倒感到有几点很具自主发展的特点,对于其他学科可能也有帮助。

1. 小组合作很有实效。本堂课共有 6 次小组讨论,并且每次讨论都很热烈,小公民的参与面广,都下位,或坐或立,讨论结束后就自动回到各自的座位,毫不拖泥带水。小公民整堂课表现得很活泼,也很自信,展示时落落大方。

2. 老师对小组的评价很成功。老师在黑板的一角写下 G1、G2、G3、G4、G5、G6、G7、G8。整堂课就利用这八个小组,每个小组的几号同学回答对了就在那个小组的下面做个标记,以此调动小公民的积极性,效果很好。

3. 老师课堂驾驭能力强。表现在一个问句,老师在写时写成了 Yes……,可书中所写先回答是 No,老师直接就说我是问的 Yes,可见老师很灵活。

4. 老师的基本功扎实。表现在用二笔就能画出四线格来,这很是让人佩服。

当然自主发展的课堂是一个过程、是一个不断追求完善的过程,它更是一种理念,就是将课堂交给小公民,让小公民自主发展。毕竟学生的思维与我们成人的思维有一定的差距,那就让老师作为一个引领者,让小公民自主发展吧。为此,针对这节课还需几个完善的地方。一是小组的划分有点大。每组有 8 个小公民,在分组讨论时显得过于庞大。可否一个大组内再分成两个小组,每 4 个小公民一组,前后桌进行讨论,这样可能更有实效。二是对于小公民的训练,可否设计成作业纸的形式,这既符合自主发展课堂中课堂作业的要求,对于小公民的学习效果也更有实效。

(2012 年 5 月 30 日)

小公民引领的课堂之九——课堂的最终指向是学生素养的提升

中午第一节是邹晓琳老师的课,这是自进行自主发展的课堂研究以来第一节语文课。看来语文老师们也待不住了,心中也有了表现的欲望。课题是三年级的《卖木雕的少年》。课前进行了学生素养展示,老师从朋友引入课题,出示自学提纲后让小公民自学。

自学提纲如下:①认真读课文,标出段,画出四字词,不认识或不理解的字词想办法解决。②给课后横格里的生字注音,方格里的生字你认为哪个最难写,在练习本上写二遍。③想一想:课文讲了一件什么事?你一定能根据课文提出一两个你认为最有价值的问题。

在自学的基础上,进行小组交流(老师提示从 1 号开始,检查读书情况)。然后进行了小组展示。共有三组小公民进行了展示,第一组是读课文,第二组说课文主要内容，第三组说梳理出的问题。然后就梳理出的核心问题再次让学生质疑，就一些次要问题让小公民给学生解答。接着就梳理出的问题进行小组合作探究，然后再展示，做基训，进行小结。

看点：

(1)课前素养展示既培养了小公民的自信，又提高了小公民的素养。

(2)小组合作。本节课小组合作进行了二次，并且在展示过程中能让小组长分工，着手小组的建设。

(3)老师思想中有了把课堂还给小公民的想法，也尽可能地落实。从本节课来看，小公民的活动占了大约一半时间。并且常规训练较好，表现在课前准备老师的提醒（准备好了吗？书放在桌上，本子压在文具盒下）。

前进方向：

(1)本节课如果将预习提纲打印发到小公民手中更好，这样一是便于小公民在预习时随时能看（在黑板上，有的小公民得背过去看），二是上去展示时可以拿上去，便于随时看下自己的成果，便于汇报。（也就是相当于自己的备课）三是可以即时练习。比如让把生字写二遍的。

(2)老师们思想中要尽可能地考虑到团队，尽量避免指名单个小公民。要使对小组的评价常态化和多元化，比如最后谈收获时也可谈小组的表现及个人的表现。（老师要会引导）

(3)课堂作业可以印成发到小公民手中。

(4)语文的流程每一个环节要让学生说出要求，这样便于学生知道要干什么。我会读：我能把句子读正确流利。我会思：我能用一两句话概括这篇文章的主要内容。我会品：我能抓住关键词体会文字表达的思想情感。我会写：我想把最想说的话写下来。照这样长此以往训练，小公民终会达到自主发展的目的。

总结：自主发展的课堂是一个系统工程，它需要的：一是老师的理念，就是相信小公民能行、且将课堂还给小公民；二是用好小组的评价这一抓手，调动小公民参与学习的积极性；三是培养小公民多方面的素养，使学生养成各方面的习惯。

（2012 年 5 月 31 日）

小公民引领的课堂之十——专家的引领

小公民引领的课堂实践两个月来，老师们对这一理念慢慢地都在接受，课堂流程也已具雏形。为给老师们增加推进这一改革的动力,特意请教研室张玉庆主任来听一节课,就自主发展的课堂进行指点。为此,刘洪霞老师上了一节数学课,课题是复习长方体和正方体的表面积。上课一开始进行了课前呼号,进入第一环节自主预习,生成问题。问题生成单如下(表2-3)。

表2-3　五年级数学"复习长方体和正方体表面积"问题生成单

复习内容	长方体和正方体表面积
我会复习	1. 下图长方体:(单位:厘米) 上、下每个面,长_____,宽_____,这两个面的面积和是_____; 前、后每个面,长_____,宽_____,这两个面的面积和是_____; 左、右每个面,长_____,宽_____,这两个面的面积和是_____。 2. 长方体表面积公式: 　用字母表示: 　正方体表面积公式: 　用字母表示:
我会解决问题	1. 求出下面长方体和正方体的表面积:(单位:厘米) 　　a＝12　　b＝4　　h＝6　　　　　a＝5 2. 一个长方体玻璃鱼缸,长6 dm,宽4 dm,高5 dm,制作这个鱼缸至少需要玻璃多少平方分米?
我会举一反三	通过回忆整理我还能举出与表面积有关的几个特殊例子,如:

小公民做完问题生成单后,进入第二环节合作交流、展示交流。小组内讨论热烈,有一个小组推荐了4位小公民进行展示,并说出了推荐理由。这四位小公民进行了简单的分工,然后就问题生成单中的问题进行了展示。接着进入第三环节梳理归纳、巩固认识。老师针对小公民的发言进行了简要的归纳,重

新梳理了一下长方体、正方体的表面积公式，然后进行第四环节课堂达标、反馈提高。老师让小公民做课堂达标作业。

"复习长方体和正方体表面积"课堂达标作业

班级_____　姓名_____　日期_____　等级_____

1. 长方体或正方体(　　)个面的(　　)，叫作它的表面积。

2. 50 m² =(　　) dm²　　　2.4 dm² =(　　) cm²

3. 一盒饼干长 20 cm、宽 15 cm、高 30 cm，现在要在它的四周贴上商标纸（上、下面不贴），这张商标纸的面积至少是多少平方厘米？

4. 一间教室长 9 m、宽 6 m、高 4 m，要粉刷教室的顶棚和四壁，除去门窗玻璃面积 24 m²，需要粉刷的面积是多少平方米？ 如果每平方米用漆 0.25 千克，一共需要漆多少千克？

做完的学生每组老师给批一个，然后再发给他（她）一张拓展作业。

"复习长方体和正方体表面积"课外拓展作业

班级_____　姓名_____　日期_____　等级_____

1. 将两个完全一样的正方体拼成一个长方体，原来每个正方体的一个面的面积是 9 dm²，拼成的长方体的表面积是(　　) dm²。

2. 用 36 分米的铁条焊成一个正方体框架，并准备在它的各面粘上木板，至少要准备多少平方分米的木板？

3. 一种铁皮通风管，长是 2 m，横截面是边长 5 dm 的正方形。做 20 节这样的通风管，至少需要多少平方米的铁皮？

在小组互批之后，老师让小公民用一句话对本节课进行总结。

整堂课老师思路清晰，环节分明，学生参与意识强，应当说展现了这一阶段自主发展课堂的最高水平。在接下来的研讨中，张玉庆主任从宏观上就这一课改的思路给予了充分的肯定，并明确了课改的最终落脚点是小公民，然后从一些具体的技术层面进行了指点：一是小组合作交流如何更加有效，二是小组展示怎样才能更好，三是复习课该怎么样设计问题生成单。比如，本节课的问题生成单应是给一张空白纸，学生自己罗列对长方体、正方体表面积的记忆，然后举出与表面积有关的几个特别例子，这样的话，学生就进行了发散思维。

一语点醒梦中人，专家的引领使我们的课改明确了发展的方向，也给了我们坚定地走下去的动力。

（2012 年 6 月 4 日）

"小公民引领学习"研讨总结会(高年级组)

会议地点:六三教室

参加人员:徐正烈校长、刘洪霞老师以及五六年级组全体老师

会议主持:王慧老师

会议过程:

1. 事件回放:视导交流中的两个个人观点

(1)小组合作学习的实践意义

(2)学生分组编号的利弊

2. 讨论小组合作的必要性和去形式化的东西

3. 形式:拟辩论(正方、反方)

4. 讨论

小组长的引领:哪些内容需要引领;组内如何真正帮扶

刘本红(五年级首席发言)

1. 小组合作优点

2. 提出问题—讨论—展示—纠正—总结

3. 具体到某个小组、某个问题,很需要这种合作形式

4. 不编号,每个同学都说

5. 做达标题,一对一批改很认真

6. 反思:关键是帮扶,不能让学生盲目跟从/简单问题可以不浪费时间/能读答案,达不到思考的目的。

主持人:(1)根据"三讲三不讲"筛选哪些类型的题可以合作

(2)能同桌合作解决的,就不需要小组合作

曹荣海(六年级组首席发言人)

1. 小组长的作用:检查作业/课内分工……

2. 培养:确定怎样交流/适当的评价……

3. 调动积极性,时间是大问题

4. 校长选定有难度

5. 小组编号不赞同

刘兆彩(自由发言人)

1. 展示是最根本的

2. 推动小组合作学习中怎样注重帮扶、达到效果

……

刘洪霞（小结指导）

1. 孩子越来越想说、爱展示，时间不够用

2. 硬性留 8 分钟

3. 压缩时间留时间展示

4. 课堂评价没跟上

徐校长（总结指导）

1. 吃包子的故事

一个人吃了一个包子没吃饱，又吃了一个，还不饱，就又吃了一个，一直吃到第五个就饱了。他说：早知道吃第五个包子能吃饱就不吃前四个啦！这个故事带给大家什么启示？

（想问题不能太简单，什么结果都是有一定的原因的，没有那 4 个垫底，怎么会饱，就不会出现吃第 5 个饱了。有时要辩证地看待数量和质量。量变能带来质变。）

2. 小组合作的实践意义

我们当初为什么推行小组合作学习？小组合作学习解决了我们的班额过大的窘境。我们一个班 90 多个人，老师一个个盯着，就得盯 90 多个点儿，如果分成 20 个组，那么我们的关注点是不是就变少了？我们是不是就轻松了？

3. 形式化的问题

北京光明小学的课堂上，孩子起来课堂交流时，总是会说："谢谢老师（同学）给我这个机会。"一开始，也有人会质疑说是形式化。该校校长就说：没有形式的东西，请问你的内容用什么承载？这就告诉我们，内容是一样的，你用什么形式承载取决于自己。最后成了什么形状，那是你自己形成的。

再举个例子，比如一个人感冒了，吃药的时候会喝包感冒冲剂，往往还会配上大青叶什么的。总之，一个药方是不能解决所有问题的。我们不要对小组合作学习寄予太多的希望，小组合作学习并不是万能的。小组长也不是万能的。

4. 小组建设

小组长不是找的，是培养的。你要从 90 多个人里找优秀的小组长，你还能找几个？我们需要转变观念，有自己的原则。

主持人：感谢徐校长立足实际带给我们关于小组长引领学习的思考，给我们吃了定心丸。如此，我们就坚定不移地去思考如何推进我们的小组合作学习吧！

第二节　小公民合作学习

小公民合作学习是指从三年级开始到五年级学业结束这段时间小公民的学习。这一时间段的学习,在这里也称之为"问题引领,同伴互助"的 II 段合作学习。

首先,我们要看一下这一阶段孩子的性格特点。

小学三至五年级,小公民已经进入学习的适应阶段。作为小学学习的中期阶段,也是从低年级向高年级过渡的时期。这时候,小公民的心智逐渐走向成熟,成为性格养成的重要阶段。小公民的学习习惯、学习态度从可塑性强转向逐渐定型的重要过渡阶段。三、四年级又是一个不稳定的阶段,这时的小公民开始有了自己的主见,既没有低年级小公民天真,也不如高年级小公民懂事。如果教育方面处理不当,就可能引发小公民的发展危机。

其次,尽快进入"补钙造血"阶段。

这一时期的小公民需要教师关切的眼神、真诚的鼓励和热情地帮助,三、四年级的小公民,熟悉了学校生活,又无毕业的压力,一些小公民就容易得过且过,在不知不觉中落到了其他小公民的后面。中年级小公民的学习重点在学习知识的积累。有了好的学习习惯,到了中年级后,学习重点就放在学习知识的积累方面了。基础不扎实的小公民学习起来就会感到比较吃力,成绩自然也就会有比较明显的下降。这样的小公民,教师必须考虑针对其薄弱环节补课,防止他们越拉越远,最后没有办法跟上其他同学了。从 3 年级开始,即使在那些要求记忆、模仿的学习内容里,也蕴含了大量需要孩子开动脑筋的因素。如果小公民没有注意到这一点,还是采用机械记忆的方式学习,那么到了中、高年级,随着这些因素所占比例的增加以及学习内容的加深,小公民的学习成绩就可能会每况愈下了。

因此,这一阶段小公民的合作学习以小组形式开展,更多体现在小组内的合作上。就合作学习而言,必须关注到小组的划分、小组的合作、小组的展示和合作学习的评价。

一、合作学习简述

(1)小组的划分。小组的划分目前有三种形式。第一种是以全班排序,从 1 组到 20 组不等,这是主流。第二种是先以排划为 A、B、C、D 四个排,然后每个排中再划分 1、2、3、4 组,这样就形成了 A1 至 A4 组,B1 至 B4 组,C1 至 C4 组,D1 至 D4 组。第三种是以人的名字划分。每种划分都有其优势,不管是何种形式的划分,都要以老师的习惯而定,当然老师们也可以互相比较,取长补短,互相借鉴。

（2）小组的合作。这里存在两个维度。一是合作的广度,也就是参与的面。从老师们的课中我们可以看出合作的广度可以,基本上所有学生都参与进来,并且小组长也能比较好地发挥作用。二是合作的深度,也就是学生对问题研究的深入程度,换句话说,也就是老师对问题放给学生的程度。现在看来这个深度出现一些差别,老师思想中不敢放手普遍存在。再者,小组合作过程中一些流程还不是很熟练,比如对一个问题的小组研讨到什么时候结束,目前有两种方式。一种是老师制止法。老师说请同学们静下来,或者说讨论结束了吗? 以这种方式提醒小组研讨结束。一种是学生表现法。老师在研讨之前会说:讨论结束后请同学们坐好,老师就知道你们小组研讨好了,看哪个小组做得最好。

（3）小组的展示。这其实是最重要的一个环节,现在有这样四种展示方式。一种是集体展示,一个小组都到台上,或者都站立,小组长分工,让分到工的同学挨个进行展示。二是个体展示,就是虽然也是进行了小组合作,但在展示时又让举手的同学单个进行回答,可能是为了课堂进行的流畅。三是集体下的个体展示。就是在展示时提到了小组,然后让一位同学代表小组进行展示。四是组内展示,就是将完成的任务在小组内进行展示。

（4）合作学习的评价。评价是推动合作学习的动力,只有恰当的评价才能推动我们的小组建设持久发展,而在这一阶段中恰恰没有小组评价。只有张充老师的课堂有一点对整个小组评价的影子,其他老师即使有也只有对个体的评价。这可能是这一阶段存在的最大问题。

（5）合作形式。组内合作、组际合作（组、排、队）、班内合作。

合作学习的最大魅力在于对学生的情感培养。

合作学习下的后进生转化。机会均等,给后进生相对简单的任务。在评价时,相对于后进生的回答分值要高,这就促使其他学生都去帮助后进生,这样后进生就有了更多的助力。

二、小公民合作学习的推进

在小公民合作学习中,我们主要是以"学习型小组建设"课堂研讨活动进行的。主要包括了实施方案、课堂听评、课后研讨反思笔记的撰写等。

"学习型小组建设"课堂研讨活动实施方案

为了促进我校"自主发展课堂"构建活动逐步向纵深发展,按照学校工作计划要求,定于 2013 年 9 月下旬至 10 月中旬在全校范围内开展"学习型小组建设"课堂体验研讨与交流活动。具体事宜如下:

一、领导小组

组长:徐正烈

副组长:高新美

成员:教研室、教科室全体成员

二、参与人员

1～6 年级全体教师

三、活动目标

本次课堂体验活动主要从"小组合作学习在课堂中发挥的作用"和"课堂学习效果"两个维度来评价学习小组在课堂体验中所发挥的作用,找出问题所在,改进教学方法。

四、活动内容与措施

1. 教师自选课题,执教研讨课

2. 跨年级听评课

具体方式:五、六年级互听,二、四年级听三年级,三年级听四年级,一年级听二年级。

3. 观课分工

4. 交流座谈(评课议课)(表 2-4)

表 2-4　各年级评课议课安排

评课年级	科目	时间	地点
三年级	数学	9 月 26 日办公时间	接待室
三年级	语文	9 月 27 日办公时间	接待室
五年级	数学	9 月 27 日办公时间	教科室
五年级	语文	9 月 29 日办公时间	接待室
三～六年级	英语	9 月 27 日办公时间	英语组
二、四、六年级	数学	10 月 22 日	接待室
二、四、六年级	语文	10 月 23 日	接待室

五、活动时间

第一轮：9 月 23 日至 9 月 27 日

实践班级：三年级、五年级

第二轮：10 月 8 日至 10 月 12 日

实践班级：四年级、六年级

第三轮：10 月 14 日至 10 月 18 日

实践班级：二年级

［附］听、评课具体安排表（第一轮），见表 2-5 至表 2-7。

表 2-5　"学习型小组建设"研讨交流安排表（9 月 23～27 日）

教师姓名	研讨课题	班级	研讨时间	观课人员
赵霞	四边形	3.1	9 月 23 日第二节	2、3、4 年级数学教师
王淑文	四边形	3.2	9 月 24 日第二节	2、3、4 年级数学教师
刘本红	四边形	3.3	9 月 25 日第一节	2、3、4 年级数学教师
魏岱华	四边形	3.6	9 月 26 日第二节	2、3、4 年级数学教师
张倩	循环小数	5.1	9 月 23 日第四节	5、6 年级数学教师
邹兴花	循环小数	5.5	9 月 24 日第四节	5、6 年级数学教师
马丽	商的近似数	5.2	9 月 25 日第四节	5、6 年级数学教师
张善凡	一个数除以小数	5.3	9 月 26 日第四节	5、6 年级数学教师
刘代明	循环小数	5.4	9 月 27 日第四节	5、6 年级数学教师
邹晓琳	新型玻璃	5.3	9 月 24 日第一节	5、6 年级语文教师
张赟	新型玻璃	5.2	9 月 25 日第一节	5、6 年级语文教师
刘爱芹	新型玻璃	5.4	9 月 26 日第一节	5、6 年级语文教师
罗朝丹	新型玻璃	5.1	9 月 27 日第一节	5、6 年级语文教师
宗红霞	新型玻璃	5.5	9 月 29 日第一节	5、6 年级语文教师
刘兆彩	秋天的雨	3.6	9 月 23 日第四节	2、3、4 年级语文教师
王丽君	秋天的雨	3.3	9 月 24 日第四节	2、3、4 年级语文教师
田启军	秋天的雨	3.5	9 月 25 日第六节	2、3、4 年级语文教师
刘娜	秋天的雨	3.4	9 月 25 日第四节	2、3、4 年级语文教师
高振	秋天的雨	3.1	9 月 26 日第五节	2、3、4 年级语文教师

（续表）

教师姓名	研讨课题	班级	研讨时间	观课人员
张艳	秋天的雨	3.2	9月27日第六节	2、3、4年级语文教师
李德芳	Unit 2A Let's read	6.2	9月25日第四节	英语教师
张生艳	Unit 2B Let's talk	4.3	9月26日第一节	英语教师
高学伟	Unit 2A Let's read	6.1	9月27日第二节	英语教师

表2-6 "学习型小组建设"课堂研讨交流安排表（10月8～12日）

教师姓名	研讨课题	班级	研讨时间	观课分组
刘洪霞	口算乘法	4.3	10月8日第二节	3、4年级
马兴霞	口算乘法	4.1	10月9日第一节	3、4年级
高安娟	口算乘法	4.2	10月10日第一节	3、4年级
褚庆荣	口算乘法	4.4	10月11日第一节	3、4年级
杨宪娟	口算乘法	4.5	10月12日第一节	3、4年级
朱晓龙	百分数	6.1	10月8日第五节	5、6年级
苗正香	解决问题	6.3	10月9日第五节	5、6年级
王萍	比的基本性质	6.2	10月10日第五节	5、6年级
胡玉洁	比的基本性质	6.4	10月11日第五节	5、6年级
武玉雪	比的基本性质	6.5	10月12日第五节	5、6年级
刘凤云	只有一个地球	6.3	10月9日第二节	5、6年级
王兴菊	只有一个地球	6.1	10月10日第二节	5、6年级
高萍	只有一个地球	6.2	10月11日第二节	5、6年级
孙春英	只有一个地球	6.4	10月12日第二节	5、6年级
刘洪凤	只有一个地球	6.5	10月14日第二节	5、6年级
王慧	蟋蟀的住宅	4.1	10月8日第四节	3、4年级
谢娜	蟋蟀的住宅	4.2	10月9日第四节	3、4年级
曹荣海	蟋蟀的住宅	4.3	10月10日第四节	3、4年级
张珊珊	蟋蟀的住宅	4.4	10月11日第四节	3、4年级
周炜	蟋蟀的住宅	4.5	10月12日第四节	3、4年级

（续表）

教师姓名	研讨课题	班级	研讨时间	观课分组
肖荣冠	Unit 2B Read and Write	5.1	10月9日第五节	英语教师
李艳红	Unit 2B Read and Write	5.3	10月10日第五节	英语教师

表2-7 "学习型小组建设"课堂研讨交流安排表（10月14~18日）

教师姓名	研讨课题	班级	研讨时间	观课年级
谷秀红	认识乘法	2.2	10月15日第一节	刘洪霞 赵霞 一、二年级老师
尹纪梅	认识乘法	2.3	10月16日第一节	刘洪霞 赵霞 一、二年级老师
杜钊	认识乘法	2.5	10月17日第一节	王淑文 谷秀红 一、二年级老师听课
庄玉梅	认识乘法	2.6	10月18日第一节	王淑文 谷秀红 一、二年级老师听课
刘春	5的乘法口诀	2.1	10月18日第二节	王淑文 谷秀红 一、二年级老师听课
刘雪	坐井观天	2.4	10月16日第二节	邹晓琳 刘凤云 一、二年级老师听课
张静	坐井观天	2.2	10月16日第四节	邹晓琳 刘凤云 一、二年级老师听课
王晓伟	坐井观天	2.1	10月17日第二节	袁刚 王慧 一、二年级老师听课
邢晓霞	坐井观天	2.5	10月17日第四节	袁刚 王慧 一、二年级老师听课
高维伟	坐井观天	2.6	10月18日第四节	袁刚 王慧 一、二年级老师听课
马玲玲	Book 7 Unit 3B Let's Learn	6.5	10月16日第二节	全体英语老师
董立华	Book 1 Unit 3B Let's Talk	3.6	10月17日第一节	全体英语老师

课堂听评（略）

教师的反思

"学习型小组建设"研讨交流活动总结

刘洪霞

金秋十月,人们在收获累累硕果的同时,我们的"学习型小组建设"也收获了太多太多的喜悦。

本次研讨交流活动从 2013 年 9 月 23 日开始,到 2013 年 10 月 23 日结束,历时一个月。语文、数学、英语共 57 节课,现场录像 42 节。讲课教师从刚毕业的年轻教师到年近 50 岁的老教师全员参与。观课教师在徐校长和高主任的带动下积极参加,特别是六年级教师除按要求观五、六年级的课外,其他年级上课也积极参与。徐校长、高主任在百忙之中积极参与,每人观课不少于 20 节,并就每节课做精彩点评(详见徐校长、高主任工作室)。整个活动紧张、有序、高效,让每一位参与的教师和学生都受益匪浅。

一、老师上课有"样子"了

记得活动第一周是先从三年级和五年级开始的,讲课第二天了还有老师找到我们说不知如何下手,让我们给做个"样子",他们好照着上,我们没法答复,只能笑着说:好好学,"样子"很快就到你心里去了。说来也挺奇怪的,就在第一周结束的时候大家都还感到很迷茫,但经过了 9 月 26 日的第一次评课交流之后,十一假期后第一天来上课,大家一下子就有了感觉,课上的特别顺,以后的每节课都带给我们不断的惊喜,就像赵霞老师在总结里写的那样"从懵懂到逐渐领会"。

通过多次交流大家普遍认可的课堂模式:导入新课—提出问题—独立思考—小组交流—小组汇报展示—全班互动交流—梳理优化—课堂达标—批改反馈—课堂总结。其实这个上课流程很早就理出来了,之所以老师们一直用得不顺手,就是因为我们以往的活动都没有像这次活动那样目标这么明确、参与度这么广,大家参与的都这般投入。

今天老师们终于可以很有底气地说:我终于知道怎样组织课堂了!

二、"动车组"里有"发动机"了

过去我们说"火车跑得快,全靠车头带",可是车头再有力量也难敌好长好长的车身的拖拉,所以要想提速是很难的。现在有了动车组了,每个车组都有独立的发动机,所以车速轻而易举地就能提到 340 千米/小时。我们的学习小组就是"动车组",每个小组长就是"发动机",小组长调动好了组员的学习积极性,动车组就跑起来了,我们学习型小组的建设就是为了提高全班的学习积极性,让全班同学驶向高速。走进课堂,你会发现组长已然有了"组长范了"。

下面就有观课老师对小组长这个"动车组里的发动机"的观察和认识。

(2013 年 11 月)

小组合作的有效策略
——第二轮听课有感

万事开头难,在老师们的疑惑、迷茫与不解中,小组合作建设正式拉开了帷幕。由上一轮试探到这一轮的实践,我的同事们可谓是劈斧开山,终于走出了艰难而又欣喜的一步。下面把我听课的些许感悟与同事们交流。

策略一:小组的划分

1. 以四人为一小组,设小组长一名,每个成员编好号 1、2、3、4。

2. 全班分成 4 个大组,分别为:A1,A2,A3;B1,B2,B3;C1,C2,C3;D1,D2,D3。

(高安娟"口算乘法",2013 年 10 月 10 日)

策略二:小组长的职责

1. 组织组内成员依次发言

2. 整合组内成员的不同意见

3. 且根据成员的发言进行小结

4. 教会学习速度慢的同伴

5. 汇报展示的合理分工

场景一:谁是小组长?(我)

你是怎么组织学习的?(让他们挨个发言)

你可以根据他们的发言给予点评吗?(生点头)

场景二:谁是小组长?

你在发言吗?(不,我在总结。)

很好,你能把还不太会的教会吗?(能)

(马兴霞"口算乘法")

场景三:(屏显学习提示)

(1)默读 3~8 自然段,边读边画出描写巨人的语言行为的句子。

(2)在小组内交流感受:读画出的句子;谈谈感受;带着感受再来读读句子。

（小组汇报展示）

小组长：1号读画出的句子；2号说说感受；3号带着感受再来读一读。

（谢娜《巨人的花园》）

场景四：

（小组合作汇报）

小组长：下面由我们小组汇报一下学习收获，从"美术小组25人，比航模小组多了1/4"这句话我们知道了，航模小组看作单位"1"，下面由×××同学来根据我们的理解画一下线段图；由×××同学写出等量关系；由×××同学你来列出等式并向大家做一解释（这位同学声音太小，最后老师让小组长又翻译了一遍）

（苗正香"解决问题"）

策略三：小组汇报交流的形式

1. 学习小组依次展示学习收获

场景：小组汇报展示（5个小组依次展示）。小组长：请×××同学读画出的句子；×××同学说说感受；×××同学带着感受再来读一读。

（周炜《巨人的花园》）

2. 学习小组合作交流

（1）一小组长组织成员汇报。

（2）小组长：这是我们组的学习收获，大家还有不同见解吗？——有不同感受的小组直接汇报不同之处，不必按部就班把所有的学习收获都展示出来；哪个小组来挑战我们的诵读？

（3）教师梳理，深化认识或提升诵读。

从周老师5个小组的课堂汇报来看，一方面看出课堂中小组建设有了很大推进，学生在小组长的组织下已经懂得怎样在小组内把自己画线的句子、读书的感受与同伴交流，并且在全班汇报时，小组长会给组内的每个学生选择回报的内容，共同展示。但从另一个方面来观察，回报的内容到形式大相径庭，这就让我们想到了两个词：展示、交流。"展示"是指单纯的展现，摆出来让大家看；交流则是指生生间、师生间的一种互动——一种思维的碰撞。我们这一环节到底要的是什么呢？当然是后者。如何把展示发展成为交流，应是我们努力的方向。以上是我的一点思考，希望能给大家一点启示。

（周炜《巨人的花园》）

3. 小组竞赛,组际间互问互答

（宗红霞《新型玻璃》）

策略四:课堂达标题的处理

检验本课学习效果,通过错例分析,提升学习能力。

学生自己做—小组长批阅—小组长整合不同见解,错例分析—全班交流

（刘洪霞"口算乘法"）

策略五:小组评价

当堂记录,表格式的、一周一统计,评选,每周一星,《我的大舞台》中的"评"这一方阵。

（谷秀红"数学广角"）

挑战时刻(小组竞赛)出示课件(小组合作的目的)

课文还介绍了四种新型玻璃(出示表格),它们又具备怎样的特点? 有哪些用途呢? 咱们已经安排课余时间小组交流,现在到了竞赛时刻了,大家有没有信心? 找出两组进行竞赛(可以教师找出两组,也可以找出一组让他们自己找竞赛对象,也可以让学生给找出两组进行竞赛。这是一个重要的环节! 老师一定调控好)根据小组竞赛,相机完成表格。

同学们,他们表现的怎么样? 是啊,这就体现了咱们小组合作的优势,真是'精诚合作,竞赛无敌'啊!

宗红霞

（2013 年 10 月 9 日马兴霞(4.1)"口算乘法"）

听了几天的课,对于四年级的学生来说四年级一班的小组建设应该是最成功的了,老师一宣布小组交流,小组长就像个小老师似的分配任务:你先说,你再来说说,三个组员说完后组长总结,最精彩的是全班汇报时被推荐的代表站上讲台说的第一句话就是:"我们讨论的是……"在马老师的课上小组汇报展示以下问题:

(1)人骑自行车 3 小时可以行多少千米?

(2)特快列车 3 小时可以行多少千米?

通过解决上面的(2)题,你有什么发现? 把你的想法在小组内交流一下。

生 1:我们讨论的是:$16 \times 3 = 48$;160 比 16 多了一个 0;$160 \times 3 = 480$。

生 2:我们认为只是因数中多了一个 0,所以积就多了一个 0。

生 3:16 和 160 是 10 倍的关系,所以 $160 \times 3 = 480$。

从这三个小组的代表发言来看,这的确是小组交流的结果。四年级的学生

小组合作学习见效这么快,带给人这么多的惊喜,真是不容易,昨天看了邹晓林写的听王慧老师的课后随笔,我终于找到了答案:同一个班级各科老师都很好地指导、运用小组合作学习,效果是显而易见的。

各科老师携起手来快马加鞭,让我们的学习小组走得更快更稳。

（2013 年 10 月 15 日,谷秀红(2.2)《乘法的认识》）

片段二:小组交流完后汇报展示。

师:师春阳小组说一下你们是怎么交流的?

组长:我先让王子恒说的,他说得很好;接下来张鑫如说的也还行。

师:最后是谁说的?

组长:最后是我说的,我说的还行吧。

师:那就分别说一说你们是怎么讨论的。

生 1:我的问题是过山车一共有多少人?

2＋2＋2＋2＋2＋……(有点乱)

师:用一句话告诉老师该写几个 2?

生 2:我的问题是小火车一共有多少人? 6＋6＋6＋6＝24

师:几个 6?

生 2:4 个 6。

生 3:过山车一共有多少人?

师:王晓云的问题和谁的一样?（王子恒的）

生 4:老师,我的问题和王晓云的一样。

师:表扬 D3 组,合作得非常好!

按常理二年级的孩子分小组合作是很难的,但谷老师就这样手把手地教会了孩子如何合作、如何交流、怎样汇报,让孩子一开始就尝到了合作的甜头,真的很好!

走进谷老师的数学课堂感觉真好!

刘洪霞

三、课堂上有"争吵声"了

传统的课堂是老师讲、学生听,错了错听,学生不会有异议;后来小组合作了,学生讲学生听,讲完后掌声一片,然后是"棒! 棒! 棒! 你真棒!"一片和谐。今天,在我们的课堂上逐渐有了争执的声音了。大家学会了质疑,学会了反驳,是非观念很明确。

估算

今天讲教材第 60 页估算一课，"例 5：四年级同学去秋游。每套车票和门票 49 元，一共需要 104 套票。应该准备多少钱买票？"学生收集信息列出算式 49×104 后，学生独立估算，小组交流之后进入汇报交流阶段。首先上台汇报的是王奕霖组，她们组由王奕霖代表大家发言"我们组讨论的是：把 49 估成 50，104 估成 110，50×110＝5500 元，我们是往大了估算的，我们这样做的理由是钱带多了用不了可以再带回来，带少了不够就没办法了。"学生汇报的有理有据，没等我发表看法同学们就鼓起掌来，看来大家也觉得王奕霖汇报得很精彩。这时 B1 小组的一个同学走上讲台说："我们组讨论的和他们的不一样。我们是这样想的：把 49 估成 50，104 估成 100，50×100＝5000 元，我们是往小了估算的。"当说到这样估算的理由时他不知如何说了。这时组长张腾月主动上台解围："我们这样做的理由是 104 四舍五入是 100，所以 50×100＝5000 元。"下边马上有学生质疑"钱带多了可以带回来，那像你的这种估计少了怎么办呢？"最后大家一致认为，为保险起见可以多带点，这种情况可以往大了估。

在练习环节做到 61 页第 4 题时，有一个男生的发言又赢得了大家的掌声，他是这样汇报的："780×20，把 780 估成 800，800×20＝16000 千米，16000 千米＜17000 千米，20 天不能飞到。因为把速度往大了估了都还不够，那肯定飞不到。"这个男生的回答也是把做题的理由解释得非常清楚，让人听了口服心服。

通过今天这节课我发现小组合作已经初见成效，学生不只会交流了，还会汇报了，更会质疑了，质疑声让课堂充满了生机和活力。但要让每个学生都参与进来，都能达到这样的水平还需要更长一段时间的努力。

敢于质疑

课堂上，我让同学们找出《小桥流水人家》中自己最喜欢的句子并说说自己喜欢的理由。我先让同学们自己思考，在小组没讨论交流之前，我抽查一个四人小组汇报各自学习成果的时候（目的是看看他们是否都能积极地参与进去），恰好这一组四人都喜欢第一自然段，但是她们喜欢的理由不同，他们各自从不同的角度说了喜欢的理由。我想告诉他们四人接下去该怎么样合作交流的时候，忽然，周文豪高高地举起手，急迫地说："老师，我认为课本中这个句子有问题。""哦？哪一句？请你读一读。"

"溪的两边，种着几棵垂柳，那长长的柔软的柳枝，随风飘动着。婀娜的舞姿，是那么美，是那么自然。有三两枝特别长地垂在水面上，画着粼粼的波纹。"他读完接着问我："老师，既然是垂着，那就是它不动啊，不动怎么能画出粼粼波纹?"看来,他对"垂"在这个句子里的理解存在偏差。

我问他:"那你说应该怎么表达?请你上讲台对同学们谈谈自己的疑惑与见解吧。"他自信地走上讲台,声音洪亮地谈了自己的看法:"同学们,我是这么想的,长长的柳枝垂到水面上,'垂着'不动的话是画不出波纹的,只有风吹动它,它才能画出波纹,所以我觉得应该改成'那三两只特别长的柳枝,垂到水面上,风一吹,它就画出粼粼的波纹。"

教室里静静地,同学们都盯着他并在思考着。我说:"同学们,你觉得原文里的句子和周文豪同学修改后的句子,那个你更喜欢?"全班 90 个同学只有一个没举手,其余的竟然齐刷刷的举手赞同周文豪修改后的句子。这是我没想到的结果!我赶紧让唯一没举手的那个同学起来谈谈自己的看法,他说:"因为前面提到了'随风摆动',随风摆动的柳枝包含着这几枝特别长的柳枝了。"他的话音刚落,另一名同学站起来说:"即使柳枝没碰到水面,只要有风,水面上也会有波纹的。""老师,即使没有风,柳枝碰到水面,水面同样也会泛起波纹的。""老师,没有风,水面也会有波纹还因为这是条小溪,它本身就在流动,流动的水面自然会有波纹的。""还有,溪水碰到石头之类的东西,也会有粼粼的波纹。"课堂立刻热闹起来,大家纷纷举手谈自己的看法,我要的就是这个效果!

"是啊,小溪里出现粼粼的波纹原因很多,可是课文主要写溪水里的波纹还是写柳枝呢?"我顺势引导关键词"画着",谁在画着?在哪里画?画着什么?"课文主要写柳枝,是柳枝在水面上画着波纹。"同学们异口同声地回答。我低下头问周文豪:"你说说,你读了课文中的这个句子,你觉得作者是想表达什么意思?""我觉得作者是想说'那特别长的柳枝被风吹动着在水面上画出很多波纹。'""那就对了,你理解得很到位,请你再有感情地读一遍原句。"我赞赏地说。他带感情朗读了这个句子后,我又让同学们齐读了这个句子。

"同学们,现在你们觉着原文中的这个句子还有问题吗?""没有了!""是啊,还是原文中的句子精炼一些。'垂着'不代表静止不动。同学们,无论是理解还是写作,记住一定要抓特点来表达,所以在写作过程中需要你去好好揣摩、多次修改,语言要生动形象,用词力求准确。"

今天刚看了一则新闻,有个小学生组词明明自己写对了,老师给打了"×",理由是这几个字没学,应该写拼音,学生感到很委屈,拿回家找家长诉苦,被家长挂到网上去了,看着新闻我在想:如果我犯这样的错误,我的学生一定会当场和我理论,并把我辩得哑口无言的。这就是我们的自主课堂给学生和老师带来的实惠。

四、老师课后"有话要说"了

以前最让学校领导头疼的是让老师写些东西要比登天还难，经过这次活动，大家看到徐校长、高主任每次听完课都往个人工作室里上传一些文字。大家也试着写一些随笔、感悟之类的传上去，看来写东西也是会上瘾的。现在如果进入我们老师们的工作室，你会发现不断有新想法、新案例上传。特别是这次活动结束老师们写的观课总结真的很精彩。现精选出一片与大家共享。

观 课 报 告

观察员：王淑文

霜降自秋季走过，风景无限。校外万山红遍，层林尽染；校内"自主发展课堂"构建活动继续，"学习型小组建设"课堂体验研讨与交流活动也依然。

本次活动我的观课点是通过学生完成"课堂达标作业"情况来了解小组学习效果。我观摩的课堂教学一共七节，分别是刘洪霞老师执教的四年级上"口算乘法"、苗正香老师执教的六年级上"解决问题"、王萍老师执教的六年级上"比的基本性质"、武玉雪老师执教的六年级上"比的基本性质"、杜钊老师执教的二年级上"乘法的初步认识"、庄玉梅老师执教的二年级上"乘法的初步认识"、刘春老师执教的二年级上"5的乘法口诀"。

通过本次课堂活动实践，我们欣喜地看到学生小组合作学习的习惯已逐步形成，形成了小组合作学习的氛围，大大提高了小组合作学习的效率。孩子们在合作中获得了解决问题的乐趣，感受到合作的意义，体现出小组合作的价值。每节课都精彩，每节课都让人收益颇多。

现将观课情况总结如下：

一、教师恰当引导，明确小组合作学习目标

每次听刘洪霞老师的课都会有不同的收获，都会有对课堂更进一步的诠释理解。一直以为学生的学习情况与学生自身的素质有关，再次听了刘洪霞老师的课后，豁然开朗，真正的课堂中，老师就像是一盏明亮的灯塔，能为孩子指引学习的方向。看刘老师的课，佩服之余，细看她设计的"问题生成单"及"课堂达标作业"，自主知识链接、活学活用、我会交流，到课后小拓展，无一处不体现出她对教材的深刻解读，对学生学习的放心、放手。刘老师刚接手的这个班级是一个大家都不看好的班级，但只有短短的一个多月，却像换了一个天地，整堂课在刘老师有条不紊地引导下，小组有目标、有组织的学习，有条理的汇报都无一不彰显出本堂小组合作学习的实效性。

二、良好的学习习惯，铸就小组良好的合作行为

良好的合作行为既是合作学习开展的重要条件，也是合作学习所追求的一种教学目标。

小学阶段是一个重要的习惯养成阶段，特别是在小组合作学习中更是要培养他们的良好习惯。课堂合作学习过程中，因为学生都是在自主学习的前提下进行合作，每一个人的思维方式、学习方法都不尽相同，所以老师要注意培养学生的学习习惯。庄玉梅老师、武玉雪老师、王萍老师的课堂注重了培养学生自主思考、再交流，从而每个学生都能发表自己的意见，谈论自己的见解，敢于向别人提出自己不懂的问题，同时也要乐于回答别人不懂自己懂的问题。从而养成良好的表达习惯和敢于求助、乐于帮助的合作习惯。

三、正确把握时机，彰显小组合作学习的效果

合作的价值就在于通过合作，实现学生间的优势互补。刘洪霞老师、苗正香老师、王萍老师把具有探索和讨论的价值的合作学习内容放给小组，并让学生先在自主学习过程中自我思考，然后在探索有困难的时候、解决一个问题，方法多样的时候、回答一个问题，回答不全面或者意见不统一的时候再放手给小组，让小组进行合作。把握住了小组合作学习的有效时机，从而保证了小组探究学习的有效性。

四、个人及小组评价，达到课堂学习效果

刘洪霞老师在课堂中运用小组的同时，也注重了对小组的评价。在对学生个人的评价时，运用了星形标志。在对小组合作学习进行评价时，注重把学生个人之间的竞争变为小组之间的竞争，把个人计分改为小组计分，把小组总体成绩作为评价的依据，形成一种"组内成员合作，组间成员竞争"的格局，把整个评价的重心由鼓励个人竞争达标转向大家合作达标。这样会让大多数孩子都受到老师或同伴的鼓励，都感受到成功的喜悦，从而取得不同程度的进步，并由此一步步迈向成功。像这样以小组集体成绩为评价依据来评价学生，有利于培养学生的合作意识，实现教学评价的科学化。

五、教师参与活动，对学生学习做出指导

合作学习是学生的一种学习方式，同时也是教师教学的一种组织形式。学生的合作是否有效，同教师的参与和指导是分不开的。这几堂课中，在学生开展合作学习的时候，教师都没有"袖手旁观"，而是从讲台上走到学生中间去，在组间巡视，对各个小组的合作进行观察和介入，并对各小组合作的情况做到心

中有数。刘洪霞老师的课堂能收敢放，课堂大气，小组合作学习高效；王萍老师针对学生合作中出现的各种问题进行及时有效的指导，帮助学生提高了合作技巧，顺利地完成学习任务；杜钊老师对不清楚任务的小组说明了操作程序；庄玉梅老师能对开展得很顺利的小组予以及时的表扬；刘春老师能对合作交流中偏离主题或遇到困难的小组提供及时的点拨；武玉雪老师能对完成任务的小组进行检查；苗正香老师对小组成员的各司其职进行监督等等。学生的小组合作学习有了教师的参与和指导，避免了"短暂繁荣"和"华而不实"的无效合作场面的出现，于是学生的合作更得法，交流更有效！

观课中本人的困惑及思考：

1. 学习时间内学习内容难以完成，有时"达标作业"运用不起来，新学习的知识得不到巩固。

2. 在合作学习之前要求学生先独立思考问题，每个学生有了初步想法后再进行探究、交流，共同解决问题。但这点很难保证每个学生都能做到。

秋风把教室后面的芦苇花吹散，把一些送到天空，于是它像极了美丽的白云；把一些还给大地，于是大地有了芦苇花的温暖。同时我校的"学习型小组建设"课堂体验研讨与交流活动暂告一段落，我们看到了每一节课的精彩与努力，看到了由量变走向质变的艰难，但我们坚信只要老师们精诚团结，不断学习，不断努力，加强交流，我们的"学习型小组建设"一定会给课堂带来自主发展的温暖。

当然，我们的问题还有很多，我们还在经过一轮一轮地打磨，已经不怕批评、不怕质疑了，相信经过大家共同努力，我们会在自主发展的路上越走越远、越走越稳……

小组竞赛

宗洪霞

小组合作学习，形式多样，不拘一格。我谈谈我的看法。

第一，小组合作建设的目的

小组合作是自主课堂的体现之一，不是拘泥于形式来组建小组而又形同虚设，而是怎么样充分利用学生的自主性、合作性来发挥他们的创造力、挖掘他们的潜力、培养他们的团队精神、来有效地提高课堂质量、使学习效果达到更为理想的一个教学环节。

第二,小组合作的形式

小组合作形式应该因人而异、因人而异,要根据自己班学生的情况来确定适合的组员。在尊重学生的前提下,老师可以调控合作小组的组建,让每个合作小组的组员彼此能愉悦地在一起学习。至于组长让他们小组自己推举,这样他们才认可、听从组长的号令,便于组长开展工作,发挥组长的作用。

第三,小组课堂讨论存在的弊端

A. 个体小组存在的问题:进行交流探讨。由于班额太大,学生水平程度又参差不齐,当堂安排问题让小组交流探讨的话,即使组长在第一时间能妥善组织组员交流学习,由于课堂时间紧,组长为了小组的声誉、地位,为了不让组员扯后腿,也往往是让善于动脑的同学把自己对问题的观点、见解陈述一遍罢了,不爱动脑的同学似乎养成了"吃现成饭"的不良习惯,甚至连别人的答案都懒得去记,更有甚者趁着讨论的时间做小动作、乱说话,不仅达不到交流的目的,还影响到其他同学的思考。

B. 小组与小组之间存在的问题:因为班额太大,时间有限,小组交流以后,不可能每个小组的组员都能在课堂汇报交流学习的收获,再加上出了问题基本是组长担着,所以很多同学抱着侥幸心理,学习主动性不高,参与性不强,小组与小组之间缺乏激进的动力。这种合作小组基本形同虚设,失去了它组建的有效性和必要性。

基于以上问题,我在此基础上尝试小组竞赛的合作形式的学习。

1. 便捷的小组成员:四人一小组,1、2、3、4 号,前后两桌。这样交流方便,组长好操控;同时,多出一个组长,多一个竞争对手,便于团体奋进。

2. 培养得力助手:老师首先指导、训练组长,怎么发挥自己的潜质来管理好组员,可以采取哪些措施让每个组员能热情、高涨、主动地参与进去。只有充分调动起他们的积极性,才能便于组长得心应手地分工、讨论、交流、汇报、完善等等,才能充分发挥组长的作用,以此达到小组"互通有无,取长补短,真诚合作,共同进步"的合作目的。

3. 探讨问题的设置:简单的问题不需要讨论交流,有价值的问题才需要深入思考探讨。课前安排好讨论的问题,这个任务可以是老师设置,也可以让课代表轮流设置,还可以让毛遂自荐的同学来设置。学生设置的问题老师可以参与,要本着课标中需要重点把握的知识点来设置(最终为了达到此目的)。这样每个同学都有时间预习、思考,自己找时间进行质疑、交流、梳理。不给他们机会找借口来推脱自己的惰性。

4. 课堂学习：主要以小组竞赛（汇报学习成果）为主旋律，老师可以直接找两个小组竞赛，也可以找出一个小组，让这个小组自己去找竞赛对象，还可以指名一位同学来任意选择俩小组进行竞赛，被挑战的组员不仅仅单纯地接受挑战方提出的问题，双方的答案达成一致，而其他同学没有异议，那么，问题解决；如果对方不满意你的答案，存在偏颇，双方没达成共识，那么你就要有条理地陈述自己的理由；如果双方都觉得还是没达到想要的结果而争执不下的话，其他同学可以参与进来，这个时候，老师就可以适当点拨、引导。这种随意性很强的竞赛形式，让同学觉得大家都处在同一个平台，没有厚此薄彼，人人可以参与，人人必须参与，也就不敢掉以轻心，迫使那些不善于动脑的同学为了他们所谓的"面子"也会尽最大的努力去对待，渐渐地会养成一种善于思考的习惯，习惯成自然那就是水到渠成了。

5. 竞赛的语言要求：挑战双方必须使用礼貌用语"请教、请问、请回答"等，即使探讨结果没达成共识，也不能急于否定对方，更不能彼此攻击，不能用"你们答得不对、你们不行"等，可以说"我们小组讨论的结果和你们讨论的不同，我们讨论的结果是……你看，咱们俩组哪个的结果令大家更满意呢？"或者说"还是请教其他同学吧。"等。这些礼貌的语言、真诚的态度，不仅能增强同学们之间的友情，更让他们懂得合作的力量、团队的精神。

6. 老师课堂上的预见性：每一课堂看似是学生自主学习，其实需要老师全程操控，每一节课老师都要做好充分的准备，因为课堂就是课堂，是个随意性很大的平台，会出现很多的不可知因素，这就需要老师尽可能地围绕同学们探讨的问题多做几个假设、多设置几个'预见性'，这样才能在课堂上应对自如，给学生以榜样。

7. 老师的评价：老师可以采用"定量"评价（一定要言必信、行必果），也可以采用"语言评价"，用鼓励、激励的语言从各个角度来评价每个学生，对他们给予肯定，不足之处也要及时指出，最终达到"勇于合作，竞赛无敌！"的共识。

8. 课堂氛围：合作而又挑战，紧张而又愉悦，自主而又原则，达到"收获并快乐着！"的效果。

这种竞赛式合作学习，是否是一种最行之有效的合作形式，让我们拭目以待吧。

"特别行动小组"在行动

——后进生转化札记

刘洪霞

今天下午徐校长谈到里庄以前的六年级平时考试都有十几个学生不及格，到毕业考试最多有一两个不及格，在猜测他们用什么法子的时候，我谈到这几天思考的问题，就是把班里的后进生集中到一两个小组，单独管理，先抓最基本的知识点，适当放低要求。我的这一想法正好和徐校长的想法不谋而合，最后徐校长为了保护好这部分同学的自尊心给这几个小组起了一个特别响亮的名字，叫"特别行动小组"。说干就干，今天下午利用上课时间就把小组进行了调整，并任命潘腾、王涛、高书卉、王宇为组长，一个月后见分晓，如果这16个人中有一半能及格，就说明这个实验是成功的。真的好期待！

（2013年3月12日）

考试成绩记录如下（表2-8）。

表2-8 考试成绩纪录

姓名	3月14日 第一次						
高新政	60分						
王海洋	60分						
潘腾	54分						
聂新阳	53分						
王静	50分						
郭家仪	54分						
王涛	60分						
聂云	44分						
张子良	18分						
王宇	78分						
高雯	77分						
王凤月	67分						

（续表）

姓名	3月14日第一次								
高鹏程	37分								
潘文艳	78分								
王浩洋	62分								
高书卉	57分								

16个人中8人及格、8人不及格；不及格的8人中除张子良、高鹏程外都有上升空间。

其他组考试情况：

王子悦（二组）：陈瑜萧83分，李靓75分，张鑫80分，薛雨泽83分，高成娜71分

张胜寒（三组）：刘莹82分，张静怡86分

孙国乔（四组）：李潇蝶85分，郑聪成82分，于澄浩76分，张璐85分

孙浩（五组）：王议旋80分

高悦（六组）：全部90分以上

刘敬农（七组）：武双87分，范春朝81分

陈祥浩（八组）：全部90分以上

高明璐（九组）：王晨86分，高鹏83分，周华82分，国雅欣74分，聂永康74分

（2013年3月13日）

今天上数学课发现孙国乔组于澄浩出的题，通过了解知道他们组分配任务出题，90分以下的自愿做，不光出数学，各科都出，又往前走发现十组也有同学有这份试卷，潘文艳说是向四组要的，也算是资源共享。孙国乔会点跆拳道，平时不拘小节、桀骜不驯，不好管，这次我大胆起用他当组长，这段时间变化较大。

（2013年3月18日）

今天学完解比例后，我布置了四道题让学生做作业，在学生做作业的时候我把这四道题目写到黑板上，学生做完题后我让学生在小组内先分好工，然后每人一道到黑板上做出来后再讲给大家听，其余同学对照着自己批改。很多小组成员都高高地举起了手，就连最前面的两个组举手的也不少。我发现高书卉

组里都把手举起来了(高鹏程是在高书卉的鼓动下才勉强举起来的)。我就让他们组上台,他们上台的同时我还笑着说"欢迎大家来踢馆"。做题时这个小组分工也比较合理,分给高鹏程的是一道最简单的题,一会就做完了。四人都站到黑板右边轮流上台讲解,尽管有时语句不流畅但能让人听懂。讲完后有两个学生站起来给格式不太合理的两道题规范了格式。最后在我没有任何提示的情况下大家都鼓起了掌。这四个同学低着头、笑着回到了座位上。

(2013 年 3 月 19 日)

今天在做练习时潘腾和高书卉主动问我题,并且告诉我他们组的同学都不会,我非常耐心地给她做了讲解,小组的其他学生也都认真听了,讲完后我对他们说以后有不会的题可以随时找老师,我很愿意"为您服务",孩子们都笑了。我发现像这些孩子是最容易满足的群体,只要老师的眼里有他们就行。

(2013 年 3 月 20 日)

"夸是能量的补充。""相信孩子自己能行!""心中有数,三个 1/3,第一个 1/3 不用讲就会;第二个 1/3 需要老师引导;第三个 1/3 要特别关注,保证后 1/3。"

——张勇局长在听完王淑文老师课后座谈上的讲话摘要
(2013 年 3 月 21 日)

附: **一年级小组合作学习浅探**

刘雪

前奏篇

随着我们学校课改的推进,别的年级都开展得如火如荼,我们很羡慕,总觉得我们的一年级也应该跟上时代的步伐,但由于一年级孩子刚入学,合作意识、合作习惯、合作能力几乎是零起点,对于他们实施合作学习,可能有些难度,所以在上半学期,我把主要的精力放在了孩子习惯的养成上,重要的是要培养学生如何进行合作学习的能力。

做了半年的训练,每个孩子都养成了很好的学习习惯,在下学期开始,我就着手对他们进行小组合作学习训练。在平常的教学中我发现,只要我一旦把一个问题放手,孩子们就会只顾自己说自己的,大家都在说。只有说的,没有听的更谈不上互相学习了。通过这一点我知道孩子们还不会倾听、不会交流、不会合作。他们只知争抢着说，似乎谁说的声音大，谁就做得好。这充分体现了一年级学生的好胜心和自我表现欲。针对这一情况，在班中我设立了"文明小听众"这一奖项，我想让孩子学会倾听别人的话。学会倾听是合作的前提，对于这个习惯我做了很多努力：我明确告诉他们上课时对老师的问题要有秩序回答，别人回答时要认真听，就算别人有错也要举手纠正，这是对别人的尊重，只要被评为"文明小听众"就可以上班级的光荣榜，孩子们的荣誉心很强，因此，在课堂上每节课我都评出1～2名文明小听众。我还通过做游戏和讲故事的形式让孩子明白倾听的重要性。游戏和故事是一年级学生的最爱。我想起我在读中专时做的一个传话的游戏，我专门选了周一的一节课来进行游戏，我让学生听清要求，然后参加游戏活动，学生明白了要想获得胜利，必须听得清楚、传得准确。在此基础上，让学生进行小组传话竞赛。学生们在快乐的游戏中习得了倾听的方法，提高了倾听的能力。我又给学生们讲了《丁公凿井》的故事，让学生明白认真倾听的重要性。经过一段时间的培养，学生们在课堂上学会了尊重、学会了倾听，这为小组合作学习打下了基础。学生学会倾听，会使他们真正成为学习的主人，让课堂合作教学更有效。

思想篇

有了合作学习的基础，我尝试着对学生进行小组合作学习，我考虑到一年级的孩子自制力差，各方面的能力有限，如果和中、高年级一样，很可能会使课堂一团糟，对于这种考虑，我把小组人数减少，把同桌两个定为一个小组，一排定为一个大组，全班分为42个小组，4个大组。每个大组都有自己的队长，学生们都很高兴给自己的组起了名字（如神龙队、火凤队、奥特曼队、铠甲勇士队等），这可能是现在学生们最喜欢的动漫形象了。有了这样的名字，学生们从思想上都很珍惜，就感觉自己好像真的有超能力一样，然后从思想上让学生们重视。我明确告诉他们，你们同桌是一个小整体，你们这一排是一个大整体，只有你们自己做得好，你的小整体和大整体才能被评为"最佳同桌"和"最优中队"。如果你们自己做得不好会影响你们的组和中队，同桌和中队的评比直接影响你们六一、年终三好学生的评比。有了这些"紧箍咒"，孩子们就从思想上重视了。

规则篇

对于"最佳同桌"的评选，我制定了一些规则，同学们必须按照我制定的这些规则做，我制定的规则遵循一个原则，那就是：以激励为主，关注每一位学生的发展。我想通过这种方式评价：激发孩子们的上进心、荣誉感，促使他们在学习上竞争，更好地学习，使班中的孩子各方面的能力都有很大的进步。

一、课前准备方面

打上课铃前走进教室，课前准备好学习用具、坐姿端正、能安静地等待老师来上课的同桌，我会口头表扬，并给其所在的中队加一面小红旗。

二、课上合作学习方面

(1)在课堂上自学和合作学习时同桌2人需都听讲认真，坐姿端正，不随便说话。如果同桌中有一个课上表现不好，另一名同学提醒示意好好做，我会根据表现点名表扬，反之批评一次；被点名批评一次的，这一天中还有一次机会。如果一天中被老师批评2次，评选"最佳同桌"的机会取消。

(2)同桌合作学习过程中能认真倾听，及时补充，做到文明礼貌，对于同桌的错误能给予纠正，同桌不会的想办法把同桌教会，和同桌一起进步的老师给予表扬。

(3)同桌合作过程中能积极主动参与、展示，表达清晰，合作汇报时能较好完成任务，展示时积极大胆，老师会给予表扬并在语文课本上印小花。

三、作业方面

课堂上，同桌互相监督完成课堂作业(如背诵课文、生字的书写等)。同桌一起完成质量高的，老师给予奖励；完成质量差、且不能不能按时完成的，同桌一直监督其完成。

评价说明：

(1)因为孩子年龄较小，有些工作做不了，所以日评和周评都由老师完成。

(2)周评由我每周五汇总，根据每排得"最佳同桌"的多少，来评出一周的"最优中队"，在周五颁发"最优中队"奖。

(3)月评和期评由周评累计评出优秀中队2个、"十佳同桌"10组、先进个人若干名。

行动纪实篇

在刚实行"最佳同桌"的评选时，在语文课上，我要求同桌互相检查读书背书，我启发学生：你的同桌读书给你听，你就像我一样是一个"小老师"；平常老师在上课时，对于你们的读书是怎样做的？你们现在对于你的同桌就是"小老师"；如果你的学生不认真读书、老是贪玩你应该怎么办？在教师的引导下，在学生的讨论中，孩子们渐渐明白，在检查的过程中，"小老师"要认真对照课文倾听，学生读错了，要诚恳地提醒学生，让学生重读或教学生读正确，同桌不会读的，要指导他（她），不能嘲笑同学，要想办法把他（她）教会。优秀的"小老师"会鼓励学生认真读书、认真学习。在我的课堂上，学生慢慢形成了一人做、另一人检查，然后换位进行。这样就从根本上改变了大家都说没人听的现象。在讨论与实践中孩子们慢慢学会了在小组学习中如何表达。同样用角色互换的方法，让学生学会了回应。在课堂教学中我常常寻找合作训练的机会，把"最佳同桌"的作用尽量最大化。

在每周五的第二节课，是我们班的"最优中队"的评选，每天的这节课孩子们都很期盼，周五早上来到教室，孩子们的第一句话就是：老师，咱们还评选"最优中队"吗？这一天同学们都表现得特别好，都想自己所在的中队被评上（小孩子的荣誉感特别强）。在这节课上，孩子们都把小胸脯挺得笔直。这节课从孩子们眼神中我能看出他们的期盼，我摸透了他们的心理。对于学习差一点的孩子的进步我大加表扬，使他们在学习上信心更足；通过各种表扬的方式，使他们不断进步是我的最终目标。

思考篇

一年级的学生正处在行为习惯的养成阶段，如果能及早地培养他们的小组合作意识，对学生自主性、探究性的学习将起到很重要的作用。我们一年级学生合作学习的内容相对来说比较简单，语文课上主要是学习字词、课文的互背互查，课文内容简单理解等。我们要给学生一个足够的空间，体现他们的主体地位。把课堂还给学生，让他们在学习中获得成功的快乐，进一步激发他们求知的欲望，从而提高学习效率。利用同桌合作，将个体间的差异当作一种教学资源，达到取长补短、共同进步、协同发展的目的，并为将来更高要求的合作学习内容打下良好的基础。

这半个学期以来，通过我和他们共同的努力，班中各方面已走入我预想的状态，但也有很多地方还要继续努力。在这条课改的阳光之路上，我和孩子们一起摸索前行，相信在不久的将来真的让学生做到"我的班级我做主""我的课堂我主宰"……

三、小公民合作学习中的课堂听评

小公民合作的课堂之一

今天中午第二节听了三年级赵霞老师的数学课《四边形》。赵老师以复习导入新课，在观察课本插图之后引出四边形这一概念。通过做问题生成单第一部分：把你认为是四边形的图形在下面打上"√"，经过小组合作研讨，进行了小组展示。根据学生的汇报让学生总结出四边形的特点：四边形有四条边、四个角。在进行简单巩固后，以小组为单位进行问题生成单的第三部分：给下列四边形进行分类。然后进行了汇报展示。接着在老师的指导下进行了课堂达标作业第一、二题的练习。

在进行新课之前，赵老师进行了课堂常规的提醒：上课时应怎样举手、坐姿如何、声音该怎样等，这对于三年级的学生来说非常必要，也显示了赵老师平时对学生常规的重视，从课堂表现来看，反映出赵老师平时工作的扎实。

因为本次课例研究的重点是小公民如何交流合作，在这堂课上，赵老师进行了两次小组合作，一次是问题生成单的第一题，一次是第二题。从形式上来讲，这堂课体现了小组活动。从内容上来看，这两个内容也很有必要进行小组活动。这看出老师在备课时进行了深入的分析。在两次小组合作中，也向我们提供了如何进行小组合作的切入点。

一是在小组研讨中如何知道他们研讨的进度，也就是当这个小组研讨结束了，有什么样的表现，让老师知道小组研讨结束了。从这节课来看，赵老师是用拍巴掌的方式提醒让学生结束研讨，这就让我们觉得小组研讨的有效性弱一些，感觉到好像是为了研讨这种形式，至于小组对问题研讨到什么程度是服务于课堂流程的。如果提前让学生明白，当小组研究结束后自动坐好，可能效果会更好一些。

二是小组的展示。本节课中的展示基本上是个体展示，即使说到几组展示，也是指名单中的学生进行。比如在第一次小组展示时，老师是叫了七个同学进行的。其实小组展示是一个重要的环节，不管是小组内推荐个人发言还是小组内分工展示，这是体现小组内互助的最好的切入点，因为当一个学生展示不完整时，可以由小组内其他同学进行补充。从这一点上也让我们知道，对于小组长的培训是很有必要的。

最后要说说课堂达标作业。本节课赵老师是领着学生做的达标作业，所以看不出这节课的效果如何。课堂达标是不是完全放给学生来做，只有这样，老师才能知道这节课的效果如何，才能知道学生的学情，从而采取下一步的措施。

合作永远是一个过程，在我们初始阶段，每一个问题都是我们宝贵的资源，从这个意义上讲，赵老师的这节课是很有价值的一节课。

（2013 年 9 月 23 日）

小公民合作的课堂之二

下午第一节听了三年级刘召彩老师的语文课《秋天的雨》。刘老师谈话导入新课，让小组长带领本组同学进行我会读这一环节，同时检查生字词，并且进行了小组展示。接着小组讨论：课文是从哪几个方面写了秋天的雨的？让学生总结出秋天的雨是钥匙、颜料、气味、喇叭、一首歌。然后针对总结出的答案进行第三次小组合作，自主选择颜色、气味、声音进行学习第 2～4 小节，然后进行了展示。

本节课在合作学习中体现了以下特点：

一是小组展示有了集体的影子，在第一次展示时是小组集体展示的，这才是真正的合作。

二是小组内合作的有效性让人印象深刻，在检查生字、词时，一个小组长听到本组内有个组员对于"匙"读的不准，他就数着指头让她读了五遍。这使我想起去年听刘老师的课，她对同桌互助进行的就很精彩。

三是评价，一个是老师对学生的评价。比如，当看到学生坐姿不好时，刘老师就表扬了徐子涵，说他"坐的真好"。这一句表扬其他学生"唰"地都坐好了。"表扬×××同学，已经开始了"提醒同学动作要快。不要小看这简短的评价，实际上这个评价让整堂课节奏鲜明，让学生动力不断。第二是学生对学生的评价，在指导学生写"爽"这个字时，老师让学生描一个写一个，写完后同桌互评。这就调动了每个学生的积极性与主动性，让每个学生都有当小老师的自豪感。

当然，如何来进行对小组长和小组的评价，让小组合作动力不断呢？这可能是我们面临的下一个要解决的问题。

（2013 年 9 月 23 日）

小公民合作的课堂之三

今天第四节听了三年级王丽君老师的语文课《秋天的雨》，王老师一改刘召彩老师的上法，上来就进行了对课文的"我会思"的教学：小组内读课文，讨论交流课文从哪几个方面写了秋天的雨？在文中用"——"画出来。在小组展示的过程中，对学生读不准的字音进行了订正。接着小组自主选择学习2~4小节，进行"我会品"的环节教学，并且要求学生用"读、画、写"的方式进行学习。在小组展示后，进行了体验性朗读。然后针对第二小节让学生体会作者的写作方法，在体会的基础上，让学生学说一句话，接着让学生把说过的话写下来，也就是进行了"我会写"这一环节的教学。最后以齐读最后一小节结束本课。

本节课在小组建设方面有以下特点：

一是小组的划分，将班内每一纵列分为A、B、C、D四个大组，然后将每一大组又分为一组、二组、三组、四组等。这样叫小组时就很清楚地是A1、A2、B1、B2…，老师容易记清，学生也易记着自己是属于几组。比如在第一次展示时，老师就5个小组进行的展示，分别是A2，B1，D2，C3，A5。

二是对小组合作的要求简单明了，学生操作方便。比如，第二次小组活动时让学生做到三个字：读、画、写。这样让学生知道怎么去做。从这一点上看，小组建设中对于小组长与组员都要进行培训，也就是分工要明确，让他们知道什么时候该干什么。

听课过程中我不断地在想：理想中的小组合作到底该是怎样的一种状态？

（2013年9月24日）

小公民合作的课堂之四

今天第一节听了五年级张赟老师的语文课《新型玻璃》。老师直接导入新课，在集体进行完第一小节的学习后，让小组进行合作完成对其余四种玻璃的学习。在展示环节，小组长对本组学员进行了分工，然后老师让同桌互说。并且让学生当小推销员，推荐给老师装修房子。然后让学生说一说，你还想发明什么样的玻璃，如果用上"如果……就……""可以……可以……也可以……"就更好了。在学生表达之后又让他们把自己的想法写下来。

这节课就合作而言最大的亮点就是有了小组评价。这一环节出现在第一次小组研讨后的展示中，小组长对组员进行了分工，在展示完四种玻璃的特点与作用后，老师让其他小组对其进行评价，并给予加0.2分的奖励。不要小看这个评价，这其实是小公民进行小组内合作能够持续进行的动力之源，特别是初始阶段，评价就显得尤为重要。

在"我会写"这一环节，老师先让学生说，然后再写，其实到了五年级，可以直接让学生进行练笔，然后再展示，可能效果会更好。

（2013 年 9 月 25 日）

小公民合作的课堂之五

第四节听了五年级马丽老师的数学课《商的近似数》。老师以复习导入，在练习了三组题后引出本节课的例题，经过分析数量关系，让小组进行了合作学习。接着让一位同学代表本组进行了展示，中间让学生进行了质疑，然后让学生比较了商与积的近似数的区别。最后进行了课堂达标。

马丽老师对小组的划分以学生的名字命名，这使学生感到亲切，也更容易记清。同时也进行了有效的小组合作学习。但老师可能过于追求课堂流程的顺利，从而忽略了学生自己体验的过程。比如在练习环节，当做完后让小组内订正，老师说：保留两位小数，要看第三位。对于这个应注意的问题完全可以让学生通过观察自己提出来，因为在前面老师其实已经提到了，这就少给了学生体验的机会，再者忽略了小组的集体展示，就造成提问学生的面有些窄。

（2013 年 9 月 25 日）

小公民合作的课堂之六

下午第六节听了三年级田启军老师的语文课《风筝》，田老师以谜语导入新课，让小组合作进行了"我会读"这一环节的学习，然后让二个小组进行了展示。接着针对"做、放、找"三部分，让小组自由选择进行合作学习。在小组展示过程中也进行了体验性朗读。最后进行了"我会写"，一是让学生抄几个好的词语，二是就风筝到底找着了进行想象写作。

本节课进行了二次小组合作学习，就时机来说很有必要，也进行了小组展示。就展示来讲，都是个体进行的，如果每个事情都让一个小组进行展示，先让小组长分一下工，然后每个人进行，不足的进行组内补充，然后让其他小组进行评价，可能这样的小组展示更有效果。也就是说，变个体展示为集体展示。过于强调个体展示就容易失去组内互助的机会。究其原因，可能是老师还是过于追求课堂流程的完美，不敢放手给学生，也就使学生失去了出彩的机会。

（2013 年 9 月 25 日）

小公民合作的课堂之七

第一节听了五年级刘爱芹老师的语文课《新型玻璃》，与张允老师讲的是同一个课题。刘老师直接导入新课，在集体学习第一节，让学生汇报展示之后，让其他同学知道了学习流程，然后安排小组学习其他四种玻璃的特点与作用。这个汇报展示环节，让一位同学全汇报完了，然后让同位互相说一说。接着老师设置一情境，让学生当推销员，推销玻璃给我装修房子的老师。还让学生说一说还想发明什么样的玻璃，然后写下来，在全班展示后进行了组内展示。

本节课为小公民合作学习增添的一个重要资源就是组内展示。在练笔结束后，当指名学生在全班进行展示后，老师让所有学生进行了组内展示。这就为每一个学生提供了展示的机会，毕竟每个班学生多，每个学生不可能都有展示的机会，组内展示为这个提供了可能。

（2013 年 10 月 26 日）

小公民合作的课堂之八

今天第二节听了三年级魏岱华老师的数学课《四边形》。老师从课文中的情景画入手，引出本节课的课题。让学生猜想：你心目中的四边形是什么样子的？在学生回答之后做问题生成单，在小组讨论的基础上，让学生展示，将图形 2、5、6、8、11、12、14 分成四边形，其他不是四边形。然后让学生找出四边形一栏的特点，在老师的引导下得出四条直的边、四个角，让学生填在了问题生成单"我会总结"一栏内。接着让学生联系生活，想生活中哪些物体的表面是四边形？在学生回答后进入问题生成单第二部分，对六个四边形进行分类，在让学生说自己想法的基础上，给出分类的标准：按角与按边来分。然后进行小组合作分类。在展示环节，让学生按角分展示和按边分来展示，并且把正方形单独拿出来。接着进行了课堂达标。在集体订正的基础上进行了小结。

作为一位老教师，能努力地去运用多媒体进行教学，并且着手进行小组建设，这是非常难能可贵的。本节课二次进行小组合作学习，时机是很有必要的，小组研讨的时间及深入程度都可以。单就小组建设而言，在小组展示这个环节，魏老师都是个体展示，在小组合作时能看到小组活动得很是热闹，但在展示时却没有了小组的影子，又回到了过去的状态。展示也应当是代表小组的展示，只有这样才能调动起其他学生的参与。

自主发展课堂的理念就是将课堂还给学生，就看老师敢不敢将问题的发现及解决交给学生。当然，老师的引导与组织作用是不可丢的，也就是老师的"放"与"收"能不能做到收放自如。在这节课上老师很想"放"，比如，老师在引出课题之后问：你心目中的四边形是什么样子的？这一问是很好的。再比如，做问题生成单第二题时问：你能给它分类吗？但在收时老师因为没有预见性，所以对于学生出现的一些问题不敢处理了。比如，在让学生总结四边形的特点时，有一位学生说四边形有四个尖的角，这时老师不置可否了。还有老师让学生分类，有个学生说：我按双数分。老师笑了笑，也没敢接学生的话往下分析。其实老师让学生说自己的想法，学生按双数分也行，也就是按图所在的序号。如果老师再问还有其他分法吗？这样顺着学生的思路一路走下去，肯定也能得到结果。可是老师不敢放了，就直接出了分类的标准：按角分与按边分。这对于培养将来学生的自学能力少了助力。

（2013 年 9 月 26 日）

小公民合作的课堂之九

今天第五节课听了三年级高振老师的语文课《秋天的雨》。老师直接导入新课，在齐读课题后，检查预习情况，用"钥匙"这个词引出问题，"课文是从哪几个方面写了秋天的雨的？"然后进行小组合作学习。在汇报展示之后，让小组自由选择学习 2～4 小节，在小组学习的基础上，小组进行了展示，并且进行了品读，接着总结写法，进行了仿写训练，并在组内进行了互评，通过齐读最后一小节结束本课。

高振老师最大的特点是课堂语言精练，思路清晰。就小公民合作学习而言，本节课进行了二次小组合作，时机都非常及时，也很有必要。在展示环节都是集体展示，注重学生的集体意识，并且也有组内的互评环节，这些都是很好的。课堂进程中出现的两个情节，给我们的合作学习提供了很好的参考点。一个情节出现在第二次小组合作时，其中有一个小组为本组内是进行"看颜色"还是"闻气味"的学习而意见不一，四个组员争执了大约一分钟。这一现象让我们感到对于小组长及组员如何进行合作学习的培训显得很有必要。第二个情节出现在对这次小组合作的展示上，因为老师要求的是选择自己喜欢的进行合作学习，结果对于"听声音"的学习没有选择的，这让我们明白，在小组学习前的任务安排上老师的引导、组织作用的重要性。

（2013 年 9 月 26 日）

小公民合作的课堂之十
——让学生体验发现者的快乐

苏联著名教育家苏霍姆林斯基曾意味深长地说："在人的心灵深处，都有一种根深蒂固的需要，那就是希望自己是一个发现者、研究者、探索者。而在儿童的精神世界中，这种需要则特别强烈。"①

今天第二节听了四年级刘洪霞老师的数学课《口算乘法》，使人感到了让学生成为发现者的影子。老师先让学生自己说出口算的要求是又对又快，然后让学生用比赛的形式进行一分钟的口算，也就是做问题生成单的第一题。老师在检查时进行了分类，分别全做完的举手，做完8道题以上的举手，做完6道题以上的举手。在让学生展示时，让这几类学生中各有一个学生举例进行方法介绍。每当介绍完时都让学生进行质疑，接着老师帮助梳理出"右手写、左手记"的口算方法。并且当场对这种方法进行了检验，用这种方法做前面的三道题。然后让做完的同学用这种方法去验算，没做完的用这种方法去做完。一分钟后进行了小组展示，A6组的四位同学进行分工说答案，并让学生进行了质疑。在这个小环节上让学生对自己进行了评价。接着让学生活学活用，用这种方法做问题生成单的第二部分，小组交流，发现了什么，要求选一个代表进行汇报。在汇报的基础上，让学生进行了质疑，最后进行了课堂达标。

在本堂课中所呈现出来的亮点如下：

一是实现了学生成为发现者的愿望。在做问题生成单第二部分时，让学生交流、发现、汇报。有位学生在展示后说：乘数由二位数变成三位数后，还是从个位算起。还有一位说：160×3，可以先不看160后面的0，就看成16×3，直接在得数48后面加上个0就可以。不要小看这个小小的发现，可以设想一下，这个发现对于学生自己来说是何等的自豪！同时，对于其他同学来说又是何等的美慕！数学的教学相对来说是枯燥的，但当成为发现者后，又会是怎么样的快乐与惊喜！

二是充分给了学生表达的机会。整堂课中老师最常说的一句话是：谁还有话说？还有什么想法？老师没有说成对不对呢？或者是谁还有什么补充？一句"谁还有话说"，就让学生感到说的话没有对错之分，只有表达与不表达之别，于是学生都能畅所欲言了："他写时挡着，我没有看清楚"；"她的8写法不对"；

① 〔苏〕B. A. 苏霍姆林斯. 给教师的建议[M]. 杜殿坤，译. 北京：教育科学出版社，1984：63.

"如果把2写成20就不容易忘"等等。正因为给了学生表达的机会，所以就使得学生在上课时不管是自己做还是看其他学生展示，都能集中精力。因为只有这样，才能看出问题，自己才有机会表达。

三是对学生的评价有了自评与他评。在做完问题生成单第一部分时，老师让学生给自己进行了评价，让学生对于自己的表现选择三颗星、二颗星，还是一颗星。其实很简单，但作用不可小看。另外还有同桌互评、小组长评价、组际之间的评价。这些评价是学生学习动力的源泉，也是小组建设中不可或缺的重要部分。

四是其他还有几处值得借鉴的地方。一是开始时的一分钟做题，这个有了魏书生注意力训练的影子，是培养学生学习习惯很好的措施。二是让学生分类展示，全做完的一个人，做完八道题的一个人，做完六道题的一个人。这样的展示能了解不同学生的思维轨迹，更好地了解学情。三是"右手写、左手记"方法的运用，照顾到了小学生的年龄特点。

自主课堂发展到今天，当我们把研究的重点转到小组建设时，老师们所迸发出的能量让人惊喜，课堂的精彩也在不断地呈现，小公民的合作正在向着我们理想中的境界进发！

（2013年10月8日）

第三节　小公民自主学习

小公民自主学习是指孩子从六年级一直到九年级初中学业结束这段时间的学习。这一时间段的学习也称之为"学案诱导、自主生成"的Ⅲ段自主学习。

首先，我们要看一下这一阶段小公民有什么性格特点。

小学六年级开始，小公民学习的自主性大大增强。但是也容易产生固执和偏激行为，总是认为自己正确，听不进别人的意见，他们的观察、记忆、逻辑思维等能力进一步发展，能够在观察中注意到事物的细微处，能够较长时间地专注于一件事，具备了一定的逻辑推理的能力和抽象地表达事物本质特征的能力。具有强烈的求知欲和探索精神。他们兴趣广泛、思想活跃、敏感，与成人相比较少有保守性。他们喜欢进行奇特的幻想，在许多方面都有创新的见解。

其次，如何指导小公民自主学习，让他们学有所获。

浇树浇根，育人育心。这一阶段是对小公民的心理结构进行改造、重组、升华的过程。当前素质教育对我们教育工作者提出了新要求。中国的未来正充满希望地注视着新世纪的一代新型小公民。培养好他们自尊自爱、善于交往、乐于奉献、具有较强的反省能力；正确对待挫折，勇敢面对现实，有一定的忍耐力；勇于负责、独立思考、不盲目冲动。因此，我们要走进这一阶段小公民的心灵世界中去辛勤耕耘、播种、采摘并长期坚持，系统规划，总结经验，成为教育领域的拓荒者。

在小公民自主学习阶段，我们以"学习小组交流优化"为抓手，进行了切合实际的课堂听评及总结活动。

一、自主学习氛围的营造

课堂是教师和小公民相互交流、共同发展的主要阵地，良好的自主学习氛围能激活小公民的思维，激发其主动地、活泼地获取知识的欲望。小公民在主动探索过程中能掌握学习的技巧和策略，陶冶高尚的情操，培养其自主学习的习惯和能力，促进全面发展，为小公民终身学习需要奠定基础。以此为出发点，在课堂教学中我们以小公民的自主学习能力为培养基准，注重创设自主学习氛围，努力实现核心素养的落地，经过一年多的课堂教学实践，感觉自主学习氛围主要应该在以下几个方面持续用力。

(一)注重激发学生的学习兴趣，树立学生"我能行"的信心

孔子说："知之者不如好之者，好之者不如乐之者。"兴趣是触动小公民学习、主动参与的最好动力，可以使其产生强烈的学习动机，从而开始积极思维，使思维处于活跃和兴奋状态，主动参与到解决问题的活动中来，主动获取知识，从而能树立其学好的信心。小公民在对学习有兴趣、有信心的心理基础上，才能获取有价值的数学知识，学习生活必需的知识。以课堂教学为例，可以通过以下几个方面激发学生学习的兴趣，树立学好的信心。

(1)设计一个好的开始，激发小公民学习的兴趣。新课伊始，根据课堂教学内容，教师讲一个小故事或做一个游戏，或者根据不同学科、教师用能快速得到结论的方法来激发学生的好奇心、吸引学生的注意力，使学生精力高度集中。

(2)设计教学实验，增强小公民学习的兴趣，在潜移默化中把学生带入学科知识的获取过程。例如，教学"频率与概率"一节时，可以让学生先分组实验，再全班汇总，学生在实验过程中探索并体验频率与概率的关系。

(3)利用多媒体现代化教学手段，吸引学生学习。把知识的形成过程用

flash、PPT、几何画板等手段直观而形象地展示给学生，增强知识的趣味性，也加深学生对知识的理解。

(二)课堂教学中关注小公民的情感，让小公民体验成功的乐趣

任何时候，小公民都是有思想、有主见、有创造潜能的活生生的人，不是储藏知识的容器。从小公民的学习过程来看，是学习活动的主体，是学习过程的主人，因此，课堂教学要关注小公民的情感态度，加强师生的情感交流与沟通。著名的"罗森塔"效应证明，对学生充满期待，不仅教师"教"得信心倍增，而且学生"学"的信心也会大幅度提高；让学生在主动探索过程中体验成功，使学生保持积极向上的乐观情绪和永不气馁的探索知识的强烈愿望；让学生鼓励自己不断地参与探索，掌握获取知识学习的有效策略。

(三)课堂教学中，努力创设问题情境，引导小公民主动参与积极探索

问题是知识的心脏；有了问题，思维才有方向；有了问题，才有探索；只有主动探索，才能有创造。问题情境是促使小公民构建自主学习的重要措施。在课堂教学过程中，创设良好的问题情境，引导小公民主动参与，对激发其学习动机和内在学习兴趣，引导其积极思维，培养其问题意识，从而达到会学、会用知识，并在学习和应用中能够有所创新，小公民良好的自主学习习惯和能力才能真的落地。

(1)选择趣味性的材料创设问题情境。问题的设计要有针对性、有效性和层次性；问题情境的创设应该让每位小公民都有展示自己的机会，想一想就能够得着；接近小公民的最近发展区，让不同的小公民有不同的收获，帮助其树立自信，使其由被动变为主动。

(2)结合生活实际创设问题情境。知识源于生活，而最终服务于生活。结合生活实际创设问题情境，把现实生活引入课堂教学，让小公民感知用生活经验解决问题，密切知识与现实世界的联系。在用知识解决实际问题的过程中，让小公民感知知识的价值，增强其学习的兴趣，培养学以致用意识。

(四)让小公民自己提出问题，自己解决问题

自己提出的问题需要思考，自己解决问题更需要思考。在课堂教学中，教师要适时地让小公民自己提出问题进行思考，然后小组合作进行研究探索，最终找到问题的答案。这样做能激发他们的学习兴趣，培养其学会质疑和思考，养成良好的学习习惯，使他们在今后的学习生活中养成良好的自主学习习惯。

(五)让小公民经常反思,在思维中总结经验提升能力

在教学过程中,引导小公民学习教师的思维方向和方法,及时总结自己学会了什么知识、方法和思想,在每个知识点的应用过程中要注意什么。在自己的习题练习中,总结自己的得与失,每天睡前总结当天所学内容,每周复习本周所学内容,每章节学完系统复习每章的知识点。让小公民自己逐步养成反思习惯和能力,在错中求得进步,在思维总结中提升能力,学会自主学习。

总之,在教学中充分发挥小公民的主动性,积极引导他们自主学习、合作学习、探究学习,培养他们良好的学习习惯,就一定能取得良好的教育效果。

美国著名心理学家布鲁纳说:"学习者不应是信息的被动接受者,而应是知识获取过程中的主动参与者。学习者通过自己练习、探索、发现,所获得的知识才真正有效。"教师应充分信任学生,把学习的主动权交给小公民,教给读书方法,放手让他们自己读书,创设自主学习氛围,培养其浓厚的学习兴趣、良好的学习习惯、强烈的学习责任感,让小公民的学习主动性得到充分发挥。

第一,应创设自学氛围,教给小公民自学方法。让小公民自主学习,并不是放任自流,在小公民自学前,教师应教给自学的程序与方法,采用一读(将课文读通读顺,了解课文脉络,知道课文主要讲了些什么)、二思(看一看"预习提示",读一读课后思考题,明确新课要学什么)、三写(即认真读课文,深入思考,在文中圈圈画画,记下疑难,写下感受)、四用(即使用工具书,迁移旧知识,初步解决一些自己能解决的问题)的方法,使小公民自学时有法可循,明白如何入手,懂得先做什么、再做什么、最后做什么。由教到学有个过程,这个过程是不可缺少的,老师要充分发挥引导和示范作用,但不要扮演包办代替的角色。

第二,激发自主学习的动机,让小公民乐学。动机是内驱力,自主学习需要一种内在激励的力量。如果小公民对自己从事的探索活动具有强烈的欲望和追求,这种内驱力就能把其内部的精神充分调动起来,从而有效持久地投入探索活动。在语文教学中,可利用学生好奇心强烈的特点,通过创设情境,让学生置身于一种探索问题的情境中,产生对新知识的需要和渴求,并在兴趣的激励下形成探索动机。如在《本命年的回想》的教学课堂上,主要围绕"我们这儿(南方)的春节怎么过""北方的春节是怎样的呢""现在过年和过去有什么不同""过年时你最爱干什么""你想过什么样的春节"这几个小公民最了解、最清楚、想知道、想表达的话题展开。在讲到对联时,教师一句:"为我们班来副对联,怎么

样?"便激起了小公民创作的欲望。在这种具有挑战性的、开放的学习环境与问题情境中展开讨论,在这样一个愉悦、宽松、和谐、民主的氛围中学习实践,小公民才能形成自己独特的学习风格,才能张扬自己的个性风采,才能真正成为学习的主人。

第三,营造民主氛围,让小公民愿意学。教师要转变角色,努力营造出和谐、平等、民主的教学氛围,通过生说生评、生说师评、师说生评等形式,让小公民自己获得问题的解决,使小公民走向成功,体验到成就感;可适当组织学习竞赛,开展合作学习,激发小公民自主学习的兴趣,使小公民愿学、乐学。

二、自主学习的策略

(一)培养小公民兴趣,激发自主学习能力

俗话说"兴趣是最好的老师"。这在教育界是亘古不变的真理。心理学家布鲁纳认为,学习是主动建构的过程。在课堂教学中可以采用实物、挂图及模型等传统直观教具,又可应用信息化多媒体教学手段整合各学科的教学,让小公民在直观或虚拟的环境中感受学习的"易""趣""活",促进其学习兴趣转化为求知行动,从而逐步提高自主学习能力。

1. 教师要重构教材,引发小公民回归生活

教材是学科知识的承载者,也是我国新课改理念的体现者。在深受应试教育毒害的认知环境下,很多学生习惯了死记硬背,熟练于采取题海战术等被动接受知识的方式来实现自己的"大学梦"。因此,绝大多数学生迷信教材,奉为圭臬。在学习"科学"时,教师就可以构建教材:社会上一些年轻、时髦女性为了减肥,不吃肥肉和主食,只吃少量蔬菜和水果,期待达到瘦身的效果,却仍然不见苗条起来,这是为什么呢? 你认为怎样做可以达到减肥的目的? 通过穿插生物常识,引发学生对实际问题的关注,既可以引发学生回归生活,学以致用,又能刺激学生新的求知兴趣和欲望。

2. 教师要更新教法,鼓励小公民质疑解问

刺激学生学习兴趣的支撑点在于学生想学,并乐于学习。要想使学生乐于学习,教师的教法是非常重要的。例如,在科学课上,教师以如下问题进行新课导入:桃是通过种子繁殖的,我们知道蜜桃好吃,请大家思考:如果将蜜桃核种在土里,能否长成蜜桃树并结出蜜桃? 如不能,用何种方法能结出蜜桃? 这两个看似矛盾的问题能够诱发学生的质疑和思考。

(二)鼓励小公民创新,夯实自主学习能力

以往教师课堂教学具有讲授内容重复性、知识学习系统化、训练方法机械化的特点,学生受此影响只是在旧知识的基础上进行"复习、巩固、提高",难以站在更高的层次去重新审视和领悟所学的知识,这种方式不但扼杀了学生的求知积极性,而且不利于培养或矫正学习习惯。因此,提升学生自主学习的能力,必须要在创新教育上做足文章,铲除传统教育那种教师讲学生听、教师写学生记、教师读学生抄的落后模式。

1. 教师要巧设情境,引导小公民自主探究

科学属于自然科学,在教学中有大量的观察性实验。为了培育学生的创新精神和意识,教师可以恰当地设置一些有关操作流程、解剖位置、形态结构的实验情境。例如,在"线粒体结构"一节,教师先借助模型或多媒体图片帮助学生认清各部分构造,准确对应到具体平面图中。通过构建抽象情境,使知识由晦涩难懂的理论变得具体、简单而易于被学生接受,从而在探究类似新知识时学生有了参照的创新蓝本,操作起来从容不慌、游刃有余。

2. 教师要大胆放手,促进小公民自主思考

传统教育中,教师习惯于要求学生认真听课。要培养学生的自主学习能力,必须从教师大胆放手开始,允许学生发出不同的声音,容忍他们犯错和想象,把"思"的权利还给他们,把"讲"的特权交给他们,使学生真正先学会自主、独立、自由思考,再强化自主创新和创造。

(三)关爱小公民成长,提升自主学习能力

1. 教师要解除束缚,强化小公民自主评价

传统课堂教学中教师是主导者,学生习惯于"师"主评价,且这种评价方法单一,是一种带有惩罚性的淘汰型评价机制。所以,现代教育理念要求教师必须解除对学生的课堂束缚,引导学生明白评价的目的和功能,才能提升自主学习能力。

2. 教师要转化角色,保障小公民自主评价

在日常教学中,教师往往以"权威型""领导型"的角色自居。在师本教育体系中,教师是主角,学生的学习积极性被束缚。新课改下要培养学生的自主学习能力,教师不再是课堂教学的主导者、学习的传授者;学生也不是教育的附属者、学习的接受者,而是自我思考、自我决策、自我行动的独立者;不是被评价者,而是自我评价者;不是师塑者,而是自塑者。因而,教师要积极理顺转变角

色后在教育中的作为,在目标、功能、内容、过程、方法、结果等自主多维评价的视角下做好相关服务以及探索改进工作,注重定量与定性相结合,不断彰显学生的生命之光、智慧之果。综上所述,自主学习是新课程改革所追求的学习目标,也是区别传统教育理念的先进形式和革新工具,然而正确运用具体策略是摆在广大教育工作者面前的一项紧迫的任务,笔者通过对其策略的阐释,期望推动课堂教学有实质性的变革,更好地促进我国现代教育的发展!

三、小公民自主学习的推进

小公民自主学习的推进工作见以下附件内容。

"学习小组交流优化策略的研究"课堂研讨活动实施方案

一、指导思想

我校"自主发展课堂"学习小组已初步构建成型,但在教学实践中我们发现学习小组在组内交流、组间质疑互动、成果共享与提升等环节中存在诸多影响学生思维发展的因素,无法达到全体成员的思维碰撞,违背了"自主发展课堂""自主—合作—发展"这一主旨,为了解决课堂上小组合作中存在的这些问题,经课题组研究决定,定于11月份在全校范围内开展"学习小组交流优化策略的研究"课堂体验研讨活动。

二、活动目的

本次课堂体验活动主要从"学习小组交流和全班互动交流"两个维度来评价课堂,重点是让每个学生都参与进来,观课教师附带着观察指导对《小组评价记录本》的有效运用。希望通过本次活动,能够逐步帮助老师和学生走出困境,让自主发展之路越走越宽广。

三、参与人员

1～6年级全体教师。

四、活动内容与措施

(1)教师自选课题,执教研讨课。

(2)跨年级听、评课。

具体方式:五、六年级互听,三、四年级互听,一、二年级互听。

(3)观课分工。

(4)交流座谈(评课议课)(表2-9)。

表 2-9　评课议课安排

科目	时间	地点
语文	12 月 1 日	接待室
数学	12 月 2 日	接待室
英语	11 月 24 日	接待室
综合	12 月 3 日	接待室

五、组织领导

为保障本次研讨交流活动规划合理、贯彻到位、真实高效,学校成立领导机构和观课领导小组,以加强对研讨活动的监督和指导。

1. 领导小组

组　长:徐正烈

副组长:高新美

成　员:各学科教研员及教科室成员

2. 评审小组

评审组长:高新美

副组长:各学科教研员及教科室成员

成　员:各科备课组长

六、活动时间

第一轮:11 月 3 日—11 月 7 日

实践班级:二、五年级语文,四、六年级数学,三、五年级英语

第二轮:11 月 10 日—11 月 14 日

实践班级:一、四年级语文,二、三年级数学,四、六年级英语

第三轮:11 月 17 日—11 月 21 日

实践班级:三、六年级语文,一、五年级数学、音乐、体育、美术、科学

第四轮:11 月 24 日—11 月 28 日

实践科目:音乐、体育、美术、科学、信息

附:听评课具体安排表(略)

"小组有效交流"观课总结

王慧

本次"小组有效交流"研讨活动,我们五、六年级组互相观摩,共同交流,共

同反思,分享了有关"小组有效交流"的有益做法。六年级组的同事们为我们提供的精彩课例是《伯牙绝弦》,我们五年级组精心准备的课例是《精彩极了和糟糕透了》。在这两节课例中,聚焦小组有效交流,我们分别从"学生"和"教师"两个视角进行了观察和反思。

一、学生的表现

1. 组长的组织能力得到提高

(1)组长的发言技巧日趋成熟。不霸占发言机会、发言能体现代表性,即代表小组的意见而不是完全汇报自己的想法。

(2)组长分工调控能力比较娴熟。一看到合作任务,小组内能迅速展开交流学习。

2. 交流时的体态、语言等得到规范

这也表明我们下发的小组交流语言的那个册子和小组学习记录本得到了有效利用。

3. 组与组之间的交流更加自然

从我们两个年级组的课例来看,让组与组交际起作用的就是组长的引领或小老师的引领。比如张赟老师、曹荣海老师、谢娜老师的课上,不同环节都能由小老师和小组长共同引领汇报交流,这样显得组织有序,交流深入。邹晓林老师、刘爱琴老师、王兴菊老师、尹永娜老师的课上,比较突出的是学生合作交流中个体与个体的交流也比较广泛。比如,邹老师的课,组与组之间、师生之间、同桌之间、男女生群体之间的互动交流,这些依据文本理解和能力训练而产生的交流方式特别自然而有效。如尹老师的课,依据文本设计辩论环节,学生对问题提出不同的看法,相互争论,问题思考得很深入。既能很好地引领学生体会文本内涵,又能使学生的思维得到广泛交流,从而提高各项语文能力。

二、教师的指导

(1)教师注重了使学生明确交流的目的和任务,并对操作程序给予说明。

(2)在学生交流过程中,教师都做了学生讨论的协调者:深入到学生中去,倾听并观察各小组的行为,注意工作完成或合作过程中的问题,并为学生提供及时有效的指导和帮助。

三、一点反思

(1)在小组交流过程中,教师可否向学生提出时间要求。这个要求不一定是硬性的,主要是告诉学生速度的重要性。而且,给学生交流的时间要适当,不宜过短,也不宜过长,可根据任务的难易程度和学生讨论的实际情况决定何时停止,也可采用更民主的方法,让学生举手表决决定终止的时间。

(2)小组交流结束后,要给学生充分展示成果的机会,同时教师要对各小组展示结果的科学性予以及时的评价,避免导致学生认识的模糊性。要将他们的发言规范提升,使之条理化、逻辑化,从而使学生对问题形成一个清晰的认识。

总之,"小组交流"是"小组合作学习"中必不可少的环节,在促进学生间的情感交流、培养学生间的合作交流意识方面起着不可估量的作用。我们教师在组织中也要积极地参与学生的交流,了解学生的学习状况,在此基础上,迅速地加以思考,适时、适度地把握教学节奏,调整课堂进度,以期不断地优化课堂教学结构,不断地加强小组交流的有效性,从而不断地提高课堂教学效率。

观课总结

刘凤云

一、二年级的学生,他们的知识水平、学习能力、认知能力参差不齐,不在同一起跑线。老师如果盲目地进行教学,可能会使部分学生失去学习的动力和兴趣。正因如此,一年级老师应立足学生实际确定教学目标。

一、创设情景,揭题激趣

俗话说"良好的开端是成功的一半""兴趣是最好的老师"。作为课堂教学中重要环节的导入部分,不仅要向学生揭示课文的主要内容,而且应最大限度地激发起学生的学习兴趣。因此在上课之初,老师力争把学生带入兴趣的天地。配乐出示下雪动画图:"同学们,下雪了,你们想在雪地里玩些什么呢?……在洁白美丽的雪地上来了一群可爱的小画家。你们想知道来了哪些小画家,它们都在雪地里画了些什么吗?今天我们就一起学习 17 课《雪地里的小画家》。"讲到这里,同学们的学习热情早就被点燃了,接着为同学们出示动物板贴,让他们认识雪地里的小画家们:小鸡,小鸭,小狗,小马。

二、初读课文,学习生字新词

这一环节中,老师首先采用范读的办法,引领学生进入到有声有色的课文初读之中,让学生边听边指,提出了具体的听读要求。在教师范读的引领带动之下,早就有学生跃跃欲试了。而此时,教师趁热打铁,进一步提出圈画生字等读文要求,并引导学生思考:"遇到这些不认识的生字,你有什么好办法识记它吗?"学生的主体地位得到了很好的呈现,成为学习主人的孩子们精神振奋,纷纷枚举"问老师""问同学""看拼音""查字典""加一加""换偏旁"等识字的方式方法,促进了识字教学目标的达成。接着,赵老师又分别采用带拼音出示生词、卡片识生字、把生字宝宝送回原文等方法,深化了识字教学。

同时,这一环节中,进行了三次文本阅读——一次范读、一次按要求自由读、一次开火车读。三次阅读使学生对文本有了更加深入的个性理解,为后面的学习铺平了道路。

三、品文析句,读懂内容

这一环节的实施,使本堂课的学习进入了高潮阶段。对文本的深入理解,随文识字的深入开展,使学习目标的达成更上一层楼。

朗读是理解课文的重要方法,遵循正确、流利朗读课文的教学目标,加强朗读训练,以读代讲,以读促讲,让学生在朗读中加深体会。本环节前后读文 4 遍,分别采用了自由读、领读、比赛读、表演读等诵读方法。在这些阅读中,学生广泛参与,积极主动。孩子是最善于模仿和创造的,教师只要充分调动他们参与的积极性,我们的语文课堂就会充满生机与活力。需要注意的是,在三个同学于前台进行表演读的时候,最好不要与全班同学的表演读一起进行。这样,分散了大家对三个同学表演的关注度,不利于生生之间对表演读展开评价,可能在一定程度上会影响表演读的效果。

随文识字是这一环节的又一重点目标。如"蛙""参""睡"等的识记、"几""用"的书写等,都是在这一环节中实现的。在识记"虫""目"两个偏旁时,赵老师引导学生在认识的字中寻找带有这两个偏旁的字,使教学有所生成,加深了对这两个偏旁的印象,提高了教学效率。

1. 教学过程的设计

从本次的学习中,我深刻感受到我们的孩子能力也不弱,可就是没有充足的时间。如果老师只是走过场,那么学生的综合能力就很难得到快速提高。所以,为了提高学生的综合能力,老师就要一步一个脚印地走过场。

2. 学生参与情况分析

通过数字统计显示,我们了解到学生参与课堂活动以个体、主动参与为主,同时学生结合自己的思考,积极参与课堂活动。集体活动和小组活动略少,但全体学生仍然都能得到锻炼。

新课程倡导学生主动参与课堂教学,而我们组老师的这节课,正是用引导的策略和激励性的评价语言,激发了学生的表达欲望,让整节课的学习氛围非常浓厚,课堂气氛活跃。

教师对于坐在教室左边、右边、后边的学生没有忽略,反倒是刻意地关注这些学生,给这些学生发言的机会很多。对于学习成绩也不是很好、自信心不足的学生,要关注他们上课时的学习状态,尽量提高他们学习的积极性。

整体来看,这几节课的条理性比较好,目标也明确精炼,师生互动默契,很好地体现学生的主体作用。这几个方面都是我们本次磨课想要达到的目标,在讲课中得到很好的体现,同时看到老师们的努力和进步。

3. 教师提问的有效度

整堂课充满了浓浓的"语文"味道,让语文课成为吸引孩子的万花筒,让语文课变成孩子成长的舞台。在享受精彩的阅读课堂的同时,我选择教师课堂提问这一角度,对本次教学过程进行观察。通过观察我发现,老师的课堂提问关注了思考性、启发、想象性,在有效的课堂提问的引导下,实现了学生课堂阅读的有效性。

"学习小组交流优化策略的研究"课堂研讨观课报告

王丽君

本次课堂体验活动主要从"学习小组交流和全班互动交流"两个维度来评价课堂,重点是让每个学生都参与进来。通过本次活动,能够逐步帮助老师和学生走出困境,让自主发展之路越走越宽广。本次课堂实践活动,展现了我校自主发展课堂的优势,小组的创建、小组合作自主学习的步骤、组内成员的交流等多个环节已经成型,并且展现了其独特的魅力。

首先,我们的课堂培养了一大批有能力、有表现欲的"小老师",他们能够像老师一样组织课堂,充分体现了学生的自主性。特别是在尹永娜、刘海明、谢娜、刘兆彩老师的课堂上,"小老师"已经成为一道亮丽的风景线。当然只依靠"小老师"还是不够的,老师还应该在适当的时候为学生指引方向,帮助学生把握重、难点。在这一点上我觉得刘兆彩老师处理得特别好,能够及时地梳理学生学习中遇到的难点以及重要的知识点,师生互促、教学相长,学习效果特别好。

其次,课堂上小组合作自主学习的内容也更有选择性、更加地科学。比如,王晓伟老师执教的《美丽的小兴安岭》,让学生在感悟冬天美景的基础上,自主选择喜欢的一个季节合作学习,这样学生既有自主权、又能够掌握学习的方法。同样的,三年级的张静老师、刘海明老师也都处理得很好。

另外,最让人惊喜的是小组长组织下的组内学习交流,从之前的茫然到现在老师一声令下，组长就能快速地进入角色，组织组内成员读课文、交流问题、整理汇报思路。从听过的几节课来看，这一环节学生非常熟悉，已经成为他们学习中一个自然而然、必不可少的过程。这正是我们坚持训练得来的，是我们可以为之骄傲的成果。

当然，本次的课堂研讨活动也呈现了一些问题，这正是我们目前急待解决的问题，也是我们本次活动关注的问题。就是小组在组内交流、组间质疑互动、成果共享与提升等环节中无法达到全体成员的思维碰撞。简单地说就是组间交流的问题。一部分老师比较注重引导小组间的交流，小组长能够语言清晰、目的明确地发起提问，引导全班交流。比如，我的课堂上小组长会说"我们小组汇报完毕，哪个小组对这个问题还有补充？"当每个小组长、每位同学都有这种意识的时候，全班的交流是行之有效的。但反观我们这次的活动，大部分老师注重了之前的小组合作学习，恰恰是在我们关注的小组交流中，少用了力，呈现在课堂上的交流效果稍显不足。小组汇报的时候几个人在说，其他人都闲着没事，还要靠老师来组织课堂。这是我们今后要加强训练的地方。

当然小组间的交流并不是教学的重点，而是辅助完成课堂教学的手段，具体应该怎样开展，还需要我们继续探究。无论何事，走向成功都会有一个过程，需要我们不断地去试验、摸索。

关于"学习小组交流优化策略的研究"的观课总结

王晓伟

听完这一轮课下来，感觉我们的小组合作学习又经过这半年的培养，更加趋于成熟，尤其是培养了一批成熟的小老师、小组长。具体感受如下。

1. 小老师领着学习课前搜集的材料，并检查生字预习情况

自主合作学习模式的应用，为我们培养了一批小老师，在小老师的带领下，学生识字的积极性提高了，同时也减轻了教师的教学压力，提高了识字效率，起到了事半功倍的作用。像王丽君老师、刘兆彩老师、张静老师、刘海明老师等在检查生字预习情况时，就直接交给小老师，效果很好。

2. 小组合作模式更规范

老师提出一个问题，让小组合作学习。学生听到指令后，已经知道该如何在小组长的带领下去操作，已经有了大致的模样。小组长能够明确分工，小组成员也能在小组长的带领下积极参与讨论交流。小组展示时，小组成员也能在

组长带领下有序地进行展示。在全班交流展示时四年级比我们三年级要做得好一些,学生大一些,调控能力就更好一些,小组长的领导能力也强一些。

3. 教师积极参与到小组合作学习中去

在学生进行讨论时,老师能走进学生的合作交流中去,这样可以适时指导学生。

4. 教师注重激励评价

对小组的成长来说,及时恰当的评价非常必要。刘兆彩老师、王丽君老师、刘雪老师的评价语言就很多样化,值得我们学习。

一点建议:加强小组评价机制,要充分利用好教室里的自主合作课堂最优小组评比台。可以侧重评价学生在合作中的兴趣激发与参与程度,以学生的自我评价为主,辅以教师的评价。

总之,在这半个学期里,我在小组合作实效性研究的道路上又往前迈进了一步,但仍有许多做得不够完善的地方,在今后的学习当中,我们将克服不足,脚踏实地,扎扎实实地把我们的小组合作工作开展起来。

《浅水洼的小鱼》教学教案2

袁刚

一、创设情境,导入新课

1. 师生问好!

今天老师给你们带来了一首小诗,请看大屏幕(点击课件:森林是小鸟的家,蓝天是白云的家,大海是鱼儿的家)。学生齐读小诗。

2. 师:是呀,孩子们,我们都有一个温暖的家! 小鱼的家是——(生:大海),那么,小鱼在属于自己的家里生活得怎么样呢?(播放课件:小鱼快活地在海里游来游去。)生:快乐地生活。

3. 师:看到这样的画面,你想说什么呢?

生:①小鱼很自由、很快乐。

②和爸妈一起很幸福!

③和小伙伴一起做游戏,很有趣。

④小鱼的家很大,还有自己的爸爸妈妈、哥哥姐姐、弟弟妹妹。

4. 师小结:小鱼在蔚蓝的大海里生活得多么开心自由呀! 可是有一天晚上,这些可爱的小鱼,遇到了大麻烦。可怕的事情发生了——海面上刮起了狂风,巨浪一层高过一层,小鱼们随着海浪被带到了一个陌生的地方。——天渐渐地亮了,小鱼们才发现,他们成了——板书:浅水洼里的小鱼。①请小朋友们伸出手指和老师一起写课题;②指名读课题;齐读课题。

二、随文识字,读通课文

过渡:这些浅水洼里的小鱼,离开了美丽的大海,离开了亲爱的爸爸妈妈,它们的命运将如何呢? 你们关心吗? 好! 赶快来读一读课文,打开书——132页。

1. 师:请自由地读课文,听清楚老师的要求:如果遇到不认识的字和难读的句子,还可以和小伙伴们商量商量。(生初读课文,自主识记生字。)

2. 师:我发现,同学们读得可真认真。(点击课件跳出"我会认",学生大声读生字。)老师觉得呀,这篇课文,有这些词语比较难认,你们都认识了吗? (出示带生字的词语)好! 先读给你的小伙伴听。生互读生词。

3. 师:谁想第一个读给大家听? (指名读,生齐读,当小老师领读,开火车读。)着重指导:在乎的"乎"单独读一声,在词语"在乎"里读轻声。

4. 师小结:听到大家读,老师可真高兴! 因为这些字词都是我们这节课要学习的。小朋友们通过自学,字音都已经读准了。这些生字你是怎么记住的? 下面就把你识字的好办法在小组里交流一下。一会儿向全班同学推荐! 学生交流。

5. 学生汇报识字好办法。

6. 分组自读课文。通过小组学习,把课文读通顺,进一步了解课文内容。

7. 指导写字。师:a. 大家看还有三个字,嘘! ——它俩在说悄悄话呢:它们说呀,小朋友能认识它们,它们很高兴;如果能把它们写好,它俩就更开心了! 小朋友们,有没有信心把它们写好?

生:有!

师:来! 我们来看一下这三个字,怎么写才好看呢?

2. (点击课件,小黑板指导书写)腰、捡、被——生在练字卡上写这三个字。师相机指导。师:请写完的小朋友,在小组里把你写的字给小伙伴展示一下。

3. 师过渡:我发现我们班的小朋友可真了不起! 不但字词读得好,而且字也写得这么漂亮! 调皮的生字宝宝又跑到课文中去了,你们还能认识吗? 下面让我们读一读课文吧(点击跳出课文第一段。)

三、品读课文

(一)感情朗读,体味课文第一段

1. 师指名读全文,先分组读四段,然后男同学读第五段,女同学读第六段,听一听哪一组读得最好！

教师正音、评价。

2. 师：读完课文，看一看，同学们说这篇课文讲了一个什么故事？

3. 生自由读。

4. 生汇报。生一：鱼多。哪些句子说明鱼多？你能找出来，读一读吗？

教师出示公园和森林的图片让学生用"也许有……甚至有……"说话！

公园里的花很多，也许有_____，甚至有_____。

生二：小鱼很可怜。师：哪些句子让你感觉到小鱼很可怜？请读给大家听一听。过渡：我们一起来体会小鱼有多么的可怜。

5. 点击课件。师解说：被困的小鱼，也许有几百条，甚至有几千条，太阳渐渐升高，浅水洼里的水越来越少了。有的小鱼已经喘不过气来，有的小鱼快死了！让我们一起带着自己的感觉，体会小鱼的伤心、难受。（课件出示句子）生齐读。

(二)指导朗读，体会课文第二至六段

师过渡：可怜的小鱼面临着死亡的威胁，它们在苦苦挣扎着。如果你是这其中被困的一条小鱼，你会想些什么？说些什么？（生自由回答，师相机评价）。

1. 师：对，我是小鱼肯定在想，有谁能来救救我啊，我想回到大海！这个时候，我们来看看这些小鱼得救了吗？你们看到这些小鱼的时候，你会怎么做？

2. 生自由回答。师：课文里也有一位像同学们一样有爱心的小男孩。请大家自由读课文，看一看，小男孩做了些什么？

生读：他走得很慢，不停地在每个水洼前弯下腰去，捡起里面的小鱼，用力地把它们扔回大海。

3. 师：小男孩把鱼扔进了大海，我们来一起看看他是怎样扔的。（点击课件，动画演示解说：小男孩走到一个水洼前，捡起小鱼，用力地扔进大海，小男孩又走到一个水洼前，弯腰捡起里面的小鱼，又把它用力地扔回大海。）小男孩又走到一个水洼前，再一次弯下腰捡起里面的小鱼，用力地扔回大海。小朋友想一下，如果小男孩不停地做这个动作，他会遇到什么样的困难？

（生积极思考，体会小男孩的处境，回答问题，师相机评价。）

4. 师：我们来体会下小男孩的辛苦。（指名读、齐读。）

5. 师：浅水洼里有成百上千条小鱼，小男孩能捡完吗？（生：捡不完）小男孩明明知道小鱼是捡不完的，又是那么辛苦，那他为什么还要捡？请你们分组读一读3～6段。可以轮流读，也可以分角色读，还可以表演读。

（生分组，采用各种形式读课文。）

6. 师：谁能读出小男孩的"在乎"？

7. 指名读：他不停地捡鱼、扔鱼，不停地叨念着："这条在乎，这条也在乎！还有这一条、这一条、这一条。"（师鼓励性引导性评价。）

四、升华

师：通过读课文，你们肯定知道了：小鱼明明是捡不完的，小男孩为什么还要捡？

生：小男孩喜欢小鱼，他的衣服上有小鱼。

生：小男孩把小鱼当作是朋友，朋友有困难，要去帮助。

生：一条小鱼就是一条生命，多捡一条就多挽救一条生命。

五、小结拓展

1. 读了这篇课文，你想对可爱的小男孩说些什么？

2. 当你们遇到小动物受伤，你在乎吗？（点击课件，出示练习）

(1)一只小鸟受了伤，落在窗台上。（我说）

(2)一只野兔受了伤，躺在大树旁（我说）

（板书：保护动物，珍惜生命。）

3、小结：我希望大家都像课文里的小男孩一样善良、有爱心。最后让我们用自己的双手和一颗爱心来共同保护动物、珍惜生命吧！（随机板书：画出"心"形，在左边的小手上写着保护动物，右边小手上写着珍惜生命）

观课综述

王丽君

今天我们语文研修 2 组的老师汇聚在一起，就袁刚老师设计的二年级《浅水洼的小鱼》一课进行了评课。现就会议内容进行记录。

袁刚（组长）：今天，我们会议的主题是针对执教教师展开评课。

1. 教学过程的设计

从本次的学习中，我深刻感受到我们的孩子能力也不弱，可是就是没有充足的时间。如果老师只是走过场，那么学生的综合能力就很难得到快速提高。所以，为了提高学生的综合能力，老师就要一步一个脚印地走过场。

2. 学生参与情况分析

通过数字统计显示，我们了解到学生参与课堂活动以个体、主动参与为主，同时学生结合自己的思考,积极参与课堂活动。集体活动和小组活动略少,但全体学生仍然都能得到参与活动。

新课程倡导学生主动参与课堂教学,而我们组老师的这节课,正是用引导的策略和激励性的评价语言,激发了学生的表达欲望,让整节课的学习氛围非常浓厚,课堂气氛活跃。

教师对于坐在教室左边、右边、后边的学生没有忽略,反倒是刻意地关注这些学生,给这些学生发言的机会很多。值得一提的是王林、杜楠楠、高伟伟、袁刚老师特别关注班级内平时性格比较内向、学习成绩也不是很好、自信心不足的学生;关注这几个孩子上课的学习状态,提高他们学习的积极性。

整体来看,这几节课的条理性比较好,目标也明确精炼,师生互动默契,能很好地体现学生的主体作用。这几个方面都是我们本次磨课想要达到的目标,在讲课中得到很好的体现,同时也看到老师们的努力和进步。

3. 教师的提问有效度

整堂课充满了浓浓的"语文"味道,让语文课成为吸引孩子的万花筒,让语文课变成孩子成长的舞台。在享受精彩的阅读课堂的同时,我选择教师课堂提问这一角度,对本次教学过程进行观察。通过观察我发现袁老师、杜老师、高老师的课堂提问关注了思考性、启发性、想象性,在有效的课堂提问的引导下,实现了学生课堂阅读的有效性。

针对老师课堂教学过程及以上数据统计,我总结几位老师本节课的课堂提问的有效性在于以下几方面:

(1)关注了课堂提问的引导性;

(2)关注了课堂提问的艺术性;

(3)关注了课堂提问的针对性。

观课小结

邹晓琳

根据教科室下发的"学习小组交流优化策略的研究"课堂研讨活动实施方案,我共听课 10 节。课题有五年级的《七律·长征》《"精彩极了"和"糟糕透了"》,六年级的《伯牙绝弦》。总体情况归结如下。

(1)从学生活动来看。学生课前根据教师的要求做了充分的准备,学习兴趣浓厚,情绪高涨,课堂上认真倾听教师和学生的发言,学生自我学习的质量很高，并能大胆质疑、大胆发言。回答问题的形式有学生主动回答、被动回答（老师指名回答）、全体学生一起回答等形式。主动回答问题中有小组展示、学生主动回答问题；被动回答问题中有指名读课文说体会；学生一起回答问题中全体学生一起回答、小组读、男女生分角色读等形式。

（2）从教师行为和师生互动上来说。各位老师能有效地调控课堂，通过恰当问题（如评价等）引导对学习主题的深入思考，倾听学生发言，做出及时评价，教态自然。其次，对教材内容把握很到位，做到了"三讲三不讲"，抓住教材的重点、难点提出具有启发意义和思考价值的问题，可以说问题设置很精当。例如，王慧老师在执教《七律·长征》，在理解诗句意思、体会情感时，教师利用课件，播放相关图片，适时点拨让学生充分地读、理解、感悟。从而体会了红军战士大无畏的精神，体现了自主学习、在实践中学、在合作中学的精神。再次，充分体现了语文教学的情感目标，教师讲得很动情，学生学得很入迷，课堂气氛活跃。学生的学习探究热情被充分激发起来，并在学习中受到了思想的感染。

（3）整体看这十节课，老师都比较注重朗读的指导。读的形式多种多样，有自由读、小组读、齐读，通过微课，引导启发学生；通过阅读，扫清了字词障碍，并抓住重点语句进行课文的深入理解，以读促悟，以悟促读，激活了学生的想象，采用激励性评价，注重学生的情感体验，学生朗读流利，能根据不同情景采用合适的语调，语速适中，体现出了课文的思想感情。

（4）在四人小组合作学习环节中，还有这样的现象：有的学生滔滔不绝，有的学生一言不发，四人小组合作学习成了好学生的展示台，所有的问题全由他们解决代言。这样的合作学习既不能充分调动每个学生学习的自主性，更别说培养他们的合作探究精神了。因此，我们必须让四人小组合作学习拥有明确的分工，让组内的每个学生都明确自己的职责，真正知道自己是合作学习的参与者，而不是旁观者。只有每个学生都投入，都参与的合作学习才是真正面向全体学生的、真实的、朴素的。该教的知识还是要教，该引领的工作还是要做，不能省的一点不能省。教师需要花气力思考和解决的是，如何将有意义的接受性学习与学生的自主性学习结合起来，恰到好处地指导学生独立完成阅读任务，并使其从中获取学习的愉悦和兴趣，达到"教是为了不教"的目的。另外，"有条件要合作，没条件也要合作"的做法，坚决不能要。

今后，我们应该继续训练小组长的协调、主持能力，训练孩子们的倾听习惯，扬长避短，真正让四人合作学习成为课堂学习的一道亮丽的风景。

"学习小组交流优化"听、评课总结

王淑文

我校小公民合作课堂之"学习小组交流优化策略"课堂体验研讨与交流活动拉开帷幕。

在这次活动中,我听了我们四年级数学组执教的"条形统计图"、刘洪霞老师执教的"四边形的面积"、三年级庄玉梅老师和尹纪梅老师、胡玉洁老师执教的"集合"、赵志霞老师执教的"搭配组合"。

我们组在讲时,因为我是第一个讲,就感觉无从下手,讲完后也依然困惑很多。下午放学后,在高主任的指导下,我们组全体老师及时进行了研讨。高主任评课时说,课的流程大致就是这样,但课堂上小组汇报时,这节课可以让小组里面的代表整合意见汇报,而不是让每个成员都上台汇报,这样就节省了时间,问题呈现得也清晰,无论以什么形式汇报,都要以本课的具体情况来灵活掌握,这样才能真正做到学习小组交流优化。

在高主任的正确指导下,我们组重新明确了对本课重、难点的认识,于是以后的每节课都出精彩,每节课都彰显了小组合作优化的实效性。特别是听了刘老师、庄老师、尹老师、赵老师的课,更是让我收益颇多。

1. 教师指导到位,明确学生自主学习任务

在本轮讲课中,老师们都能在学生自主学习环节中,让学生带着问题,明确地知道自己要解决什么问题,怎样去解决,有了问题后,如何在小组内交流等,来完成自己自主学习这一部分,为以后的小组合作交流铺垫好基础。让小组讨论学习更有目标性。

2. 好的学习方式,让小组交流优化顺利展开

每一节都在课堂上注重了培养学生先自主思考、再在小组交流中优化出最佳解决问题办法的学习方式。例如,我们四年级组的"统计"中先让学生自主思考后再在小组交流中讨论优化出根据哪些具体情况1格代表多个单位;刘老师的"平行四边形的面积"先通过动手剪拼图形的思考过程后再探讨出把平行四边形转化成长方形进行面积计算的方法;三年级的"集合"中让学生自主思考后在小组中优化出怎么样做一下、就能算得出一共有多少同学参加活动,以及赵老师让学生优化出怎样做搭配才能不遗漏、不重复。

因为每个学生都已经按自己的想法做了,所以带着问题在小组讨论中,就

都能发表自己的意见、谈论自己的见解，敢于向别人提出自己不懂的问题，同时也乐于回答别人不明白的地方。从而养成良好的表达习惯和乐于帮助的合作习惯。

3. 正确把握时机，保证学习小组交流优化的有效性

合作的价值就在于通过合作，实现学生间的优势互补。在课堂中老师们能把有探索和讨论价值的合作学习内容放给小组，让学生在自主学习过程中经历自我思考，然后在探索有困难的时候、解决一个问题，方法多样的时候、回答一个问题，回答不全面或者意见不统一的时候再放手给小组探讨，或进一步在全班交流。把握住小组合作学习的有效时机，从而保证了学习小组交流优化的有效性。

4. 及时对个人及小组指导，轻易处理课堂学习难点

合作学习是学生的一种学习方式，同时也是教师教学的一种组织形式，学生自主学习与合作学习是否有效，同教师的参与和指导是分不开的。这几堂课中，在学生开展合作学习的时候，教师都没有"袖手旁观"，而是从讲台上走到学生中间去，对各个小组的合作进行观察和介入，并对各小组合作的情况做到心中有数。庄玉梅老师、赵霞老师、尹纪梅老师、胡玉洁老师能对开展得很顺利的小组予以及时表扬，课堂中注意学生的习惯养成；刘洪霞老师、魏岱华老师、张玉英老师、赵志霞老师优化学习方法，充分有效利用 40 分钟，能对合作交流中的小组及时点拨；刘本红老师的课堂彰显了她对教材的深入解读，引导学生充分讨论交流，轻易突破本课重、难点，并在课堂中渗透安全教育，提高了学习统计这节课的生活意义。王萍老师针对学生合作中出现的各种问题进行及时有效的指导，如在学生涂统计图时都特别慢，王老师及时指导：用一个斜的对角线代表这个格，在这个格的最上面标出横线、并写上数据等，从而帮助学生提高了学习技巧，顺利地完成学习任务。无论是学生的自主学习还是小组合作学习，有了教师的参与和指导，就避免了"短暂繁荣"和"华而不实"的无效合作场面的出现，于是学生的合作更得法，交流更有效！

通过本次听课活动，我们欣喜地看到学生小组合作学习习惯已逐步养成，"问题生成单"和"达标作业"的运用提高了课堂效率。孩子们在合作中获得了解决问题的乐趣，体现了学习小组交流优化过程，感受到课堂中小组合作的意义和价值。

感动 收获 感悟
——"学习小组优化策略的研究"研讨活动观课心得

刘洪霞

本次"学习小组优化策略的研究"研讨活动交流的主题就是如何让小组交流和全班互动交流最优化,在本次活动中我观的课包含了低、中、高三个学段的11节课,分别是六年级1~4班的"鸡兔同笼"和5班邹兴花老师的"圆的认识",三年级谷秀红老师的"集合",五年级的4节"平行四边形的面积",一年级武玉雪老师的"10加几及相应的减法"。11节课听下来最让我感动的是谷秀红的大气、马兴霞的睿智、褚庆荣的敬业和武玉雪的细致。泰安实验学校的程校长说:课堂还给孩子了,老师的智慧如何体现呢? 下面我就针对观课当中老师对学习小组的培养与指导说一下自己的看法。

1. 低年级老师要牵着走

一直以为低年级、特别是一年级要实行小组合作会很难,所以一直倡导同桌交流,但看了武玉雪老师上了一年级的数学课后我对低年级的小组合作学习充满了信心。武玉雪老师像呵护幼苗一样的授课方式让人心生敬意。

以前听武玉雪老师的课总觉得她老是不放心学生,让人感觉拿得起、放不下,所以课显得过于琐碎。这次听了她上的一年级的"10加几及相应的减法"一课我才发现:武玉雪是为一年级的孩子量身定做的好老师。她事无巨细,一点一点地把孩子领进数学学习的大门。从以下的几个环节你就会感受到武老师的细致。

(1)摆小棒写算式。

老师出示13

师:13是由什么组成的?

生:一个十和3个一。

师:同桌两人合作用小棒摆出13。

学生开始摆小棒,有的同桌一人拿一捆,另一人拿出3根放到一捆的右边;有的一个说、一个摆。从他们同桌合作的默契感来看,这种合作方式已经很熟练了。

(2)小组交流:数形结合。

学生在根据小棒图写出4个算式之后,老师提出任务:让学生在组内交流一下,把每个算式和小棒图结合起来,说一说每个数都表示什么? 小组围坐在一起之后小组长不知道如何组织，组员也不懂的怎么开口，孩子们坐在那里小眼睛你瞅瞅我、我看看你，让人看了都有点忍俊不禁。这时候老师不慌不忙，走到一个小组旁边对小组长说："你想让谁先说哪个算式？"小组长指了一位同学："让他先说第一个算式。"老师又对这个同学说："这个 10 是多少小棒？这个 3 呢？合起来是……"学生很快地说出：一捆小棒和 3 根小棒合起来是一个十和 3 个一。接下来其他组员每人一个算式都说得很好了。老师又指导了一两个小组。很奇怪的是，不一会儿，没得到老师"真传"的小组也会交流了。

让人最头疼的一年级如何合作的问题就让武老师这样"四两拨千斤"轻而易举地给攻克了，学生由无所适从到积极参与感觉很简单。再看武老师到各个小组做示范指导的样子，更像是一个妈妈在牵着孩子的手一步一步上台阶，这才是成功的关键。

2. 中年级老师要扶上马

每次听谷秀红老师的课总是感觉意犹未尽，还没听够下课铃声就响了。这次也是一样，本来这一天批卷、上课、听课时间安排得很紧，打算送下摄像机就走的，但是，走进课堂之后就不由自主地坐了下来。谷秀红老师上课给人的感觉就是大气，课堂上老师就像一个指挥着大象交响乐团的指挥家，不费劲指挥棒轻轻一挥，想奏什么音乐就出什么声音。关键时候特别沉得住气，在小组交流以及汇报交流时对学生半扶半放，让学生稳步上马。下面的两个教学片段让我深受启发。

片段一：

老师布置学习任务：能不能创造一个图比这个统计表更清楚地看出每个人参加的运动项目。

学生独立解决问题（问题比较难，有的学生无从下手，有的已经完成）

师：把你的想法在小组里说一说，把更好的想法整理在"问题生成单"的下一栏里。

小组交流（有一个学生还趴在自己的桌上；师：你觉得有困难可以先听听别人的意见）。

1 号：我的想法是左边是跳绳的，右边是踢毽子的，中间重叠的是表示既跳绳又踢毽子的。我的介绍完了，你来说。

2 号：我的方法是把两项都参加地放在最前边，然后上面是跳绳的，下面是踢毽子的。

3 号：沉默。

4号:还没做出来。

大家都说完后,小组交流陷于僵局。老师问:你们觉得谁的更清楚?

生齐答:一号的。

师:那就把他的方法整理到下面,有不明白的地方再问问他。

老师又到其他小组指导。

在这个环节中,老师话不多,简短几句话既指导了学生如何交流,又让学生学会优化总结。

片段二:全班交流。

生1:实物投影作品,两个纵向较长的椭圆形,左、右、中间重叠部分各分一栏,里面人名没有重复,图外没有文字说明。

生2:我觉得她的不够清楚。我的方法是:实物投影出一个比较标准的韦恩图,并作了解释:左边的是参加跳绳的,右边的是参加踢毽子的,中间重叠的部分是两项都参加的。

师:比较两种,谁想说些什么?

多数学生认同生1的,从专业角度考虑,生2的方法应该是很完美的。如果换个急脾气的老师早就发表自己的看法了,我不得不佩服谷老师的沉稳,就让学生说自己的看法,到后来有一个学生说觉得生2的更清楚、更好,这时学生也回过味来了,多数认为生2的更完美。老师接着问:那为什么刚才大家都觉得生1的更好呢?学生说:因为她字写得好,生2的字写得太潦草,老师趁机对这个同学进行了要养成认真书写习惯的教育。

当然在这节课中显现老师沉稳大气的片段还有很多,你没有亲临课堂是体会不到那种感受的,建议课堂上管不住自己嘴的老师常去听一听谷老师的课,一定会受益匪浅。

3. 高年级老师要送一程

学习小组的课堂优化最有看头的要数高年级的课,本次听的五六年级的课可以说是各有各的精彩,特别是六年级的课堂,无论是小老师的主持、小组交流还是课堂展示,都给人带来太多惊喜。那么,高年级光靠学生就会把课堂打理得如此精彩,老师的智慧又会体现在哪里呢?五年级的课不像六年级放得那么开,特别是马兴霞老师在课堂上的睿智和褚庆荣老师的敬业,令人印象深刻。

就小组优化策略诠释的最好的班级,我本人认为非五年级一班莫属。如果大家有时间可以点开视频看看徐校长的课"草船借箭"、王慧的课"去年的树",

还有马兴霞这几次研讨活动的录像课，不知是老师成就了学生还是学生成就了老师，看这些课会让人心潮澎湃。你会不由得感叹：这就是我们的自主课堂！当然这不是一日之功。无论是老师的教功还是学生的学功，都不一般。

小组合作学习观课总结

张倩

在这一学期的循环讲课中，主要强调研究的是小组合作学习这一部分，我听了六年级的"鸡兔同笼"和五年级的"平行四边形的面积"，两个课题的 9 节课。

首先六年级的"鸡兔同笼"问题是我国民间广为流传的数学趣题，教材安排"鸡兔同笼"问题可以培养学生的逻辑推理能力，并且这节课的趣味性比较浓厚，学生喜欢学，有利于小组合作的积极性。"鸡兔同笼"的原题数据比较大，通过化繁为简的思想，帮助学生先探索出解决该类问题的一般方法后，再解决数据比较大的题目。

解决"鸡兔同笼"问题时，利用问题生成单的引导，使学生经历拼图法、列表法，探讨假设法和方程法等多种解题策略和方法。其中假设法和列方程解是解决该类问题的一般方法。"假设法"有利于培养学生的逻辑推理能力，列方程则有助于学生体会代数方法的一般性。因此，在解决"鸡兔同笼"问题时，学生选用哪种方法均可，不强求用某一种方法。在小组合作之前，各位老师注意让学生先独立思考，选择自己会喜欢的一种方法去解决问题，然后在小组内交流，这时小组长的作用就充分体现出来，他们会有秩序安排本组同学一次发言，交流自己的做法，并且在最后的时候能组织本组成员总结出一个最优方案，和上台汇报时的个人分工。在汇报这一过程中，学生的积极性非常高，踊跃上台，并且能在汇报中其他同学仔细倾听，发现了许多不同意见，用于提问。总之，在六年级的学生小组合作学习的能力已经很强，各个合作回报流程衔接熟练，学生学习效果很好。

五年级的"平行四边形面积"这一堂课各位老师设计得非常巧妙。老师说得少，学生动手做得多，动脑思考得多，上台汇报得多，充分体现了小组合作学习的科学性。

本节课通过"小羊换菜地"的故事导入，引出本节课学习的内容是平行四边形面积。先根据数方格的方法，来确定两块菜地面积相等，交换公平。并且在数格子的同时，一起把它们的高、底、邻边、长、宽的数据确定，通过长方形面积与长和宽有关系，请同学们大胆猜测平行四边形的面积和什么有关。然后再动手验证。动手验证的过程，是小组合作学习的过程。第一步转化图形是让孩子们独立思考动手操作的，然后在小组内展示。第二步是在第一部的基础上，小组之间合作完成讨论，从中发现转化前后图形的面积，各边都有什么变化。最后就是汇报环节。（"独立思考—合作交流—汇报展示"，突出小组合作学习的真实与实效，充分展现学生自主探究的过程，让学生真正掌握了平行四边形的面积公式的推导方法。）学生在小组合作转化图形的时候就能全员投入参与，上台汇报时全体小组上台一起汇报，每人都有各自的汇报任务，汇报的同时其他学生也敢于有不同的声音，五年级的小组合作也运用得非常成熟了。

总之，听完这两轮的循环讲课后，我最大的收获是，小组合作学习已见成效。虽然有个别地方不够完善，但是我们会继续努力，让小组合作学习更高效、更完善。

"小组优化措施"观课总结

赵志霞

这段时间我校针对"小组优化措施"进行了一轮的听、评课活动。下面我先谈一下对听的一年级武玉雪老师这节课的一点感受。武老师这节课首先采用了复习导入的形式。先后复习了 10 以内加减法、一图四式、数的组成等题目，为下面新课的学习做好了铺垫。在探索交流环节让学生用小棒摆出 13，并用彩笔代替小棒让学生摆出来贴到黑板上，非常清晰明了。再让学生对照写出一图四式，整个过程设计得非常合理，进行得也非常流畅，锻炼了学生的动手能力以及归纳总结的能力。紧接着让小组内讨论这四个算式中每个数字都代表什么意思，小组合作学习运用得恰到好处。虽然一年级的同学在小组交流时表现得还有点怯生生的，但是大部分同学都能张开嘴说，而且小组长的带头作用都能充分体现。经过小组交流，学生能说出了左边＋右边＝总数，10 表示左边的 10 根，3 表示右边的 3 根，一步步进行说明，学生既知道是什么，还明白了为什么。武老师是一位有经验的老教师，课堂上有许多值得我们学习的地方。接着让学生亲手在计数器上拨一拨这四道算式的计算过程。通过拨计数器，学生在操作的过程中对计算过程又进行了一次加深记忆和理解。这一步也很好。紧接着又让学生做了一些"十加几"和"十几减几"的算式并交流总结运算规律，锻炼了学生归纳总结的能力。在此基础上又学习了"十几加减一位数"的题目，并让同学在黑板上用彩笔摆出其运算过程，整节课都重视了学生对算理的理解。最后出示了加法算式里的各数分别是什么名称——"加数＋加数＝和""被减数－减数＝差"。整节课内容充实，学生掌握得也非常好。小组交流运用了两次，一次是交流一图四式中各数字表示的意义，一次是交流总结"十加几"以及"十几减几"的运算规律，都是在有必要交流的地方才用，不会流于形式，有时效性。

通过听、评课，我觉得低年级、特别是一二年级的学生在小组交流时，还是先采用同桌交流的形式比较好。先让两个人讨论交流、再慢慢过渡到四人一小组。再有，对于低年级学生还特别需要老师的引导。教师在巡视的过程中发现有不知道怎样开口的、可以给予适当引导，先说一下，再让学生试着说，或者汇报时找交流较好的同学上台展示，作为示范。小组交流之前教师一定要对讨论的内容做明确要求，这样小组交流才不会显得盲目。还要对小组内同学进行明确分工：谁是小组长，谁是检查员，谁是记录员，谁是汇报员。分工明确了，小组交流活动才能有序展开。小组交流活动还不应该流于形式，确实有必要用的时候再让学生讨论交流，对于一些内容比较浅显的地方，可以自学。

"学习小组优化策略的研究"研讨活动总结

高新美

为了凸显学习小组在自主课堂上发挥的作用，本着"自主—合作—发展"这一课堂理念进一步优化，我校于 2014 年 11 月 3 日至 12 月 5 日举行了"自主发展课堂"——之"学习小组优化策略的研究"研讨活动。本次研讨活动历时一个多月，全体教师积极参与，覆盖各学科共讲课 90 余节，完成现场录像课近 80 节。

本次活动是基于我们在以往的教学实践中发现的问题，学习小组在组内交流、组间质疑互动、成果共享与提升等环节中存在诸多影响学生思维发展的因素，无法达到全体成员的思维碰撞。讲课活动结束后于 12 月 2～5 日分学科进行了评课、议课活动。大家普遍感觉所有的老师在课堂上都注重了小组合作学习，并能将小组合作学习运用得比较好，学生参与小组学习也显得比较成熟。具体体现在以下几个方面。

1. 小组成员间的交流比较成熟

这次活动的主要观察点是学习小组的交流。在每一节课中,老师都采用了一次或两次的小组合作学习,注重培养学生的合作学习意识。小组长能组织本小组的同学有序地进行交流,并能在全班汇报时说出小组的观点。和前几轮听课相比进步最大的是,小组内的交流变得有序,组长的组织能力也有很大提高。

2. 组长的组织能力得到提高

组长是学习小组中的核心人物、是合作中的首席。在观课中我们发现,组长的发言技巧日趋成熟,不霸占发言机会,发言能体现代表性,即代表小组的意见而不是完全汇报自己的想法。

3. 组间质疑互动出现了思维碰撞

在课堂上学生已不再只甘愿做一个倾听者,更愿意做一名参与者,所以,在全班展示互动环节、当首席展示小组汇报完毕发出邀请的时候,其他同学会主动站起来向同学提出问题,或者发表自己的观点,这一点高年级表现得会更突出一些。

4. 本次研讨活动建议

(1)合作学习能力的培养还需进一步优化。作为教师,不仅仅是教会学生知识,更重要的是培养学生的学习能力,让学生会学习、会思考。这次课堂研讨活动中,有些老师安排了合作学习,但在合作学习的过程中提示的太多,让一些问题没有合作的必要。还有的老师没有说明合作的要求,只是随便说一句自学某一节内容,学生也很迷惑地拿起书来随意翻翻,没有任何时效性。如果采用小组合作学习,一定要让学生明确合作的内容以及学习要求。

(2)教师语言需进一步锤炼。在这一轮"学习小组交流优化策略的研究"课堂研讨活动中,每个年级确定的基本都是一个课题。每一位站在讲台上的老师都想完美地演绎自己的精彩,可是每个人呈现出来的却大不相同。同样的课题、同样的教学设计,为什么会给听课的老师不同的感觉?这和老师的教学语言分不开。老师在课堂上的一个眼神、一个动作无不影响着学生的情感体验,对整个课堂氛围也起到很关键的协调作用。所以,我们更应该锤炼自己的教学语言。

(3)全班交流需要进一步提升。首先要让学生明确在和谁交流。以往都是学生站起来面向老师、和老师交流。现在我们要明确,学生交流的对象应该是自己的老师和一起学习的同伴。交流的方式,包括组内交流和全班的交流,要注意的是老师的引导与纠正是必不可少的。另外,在全班交流、展示时把相应小组评价跟上,培养全班同学交流的能力,让所有同学参与到集体交流之中。

总之,"小组交流"是"小组合作学习"中必不可少的环节,在促进学生间的情感交流、培养学生间的合作交流意识方面起着不可估量的作用。我们教师在组织中也要积极地参与学生的交流,了解学生的学习状况,在此基础上,迅速地加以思考,适时、适度地把握教学节奏,调整课堂进度,以期不断地优化课堂教学结构,不断地加强小组交流的有效性,从而不断地提高课堂教学效率。

学习小组交流优化策略的研究观察量表(表 2-10)

观察员:＿＿＿＿＿＿＿＿＿＿

观察重点:课堂上学习小组组内交流以及在学习收获全班交流环节小组之间的互动效果

观察目的:通过观察学习小组交流情况,优化交流教学策略,提高课堂效率

表 2-10　学习小组交流优化策略的研究观察量表

时间	地点		课题	执教教师	分数
观察项目	教师指导情况	组长发挥作用情况	学习小组合作情况		《小组评价记录本》运用情况
自主学习					
小组合作					
组内交流					
全班交流					
课堂达标					
小组交流总体效果					

说明:①课堂上学习小组合作交流仅流于形式,不能评为"A"级课。

②A 级:90～95 分;B 级:80～89 分;C 级:70～79 分;D 级:70 分以下。

观课分析

四、小公民自主学习的案例

小公民自主学习的课堂
——自主发展的课堂已经走在路上

今天中午第一节听了六年级朱晓龙老师的数学课。内容是"复习物体的面积、表面积与体积"。上课前全体学生进行了呼号，由一位"小老师"主持，列出本节课知识点，然后进行小组合作学习。接着由小主持人主持着让四位"小老师"进行展示汇报，其间还有学生的质疑与评价。最后做课堂作业。老师只是针对个别问题进行了强调，老师共讲了不足 8 分钟。从课堂形式来看，自主学习的课堂已初具模型，如果说昨天刘洪霞的课还有一点老师扶的话，那么今天的课是全放了，颇有山东省杜朗口中学的风采！看来自主发展的课堂已走在路上了！

今天的问题是明天进步的阶梯。本着这一目标，就本节课所存在的问题进行了梳理：一是课堂容量有点大，知识点过多，这就造成学生在合作学习时深入度不够；二是课堂作业的设计题量有些大，不如设计成两部分，一部分是基础达标题，另一部分是拓展训练题。这样一是都能做完，再者也可让"吃不饱"的同学还能吃点；三是为让学生便于批改，需要他们都准备一支红笔，这样在批改时能体现出来，从另一方面说也能体现出老师批的痕迹。当然最后老师需一一打上等级；四是小主持人的挑选是固定还是轮流，这个需了解。

课后，老师们进行了研讨，在研讨中最大的进步是老师们有话说了，并且还出现了意见相左。刘洪霞认为对列出的前两个知识点可以删去，原因是与本节没有关联；谷秀红说不删好，原因是学生对这一知识点也陌生了，适度复习很有必要。理越辩越明，只有这样才能引起老师们的深度思考。我最反对在评课时人云亦云，一团和气，没有一点自己的东西，这样的研讨就是在浪费时间。老师们为什么不愿意参加教研？就是因为教研没有新东西，把教研当成了针对人的，而不是针对问题的。所以参加一次够一次，以至于没有了兴趣。

看来教研并不神秘，只要解决实际教学中的问题，老师们还是愿意参加的，教研也还是有生命力的。问题的关键不在于老师，而在于组织者。

朱晓龙老师的课堂正如他自己所说：我理想中的课堂应该是这样的：老师走进教室，说："开始吧，"然后各个层次的学生有序地、愉快地、合作地将老师的思想展示开来，四十分钟的课堂，每个人都有所发言，下课铃响了，老师会说：

"下课了。"老师是这节课讲话最少的人,他一共说了六个字。

我理想中的班主任应该是这样的:每周一在学校,其他时间学生可能会见不到他,班级纪律、学习,样样有序,学生学习生活愉快,学校事物在班里很融洽地融入进去。班主任的工作不是发号施令,而是给孩子们心灵的震撼与享受。

我理想中的教师应该是这样的:老师是一名哲学家与旅行家,到处吸取智慧与知识,让孩子们体验到生活带给他们的快乐,每一名孩子都能充分发挥自己的才能与乐趣,让老师从他们身上感受到自然带来的力量。

正如他所希望的那样,他的课堂学生的自学能力极强,甚至出现了学生向老师申请对下一节课进行备课,都还自己制作了PPT。

他所教的学生在毕业后给他的来信中说:老师,如果您能一直教我到初中、高中,我有信心考上清华大学!

下面让我们来回顾一下朱晓龙老师如何培养学生自主学习能力的历程。

(2012 年 4 月 10 日)

"单讲"在延续中

学生的学习水平有差异,特别是后进生,他们在快速进展的过程中对基本知识点不能掌握,虽然优秀的学生已经完成基本知识点的学习,但是个别学生呢? 他们在哪里?

一直延续"单个"讲师的风格,让学生上讲台讲作业和练习,学生的积极性也很高(个别学生),但是我规定了他(她)只能上讲台讲两道大题,讲完后由这名讲师选举下一名"讲师",这样做到每个人都有讲的机会,讲师提问过的学生不能重复提,一节课只能提问一次(指每个学生回答问题的发言次数)。"讲师"的讲并非是对题目的解析,而是对课堂顺利进行流程的把握,他(她)可以让学生起来回答问题,再请另一名学生回答该问题,最后由另一名学生讲解为什么。如果讲得很好、很精彩,学生会自觉给予掌声鼓励。每个讲师的标准讲题只有一个大题目的机会,但是,如果他(她)讲得精彩,还可能通过"民主"的方式,申请再讲一题,通过权由全体学生掌握。

(2012 年 4 月 10 日)

对于一个固定基本知识点的学习(复习阶段中探索)

我采用"老师讲,小组讨论,老师出口答题,老师点名回答题"这种方式。如果这名学生(一般是后进生)回答不上来,只能说明他(她)没有用心,所以在量化分中,整个小组四个人都要被扣掉一分。当堂扣除,这样,有利于学生团队合作、小组合作,也更有利于调动每个学生的积极性。(这一方法我在复习阶段性考试中用过,效果还可以)

(2012 年 4 月 10 日)

怎样将全班所有学生"纵横网络化"才是关键

现在班中建立了两个管理网络。

1. 班级管理网络

该部分由扣分组长(四个大组)、值日班长(每天一名)两块组成。

卫生方面:教室卫生和卫生区卫生细分到人,做到责任到人。实行具体到哪个人哪块区域;"留人"打扫机制:留下的人是在老师的监督下,"谁的周围有纸就留下来打扫"的一种做法。

2. 课堂管理网络

(1)作业,练习的自主讲模式(单讲)。

(2)新知(新课)通过旧知联系讲传授。例如,我班有智慧一、智慧二、智慧三……智慧十九,一共 19 个小组。每个小组有 4~6 名学生,由智慧小组集体讲解的形式出现——多讲、合作讲。但是,巩固环节好像不完美,有待加强,通过阶段性检测发现,中等水平以下的学生有待加强。

(3)学生自我总结,自我发现网络。由智慧小组合作完成。(学生上讲台展示为主流,但老师要适时给予点拨,这很关键。)

(4)考试成绩的团队化。将每个智慧小组的平均成绩算出来,并将全班学生的平均分拿来展开对比,同时评比出第一、第二、第三名并给予加五分、三分、二分的奖励。将落后的小组拿来提醒。将达到平均分以上的小组予以表扬。(平均分以下的小组提醒注意)

(2012 年 4 月 10 日)

为后进生和调皮生做些什么

2012 年 4 月 11 日,我是找一名叫李菲的同学上讲台讲的。这是一名后进生,她的反应慢,叫学生回答问题的时间也较长,所以课堂与其说是进展慢,还不如说是浪费时间。她也有点紧张,但是能发言讲完。我想,这对她、对班内同类型的学生,也是一种进步。所以,我们贵在让他们坚持。

在上午的课堂上,有名叫车文龙的学生(智慧三组的),上课不听讲,我当即在班内宣布,暂停讲课,车文龙扣十分,智慧三组的每名学生扣二分,并说,如果再有发现课堂表现不认真、不听讲的同学将给扣分连累其所在组里的每一个人。当然,他所在组的每一个人都感觉不满,问我:"老师,为什么每一个人都扣分了?"我说:"车文龙回头,其实也是你们组员监督不力,扣分应当。"其实,我的本意也想以此为例,奠定班里自觉遵守纪律、上课认真听讲(每一个人)的良好班风和课堂氛围。以此为起点,让班里学生人人都知道应该怎么表现、应该怎么做。

(2012 年 4 月 11 日)

怎样让班里一下子"静"下来

基于一进教室的时候班里学生会乱的情况,我在开班会的时候规定,每天选四名表现好的、做得好的学生,从大组里选取,一个大组一名。在课前,观察并读出他们的名字,记录加分的组长也相应地给加上分。分数的高低直接决定他们年终三好学生的争取率。因为期末的三好学生是通过日常的量化分高低来评选决定的。

通过点名表现好的学生,这样做可以将班级规则点化,易形成良好的标准,为今后的班风建设形成规范。

(2012 年 4 月 12 日)

好生的榜样作用不可忽视

今天,我选了班长王晓涵上台讲的题目。同学们都表现良好,非常安静。可见,让从来没有上过讲台的学生突然上来讲也会魅力无限。

每个学生上来后提问的类型会完全不同,这样更有利于全面覆盖,让不同层次的学生回答问题。不分举手与否,谁都可以站起来回答问题。学生对问答题目各有各的解答。让尽可能多的学生说出自己的想法,能够汇集总的想法,这样很好。

(2012 年 4 月 12 日)

依次轮流当讲师,给予讲师更多地权力

四个大组(即四排),先由第一个大组一名学生讲,再由第二大组的另一名

学生讲。依次类推，每个大组的同学都有机会得到锻炼。

还有，在同一节课中，回答过问题的学生不可能再回答第二次。这点要求上来讲的同学要注意把握分寸。

上来讲的同学即是"老师"，他（她）有权力来维护班内纪律，发现谁不听，可以直接宣布扣分，这样做的目的是赋予"老师"更多的管理权，为自主化做铺垫。而我在其中扮演的角色是适时地给予补充、适时地质疑、适时地观察讲台下同学们的听课习惯及听课纪律，发现孩子们需要什么、需要哪些东西来实现他们更好地成长与发展。

真正的课堂是，老师在走进教室后，只说："开始吧。"然后整节课就会有序有效地完成。不需要老师更多其他的话语，显然我们距此还有一段路要走！

我们力争将班内同学的学习与课堂做到秩序化与网络化，并覆盖到每名学生、每一道题目。

（2012 年 4 月 17 日）

万般无奈，让学生进行一对一尝试

今天，班里有个别难点要处理，所以，我说：今天，我先讲一点东西，然后再请同学上来讲，我将"因数与倍数的关系"复习了一下，并将之与约分和通分联系起来。为什么要学因数与倍数，就是为以后的约分和通分奠定基础。我在讲2、3、5 的倍数的时候，提问班里成绩最差的学生，什么是 2 的倍数、什么是 3 的倍数、什么是 5 的倍数，并说一个数让他回答是否是 2 的倍数、是否是 3 的倍数、是否是 5 的倍数。结果，这名学生仍然回答不上来。这时，我的情绪与其说是发火，不如说是愤怒。虽然班里其他大多数学生都会回答，但是，作为复习阶段的五年级二班，这样的结果实在让我感到很无奈。但是愤怒之下需冷静，于是我将这几名后进生，布置了一项作业：写50 个 2 的倍数、60 个 3 的倍数、70个 5 的倍数（当然，课后这种方法不是最好的）。一会儿，有两名学生交上了"作业"，但是另外三名同学即使下午第二节课也没交上来，我想这三名学生也成了我抓班纪班风的新起点。最后一节课，我去检查了这三名学生的作业，并通报批评了他们。

对于这部分后进生怎样处理？一直困扰着我，让他们往及格线上靠拢并有所突破才是硬道理。于是我想，如果让学生与学生之间实现一对一，岂不是很好。责任到优秀学生，同时也鼓励到给予辅导的这部分优等且自愿助人的学生。(奖励是年终评三好学生时加分,但有一个前提是将这部分后进生带到 B 类水平。)这个"一对一责任计划"还签订了协议书,等待时间来验证它的效果。后进生自由选择优等生,并经过优等生同意后方可签订协议。否则,一方同意也不能成立,只有双方自愿同意才可行。由于有一个女生没人愿意辅导,无奈之下,班里的同学也将我拉入了他们的辅导队伍。为了将制度规范化,我也同意了他们的要求,签订了责任协议书。最后所有签订的责任协议书由班长统一保存与管理,等待期末考试来验证他们的"诺言"。

(2012 年 4 月 18 日)

随机导入新知,让学生易于接受

今天去班里发期中单元的试卷,我班共有 76 个人,其中不及格的有 13 人,说完这次考试的整体分析之后,我想:"怎样转化这 13 个人,让这 13 个人时刻不轻心,让他们觉得老师及同学们都在关注他们呢,怎样让他们提升?……如果把他们排号,岂不是忘不掉?如果排号的话,可以将"负数"这个知识点带入课程,从而减少今后学习负数时的阻力。但是,我担心如果盲目给他们加号码,—1、—2、—3、—4、…、—13,这样的话会给他们的自尊心带来伤害。于是,我间接地说:"你们这 13 名同学,我怎样才能平时就叫你们起来回答问题呢?怎样老想着你们呢?我给你们排一下号吧?同意的请举手,这样孩子的心理一下子得到释放与缓解,都举手了。我给他们排上了—1、—2、—3、—4、—5、—6、…、—13,随后我在黑板上画出数轴,讲解了负数的由来及负数和正数的关系。负数的知识属于初一的知识,但是为了学生知识建构,我想这样做也是可以的。

(2012 年 4 月 26 日)

懂得宽容,方能从容

今天遇到了昨天晚上家长给我打电话的学生,因为昨天发的数学期中试卷五(2)下册,她没带回家给家长签字,她带了她同桌的试卷 61 分,她考了 50 分。昨天,她(戚英琨)的爸爸给我打电话,说明孩子学习成绩差,是因为平时家长关心少,现在意识到问题的严重性了。我宽慰地说:"你也别急了,毕竟孩子的基础已经在那里了,想提升也非一时半会儿的事,但我的心里也不轻松。"因为正是由于这样的学生存在,才使得班里的及格率 80%。如果将这部分学生"消化",岂不是很好,是一个双赢的事。但是中间我想,更多的应该是家长对其孩子知识点的整合补足辅导。否则，很难有所改观。

（2012 年 4 月 27 日）

先作业，后新课

第七单元"数学广角"的教学，在做完了数学基础训练上半部分知识点以后，在课堂上，让学生独立思考，然后进行了小组讨论，最后让优秀的学生上来讲解（多名学生讲），使学生达到有效听课、有效思考的目的。

五（下）数学的总结课，我的设想是以"数"为主题，在黑板上只板书"数"，让学生们自己分析、自己理解，因为它包括三个部分：因数倍数、分数、计算数。如果将这三个部分理解到位，即可圆满完成本册知识点的学习，很简约、很顺利。同时也可以分简为两部分，因为"计算数"是一个常态的数学，所以可以"进一步净化"，减轻学生的心理负担。

（2012 年 4 月 28 日）

$8×5＝40$ 分钟，各显神通

今天，我班由 8 个人把四、五单元的知识点：分数的意义与性质、分数的加减运算两个部分讲完了。每个人讲二至三个知识点，因为上周末的时候，我布置了作业让全体学生将四、五单元的知识点汇总，随机请同学上来汇报，本打算找一个智慧小组的四名同学上来完成本节课，但结果发现，有个别的同学不能很好地适应"讲解"。再说，五一之后的天气变热，如果让 4 名学生讲的话会让他们觉得疲惫，况且也达不到照顾全班同学的目的，于是再增加 4 名同学，转化为 8 个人讲，每人是 5 分钟，共 40 分钟。但本节课堂的遗憾不少，比如，上来讲的同学提问过少，对不同层次的学生照顾不全，语言不够精练。我想这离自主课堂还有不小的差距，路还很远！

（2012 年 5 月 3 日）

"平均分"纳入激励机制

期中考试的分数，我已将他们按小组求得平均分，其中由第三上升至第一的小组已经加分，达到平均分以上的小组也加了一定的分数。这符合以前的规定：小组合作、团结学习。由每排的大组长检查作业变为由各个智慧小组的组长来检查作业。这点也和平均分挂钩。今天布置的作业，明天智慧小组长检

查，老师用抽查的方式。没有完成的则由大组的扣分组长给予扣分处分。分值高低直接与年终评选结果挂钩。尽量做到全面、精简、有效。

在交流中成长

今天上午和高新美主任交流，谈我昨天的课堂情况。她说，你可以在每个学生讲完之后进行总结与补充，做个小结。你的练习题目出的没能到达全班同学手里，让他们在课堂上只听没做，这点不完美。我更大的疑问是：怎样让后进生提升上来？在这里主任给了我她的答复：可以通过全班的专题练习将后进生筛选出来，并布置作业让这部分学生做这种类型的题目，再由智慧小组的组长来检查并负责教会。如果学生不会做，只能说明练习的数量太少。通过主任的语言里，我自己得到的另一点启发是：一节课，应将学生分类：A、B 类做 A 型题，D 类做 D 型题；做完后由 A 型智慧组长批阅并做讲解。

（2012 年 5 月 4 日）

适时调整，该出手时要出手

下午的品社课学生的纪律较差，让一个同学当老师后，发现班里其他的同学都很"自由"，个别同学还出现了睡觉的情况。难道学生的纪律混乱是由于天气热，还是由于这名学生讲得不够精彩？"马上改变策略"这一想法在我脑中出现，于是我说，品社课程书本上的知识需要画下来，但是，如果仅是画线而已，那么可能不会充分调动学生的热情与积极性，所以，我讲了很多与书本知识有关的趣味问题。这时班级学生的注意力有了很大程度的集中。就这样，我把这节课后半部分的时间和同学们这样分享了。如果不是我讲，再让学生继续讲，那么将会浪费时间、浪费课堂。五一之后天气变热，特别是下午的课程须将趣味性与知识性相连。让老师引领新知，该出手时则出手，让课堂充满欢声笑语。因此，灵活的调整课堂策略很重要。

（2012 年 5 月 7 日）

"数字化"教学

对数学口算题卡进行了口算练习，从—13号开始，—12、—11、…、—1，然后再进行其他同学回答，做到不重复、不优先，照顾到全体学生。

如果把学习成绩优的学生及其他学生也排上号，按水平高低1、2、3、4、5、…、63，那么对题目的回答（学生回答）教师是否心里更有数呢？将数学课中的学生用数字代替需要在探索中使用。

（2012 年 5 月 8 日）

"红笔"跟进课堂步伐

智慧小组的组长对全组成员负责，负责检查小组内的作业，同时，每个同学都有一支红笔。同学在上面主持讲题的时候，我们做到每个同学都有批改的习惯，批同桌的题目，这是和讲题的过程同步进行的。错的要打上错号，并用红笔改正，以备再复习时用。小组长要检查小组成员做题错在哪里，并辅导他们改错，出一些类似的题进行练习，直到将这种基本类型的题做会为止。我则明天对全班同学进行抽样检测，并提问 B、C、D 三类学生口算今天的简易题目。

（2012 年 5 月 8 日）

充分发挥学生的自主决定权

下午的数学课十分疲惫，采用"单讲"的形式让学生讲完了，到第 N 个时，该生说："老师，我可以让同学上来写吗？"我说："你是主持，你有决定权。"于是，该生找了 6 个人上来板书这种计算类型的题目。前面的几名同学都采用了"提问—口答"的方式，而这名同学换了方式，正好我们今天下午还没练习用这种方式。在学生疲惫的状态下，全班同学一下子精神起来，纷纷争着上来板书，上来 6 名同学，板书完各自的题目后他们纷纷讲解了自己的题目及自己的想法。

在"对题"的过程中，每名同学手里都有一支红笔，对答题情况进行批阅，"√""×"。下课后，由智慧小组的组长再次给组员检查，谁错在哪里，由智慧小组的组长辅导解决，老师会抽查，发现谁的哪里错了，老师会随机提问并抽查。

在学生上台讲的时候，怎样让全体同学都"紧张"、都集中注意力，往往是学生的注意力不会持续时间过长，而且易出现小动作，此时老师需要怎样做？

1. 让上来讲的"讲师"专门提问那些乱说话、做小动作、不听课的学生。并且这应该成为一种班内纪律规范，并在班里进行宣布实施。

2. 上来讲的"讲师"是随机的，每个人都有机会，同时，每个人都会在课上流利地说话，发现问题，解决问题。

3. 声音音量问题，让每一名学生都能够大胆发言，声音洪亮，否则，将反复地再说、重复说，直至其声音够大为止。

4. 每个人准备一支红笔,所有的题目都要进行同桌互换批阅或自己批阅,并留给学生改错的时间,然后由智慧小组组长出三道类似的题,让出错的学生做,做题情况再由智慧小组组长批阅。智慧小组组长批完后,将上交至每排的记分大组长,大组长将检查情况向老师汇报。

(2012 年 5 月 9 日)

老师外出的时间,怎样让班里有序地进行常规学习

虽然,"讲师"的风格有了一定的常规,但是,老师不在的时候,也能否常规化学习呢?

这需要值日班长、班长、每排的纪律组长、智慧小组组长联合起来管理班级。其中,值日班长和班长为主,练习题目也由"讲师"上来完成。这名"讲师"由班长推荐。其他的事宜都将按已经形成的常规来有序进行。

(2012 年 5 月 12 日)

数学课堂自主管理——新授课如何来讲

A1. 简易题目(旧知)—B2. 特例(有特点的题目)—C3. "?"—D4. 故事情境(易错、易乱情境)精彩化的过程—E5. 再次"?"(怎样处理)—F6. 学生讨论(短时间非小组讨论)—G7. 教师精讲(提炼规律)—H8. 规律成型(模型化)—I9. 教师出题(练就规律)—J10. 学生练习—K11. 学生讲解—L12. 教师点拨—M13. 作业布置外加"熟练化"—N14. 旧知识—O15. (回复到 A 的位置,完成一个周期性新知的传授)

小结:通过本模式,打乱教材的陈旧框架,重构优化随机有序课堂,让知识更易于适合学生的学习兴趣,有利于学生思维模式。

三大块课堂:网络化教学。第一部分是学生自主化步骤:1、5、6、10、11、14;第二部分是老师精拔:3、7、8、12;第三部分是老师过渡环节:2、4、9、13。

(2012 年 5 月 14 日)

让学生懂得分享

分享比占有更重要,分享想法,共同成长,分享知识的过程是人全面发展的过程。懂得分享的学生才能赢得他人的尊重与获得自身的特殊成长。"分享"这一理念的提出源自五年级二班小组合作不够积极、同学之间讨论不够热烈,

所以发现学生存在这种问题之后，我及时调整班里秩序，讲解关于分享的主题：分享在我们人类存在中的重要价值及对人类进步的重要作用。同时，分享对我们自身的成长也至关重要。组织了在班里上课前喊口号计划，总的口号是："分享比占有更重要，组长要有责任心，组员要有信心！"经过课堂的口号练习，智慧小组之间的讨论热情有所回升。

（2012 年 5 月 14 日）

解放、放手、放松、放弃

解放不等于放手，放手不等于放松，放松不等于放弃，放弃不等于解放。

让学生的课程、让学生在课堂上形成积极性流程，规范化地进行，实现"0＋45"。

（2012 年 5 月 14 日）

以人为本，生命至重

尊重每一个孩子的发言权与参与权，听说和思维的联系是密不可分的，如果有一天老师不在了，孩子们能否快乐成长与自由飞翔？！

（2012 年 5 月 14 日）

怎样照顾到每一个学生的发言

让学生当老师讲的时候，由于"讲师"具有流动性，这点体现出每一名同学都能讲的能力。但是，刚刚上去讲的同学可能不会记得谁与谁讲过、谁与谁没有讲过的问题，所以，今天我让同班同学注意：如果提问过你，那么同一节课如果再次提问到你，则由你的同桌来回答。同时，如果再提问到你，那么则由你身后的同学来回答，依此类推，实现同一节课、同一个班的同学发言全覆盖。

（2012 年 5 月 15 日）

严格纪律把关，形成课堂集中合力

讲师们提问的同学是在课堂内注意力不集中、不认真听、做小动作的同学，这样有助于内化纪律、内化文化，使班里每一名同学都可以"以我为本"，形成良好的听课上课习惯。如果讲师提问到你，你回答了其他问题，那么，按不听课处理，扣个人量化分 2 分。如果情节严重，其所在智慧小组的成员每人也要跟随其扣除量化分1分的处罚。称其为连带处罚。

（2012年5月15日）

老师彻底解放出来的尝试

由"生"代"师"，从智慧一组组长开始，以后的课堂将彻底交给孩子们，实现"0+45"。

在明天上课之前，明天讲的"智慧N"组组长将上讲台来主持明天的课堂，那么，他/她今天下午要到办公室接受我的任务安排，即讲哪块、哪方面的知识，其他的上课程序则完全由我们平时练就的上课模式进行就可以。他/她有选择多种模式的权利。主持的责任也表现在课堂纪律的维持方面。负责由谁来干什么、由谁来怎样做。例如，让智慧十到智慧十八组组长的同桌上来板书题的时候，其他的所有智慧组将讨论这8道题是怎样做的。以小组为单位进行讨论，在组内如果有不同的结果将由组长来解决，并多提一个"为什么?""哪里出了错?"并给予讲解。

（2012年5月15日）

网络化提问方式

让智慧1、3、5、7、9、11等奇数号的同学上来板书。然后由其同桌上来讲解。类似的也可以用偶数的同学来板书，或采用"对称"及"平移"的方式来进行班里提问网络化覆盖。

（2012年5月15日）

智慧小组的D类生展开竞赛

设想：每周还给D类学生一节属于他们的课，让他们体验到那将属于他们，D类学生也有展示智慧的机会，会很有意义！

下周将分批展开D类生竞赛，先由智慧一至智慧六、再由智慧七至智慧十二、最后由智慧十三至智慧十九，分三大组。题目类型是讲过的基础训练基本知识。由智慧六至智慧一的组长给智慧一至智慧六的D类学生出题板书在黑板上。然后智慧一至智慧六的D类学生上来做智慧六至智慧一的组长出的题目。分三个大组完成智慧小组谁胜谁负。出的题做完以后，接着由做完的后进生讲，如果讲对了，做对了，则给予其智慧组全组成员加分，后进生加2分，其他每人加1分。做错的，不讲或讲错了，扣后进生2分，其智慧组内成员每人扣1分。

（2012年5月16日）

"兄弟"组同学随机上台讲评——更开放的自主探索

"主持老师"上台让一名同学上来讲，这名同学随机点了两名同学上来同时做一道题，使用两种方法，做完以后，由谁来点评解讲呢？由于第一道题目是智慧五组的组员上来做的，所以由谁讲呢？"兄弟"组同学随机上台讲，这一想法突然在我脑海中出现，兄弟组是指和5相邻的数字，4、6，即智慧四组和智慧六组的同学可以主动地、随机地上来讲，不用举手，将权力充分给予学生自己。那么，第2道题也采用"兄弟"组成员随机上来讲的方式。

（2012年5月17日）

"对称性"同学讲解

对起来回答问题的，以教室"前后"中间一线为对称轴，由对称的那名同学来讲解，充分体现对知识点五（上）第一单元的活学活用，或是采用"平移"的方式来将知识现实化。

（2012年5月19日）

数学就是1＋1＝2，减轻学生心理负担

今天（周一）早上第一节课进行数学考试。刚开始我说出"考试"两个字时，所有的同学脸上显得表情很"复杂"。我说："怕什么，试卷非常简单，就是1＋1＝2的问题。"然后我又说："不信，我在黑板上写一道最难的题，你们看看。"我随机写了一道，结果发现同学们都从容地说出了答案，我说："好，开始考试吧！"学生们没有了压力。

（2012年5月21日）

提高试卷的批阅效度，力争当天考试当天完成效果检测

学生做试卷，我也做试卷。九点钟，已经有同学做完了。但是，为了不影响其他同学做题，我没有收那部分做完的同学的试卷或给他们批。又过了10分

钟,已经又有好多同学完成了。于是,我将我做完的试卷让他们其中的一桌(刘婧、王梦涵)看一看,帮我找找错误,也让她们俩互换批阅一下自己的试卷,我说一句:"给老师找一下我做错的题目!"这样就改变了他们心中唯师至上的理念,追求真理的道理更加坚定了。一会儿,她们就检查完了对方的试卷,我大致浏览了一下,同时,我将她俩及我的试卷交给另外三名做完试卷的同学(一般是交给智慧组长),让另外三名同学自己核对一下,一般采用分区域的原则,用这样的方式,一会儿全部智慧小组组长的试卷就全批完了,由智慧组长及组内的二号种子选手批阅另外两名同学的,即组长和"二号种子"同学批组内的三号同学和四号同学的试卷。这种方式,可以使教师减少工作量,同时,使学生加深对试卷的理解和在当天内完成对试卷的分析和解读。

试卷的分数在当天下午的时候已经算出,布置作业:让家长在试卷上签字,同时将试卷中的错题给孩子讲明白,让孩子顺利过关。这个任务由家长负责,达到家校互联的效果。

(2012 年 5 月 21 日)

对作业的要求采用家长负责制

家庭作业采用家长负责制的做法,家长对孩子的知识点的学习负完全责任。如果孩子不完成作业或出现学习上的不足,首当其冲找家长。但是,由于家庭背景复杂,很多孩子存在家庭教育上的意识缺失,所以,家长负责制真正现实化以后,留给班主任的问题还是相当头疼的。

(2012 年 5 月 21 日)

复习课上课流程模式探索(0+40)

上课:主持班训(本周:分享比占有更重要,组长要有责任心,组员要有信心)。

主持简要介绍本节课知识点列表;

各智慧小组讨论以上知识点列表;

随机请一名学生上台讲(针对每一个问题,有一个同学讲,这名同学在讲知识点的同时,可随机提问 1~3 名同学做口算题);

补偿性练习(书面单页形式),小组内批阅并改正与由组长讲解完整;

另一名学生讲第二个知识点;

重复地讲第三个、第四个、第五个、第六个、…、第 N 个知识点；

完成各知识点讲解。

主持总结，下课。

（2012 年 5 月 22 日）

复习课模式探索中

"主持"上课以后，发现班内同学对"知识点列表"不热烈。昨天下午我布置过这项作业，即汇总与整理 S、V（S 为面积、V 为体积）。学生的作业完成情况不是很好，甚至有的组长也没将这项作业带来。总结一下原因：可能是我们从未上过这样的课，从未有过这样的作业要求。相信经过一个阶段的培养，学生们会逐渐适应。用时间来改变现有状况。按新模式走下来。（模式：list—talk lists in groups—speak main points one by one—sume up—practise—correct and discuss—recorrect in groups—over）

"主持"由谁来当？各个智慧组长按号排序。如果明天上课，那么，今天下午小组长需来办公室问我要讲课的课题。昨天下午的作业也相应地布置给他/她今天要讲的知识点。

有了"主持"并非剥夺了其他同学讲课的机会，主持只是形式上的老师。"秩序与进展"工作由他/她负责。

利用课余时间，我已经将这个模式告知了全班同学。任何一个同学都有机会拿着这个模式上复习课，做到全体全面性参与。

（2012 年 5 月 23 日）

开放性课堂，六年级带动五年级，让课堂流动起来

今天，有同学在检查作业时，说有不会的问题，我一听，是我还没讲的那一课时，恰到好处，顺便把这个知识点解决了算了。我先让同学们小组讨论基础训练第 108 页第八题。我暗访了几名同学听一下他们的解决思路，有个别同学已经会做了，很好！有一名叫聂高媛的同学非常勇于表达，但是她的思路不清楚，我让她上台讲，结果她卡住了，并对我说："老师，我是让六年级的学生帮忙解决的，我能不能让她来讲一下？"这时班里所有的同学都注视着我和聂高媛。我说："可以，很好，请一下外援，你到六年级去请你认为最棒的同学来吧！"就这样聂高媛到六年级把她请了过来，这名同学的表达能力很好，不过紧张一点而

已,一时半会儿难适应。于是,我再让她缓了好大一会儿,终于缓了过来。讲完了,非常精彩。我班内的同学自觉地响起了热烈掌声,但我发现有很多同学没听明白,于是,我又让其重讲了一遍。最后,我们班同学以热烈的掌声欢送了这名六年级外援同学。很多同学还是没能听清楚,于是,再次请我们班的陈时达对他听到的外援讲解以自己的理解说一遍,这时,班里大多数同学已经明白了。

本打算做考试题来,因为"疑问——新知——解决新知"而完成了本节课的新授课目标。我想,真正的课堂属于学生们自己、而不是老师刻意安排的。有时候,学生提出问题、解决问题,其实是最好的课堂。

(2012 年 5 月 28 日)

加分权力下放,保证课堂有序进行

怎样让主持的"老师"有充分的权力,形成班里严谨、有序、集中的班貌班风? 将加分的权力下放给班里的"主持"。只有他们紧握更多地权力才能有序且更好地控制班集体,形成良好班级课堂文化氛围。

今天,王贝贝上台讲的时候,有的同学已经不能很好地听课了,疲惫! 怎样调整? "加分"这一想法突现在我的脑海中。怎样加分? 给谁加分? 加的分为今后做什么事而准备?

我想,由当天当节课的主持老师紧握权力来加分。我班共有四大排,每大排为一个大组,那么,当天当节课主持讲完后,主持老师当场宣布谁听课好,课上认真,一节课选 4 名同学(每排 1 名)给予每人加 2 分的奖励。这 4 名学生要坐姿好、听课认真,本节课表现良好(采用不论学习优劣的选人原则,做到人人平等)。

(2012 年 5 月 29 日)

课堂提问同学的方式主要有哪些

作为主持,往往要不断地提问同学来回答问题,怎样选择?

(1)同桌。

(2)"轴对称"同学。

(3)负号同学。

(4)所在小组的组长,组长叫过一次的话,不再被叫;如果叫了,则由其组长的同桌回答,组长的同桌回答完以后由组长后面的同学再来回答。

(5)其他同学都不存在"再叫权",只有负号同学享有,保证一节课既照顾了D类生,又做到了全面性。

(6)"平移"的同学来回答问题。

(2012 年 5 月 29 日)

给予"质疑生"奖励

给予质疑生加分奖励,如有不同的"声音",可以当场出来予以反驳,这样的行为在课堂上是'合法'的,受同学们尊重。当然,专家组成员有直接解决问题的权力,他们可以不用举手(即享有免举手发言权)。我们的课堂是开放的,给予同学们充分的发言与交流权,无须举手亦可以。

(2012 年 5 月 30 日)

硬规定变成软执行,只为更高效

学校里发了 24 个笔记本,打算奖励给优秀少先队员,不给其他的学生。但是,这里面更深层的含义是,让班主任自定优秀少先队员的名义,在这样的前提下,应该参考我班的内部加分、减分机制,按分数高低来将这部分奖品下发下去,这样,可以保证及加深我们内部加分、减分机制的有效运行。

(2012 年 5 月 31 日)

多种途径表扬学生,使其积极向上

前段时间的一天晚上,在 QQ 上,林雅雯和我聊天,她担心自己能否考上初中,我说,"没问题,你一定能行!"恰是这八个字,给了她很大的鼓励,她给我的回复是:"谢谢老师,您给了我很大的鼓励,我有了信心。"在老师眼里的简单几个字,在她心里却像是一条真理、一道圣旨、一把尚方宝剑,有了这句话,学生会改变整个学习方向,提升学习动力。我曾经说过,在一节课堂上,我要使用 80% 的鼓励性语言、20% 的中性语言。那么,现在我要改正一下,和学生的交流过程中,无论何时何地,我要使用 81% 的鼓励性语言、19% 的中性语言。学生的改变就在我们不经意间的一瞬间。老师的一句话可能改变孩子的一生。所以,世界上"最贵"的语言是老师的鼓励语言。

与其说老师实现的是知识的传授,不如说老师实现的是对学生人生的改变。学生的价值观、人生观以及积极性的改变,都与老师的一言一行密切相关。不经意间,老师在制造着一群世界上最顶尖的人才队伍,老师是制造人才、创新的主源。老师将世界上最有价值的东西——人才,创造出来,奉献给全人类和社会,奉献给世界上的每个家庭,同时为家庭带来永远的希望。

(2012 年 6 月 4 日)

分组让学生完成试卷讲解并汇报

刚刚结束的五单元(二)试卷,已经批完。我采用:小组内部讲解消化,然后上来对个别题目进行汇报的方式完成。一节课 40 分钟,小组内部讲解消化的时间为 20 分钟,剩下的 20 分钟采用精简汇报的形式完成。对个别重点和难点题目老师做进一步的精确点拨与强调。

(2012 年 6 月 4 日)

在短时间内完成试卷的改正工作

小组讨论完试卷的难点、易错点后,由我出规则:随意点名,请学生上台讲题,如果讲对了,则加分;如果讲错了,则扣分。我将降低一个层次让学生回答,以满足学生追求成长的快乐,调动学生的主动性与积极性。

(2012 年 6 月 5 日)

将课程有序化,提前结束教学任务——可行

将课程有序化是提前结束课程的一种很好的方式。但是,怎样将复习做到有序化还是一个很艰巨的任务。毕竟很多学生的基础及学习习惯有限,后进生转化问题一直是我的一大困扰。怎样让这部分学生得到一个很好的发展、一个完美的明天,才是值得我深入思考、深化改革的根本。

课程有序化的路线:一是将整本书分成块状;二是将块状的知识进行"网络神经化",从而实现高效。块状的前提是旧知构造;网络神经化的保障是整体性、连贯性、有序性。

(2012 年 6 月 6 日)

有针对性复习来应对期末考试试题

教材、基础训练、单元试卷是期末试卷的三大来源,在最后一周的时间内将

完成这三块的系统化、网络化以及质疑点的总结性复习。

（2012 年 6 月 7 日）

难点采用学生主动攻破的方式（核弹效应）

学生对难题一筹莫展，怎样有效地攻破？我一直采用主持人的形式进行课堂复习课教学。主持人请上来讲难题的同学可能不是最好的同学，也可能不是表达能力最好的同学。但是，保障每一名学生发言平等的权利一直是全面性的有效途径。专家组成员拥有"直接发言权"，他们是班内知识点突破的"核弹"。我坚信：永远要相信他们（"核弹"）的智慧。

（2012 年 6 月 7 日）

分层次布置作业，为实现"全及格、多优秀"的目标而努力

对于那部分后进生，怎样对待？由期末考试的试题结构及考点易知：课本、基础训练、单元试卷，是期末试卷的三大来源，那么，在距离期末考试仅有 20 天的时间里，对 D 类生做些什么工作呢？

1. 回归课本，课本的例题及例题后的"做一做"、课后练习题，有节奏、见效益地布置下去也是关键所在。

2. 有序基础训练，将基础训练上的题目有序地布置下去，一些简单易做的题目布置给这部分学生，起到强化信心的作用。

3. 选择试卷题目进行回顾，只有将试卷题目回顾了，才可做到全面。

（2012 年 6 月 8 日）

化险为夷，借机行事

今天是收书费的日子，结果发现收的书费少了 10 元钱。我利用中午的上课时间说："谁多找了钱？"同学们都拿出来数一数，一会儿张以盛上台拿出了 10 元钱说："老师，您多找了我 10 元钱。"我心里想，"好！借机转为道德教育"并说："对诚实的孩子我们给予加 2 分的班级量化分。"并让同学们报以热烈的掌声，张以盛同学也在掌声中露出了灿烂的笑容。通过这次事件，进一步加强了班内同学拾金不昧的道德责任感，增强了班级集体主义思想教育。

（2012 年 6 月 8 日）

借机行事,透支鼓励

明天是高考的日子,利用今天下午最后一节课,我说:"明天是高考!"同学们欢呼喜悦,以为会放假,我又在黑板上写下了:七年后的明天,你们又会在哪里?

同学们平静下来之后,我说:"今天的质疑、今天的困惑我们可以解决,七年以后的明天,你们将是我们现在五(2)班的骄傲!"今天之所以对你们严格要求,对你们要求严厉,我想你们都应该知道老师们的良苦用心——为了你们更美好的明天! 学生们彻底明白了今天老师在讲台上所做的一切努力为教师的付出所动,为明天而奋斗,快乐与进步前行。

"数学就是 $1+1=2$"当我说出这句话的时候,很多同学有质疑声。这时,我又说:"数学就是 $1-1=0$",同学们露出了天真的笑容。是的,我随机在黑板上写了两道最近学过的数学复杂题目,但是用捷径写出答案的。做这两道题进一步解释了" $1+1=2$ 和 $1-1=0$"。

(2012 年 6 月 8 日)

实现班里"三鼎"管理体系

"三鼎"即班长一人、副班长两人。班长负责常规管理、副班长负责纪律与卫生。每周一、三、五下午对三位班长进行集中传达任务:布置本周内的任务,总结上周出现的问题与解决方式。

在班级已经有值日班长、各领域负责人的前提下,"三鼎"管理将强化以上管理,查漏补缺,彻底将老师班内管理进一步下放权力到学生自身。

(2012 年 6 月 9 日)

让情绪化引领课堂,让学生实现"自控管理"

学生课堂情绪化常在。怎样让情绪变成动力,让随意性变成积极性,随意性变为主动性的一个条件限制是用规则来实现调控。如果没有规则的制约,就很难实现积极性的有效开发。所以,班里自主化管理的约束与创新要求我无时不在前进的路上探索。只有走得更远才能看得更清晰,看得更加全面,更加精准。

现在的课堂基本上是让学生来引领、让学生来自主开发。缺少学生开发的课堂教学永远是失败的课堂。

　　我只是给学生抛出一条弧线，真正完成弧线学习的过程是学生的完全自主化，永远属于学生他们自己。

　　临近期末最后一周，让专家组成员谈下感受。

　　离期末考试还有一周的时间，我采用让专家组成员谈感受、谈所学的方式进行数学自主课堂构建。

（2012 年 6 月 15 日）

复习策略（二）
——最响声音引领下的纪律维持

　　让班里声音最响亮、学习成绩靠前的同学到讲台讲试卷（二）。老师的规则是：让声音最响亮的同学讲。我问同学们："你是在干吗的？"学生回答："听课。"我又说："对，很好，因为用我们班声音最响亮的同学讲，所以你们一定会听到。如果你们听了还不会，可以举手发言说"自己不会"。如果你听了不会还不举手说，那么，证明你听明白了。那么，我可以直接叫你起来重复刚才同学讲的。"随便的每一个同学都可以被我叫起来。（当然有时我采取的策略是叫中等水平的同学起来重复，避免叫后进生耽误时间，因为复习的任务多、时间紧。）

　　本策略的主线也是强调同学之间自主管理的风格。让这名同学当主持，只不过是复习阶段的老师有所重点地去选择人，以达到完成目标、提高绩效的定位。

（2012 年 6 月 19 日）

复习策略（三）
——四人共讲堂，四生齐笑颜（言）

　　每排为一大组，从中选出四名同学，每排一名，尽量为专家组成员。四个人对同一题目有同时发言的权力。针对家庭作业及知识点展开随机讲解、补充、突出，达到强化和巩固的效果。当然，这四个人也可以采用"对称性"方式或"平移性"原则来选取，但要保证尽量使用中等水平以上的同学。只有这样，才能确保复习任务的有序顺利进行。

（2012 年 6 月 19 日）

复习策略(四)
——以点带面,整体提升

个别同学对部分知识点的质疑及困惑,这是一部分重要的精华资源,要有所保留和进行规律性总结。然后,适时地引导出来,让全班同学"吸收消化"。

达到以点带面、整体提升的目的。一个同学的力量带动全班同学的积极性。最好的方式是:让这名困惑的同学理解并接受思路以后,在全班同学面前讲解出来,并总结出其中的规律,给予其成就感的加分及表扬鼓励。

这种方法和五(2)班前面采用的"六年级外援解读我班之困"有相似之处。

(2012 年 6 月 19 日)

复习策略(五)
——专家组成员辐射魅力

对重点和疑点知识,专家组成员的免举手发言权使其有更大的胆量——他们可以直接站起来发言。薛俊同学的发言在课堂上激发了班内同学自主持久的掌声,就可见一斑。我想:掌声的得到不是刻意的,不是带有目的性的,而是情不自禁地、由内心发出的。内心的呼唤才是主要根源。

这节课我采用了两名同学,一名为高端专家(陈时达),一名为中等专家(杨彬)。高端专家善于表达发言,中等专家有认真的态度。课堂让中等专家主持,高端专家进行精点点拨和解释(为什么)。当遇到个别知识点解释不清楚时,就进入到专家组成员辐射魅力阶段。专家组成员享有免举手发言权。薛俊同学的解释与发言赢得了全体同学的自主热烈掌声。全班同学豁然开朗。我想,只有尊重学生,老师才更像是一名人事专家,能分清楚学生各自潜在的能力与特点,让其适当地引导和激发才是根本出路,从而实现以人为本、因材施教的深层含义。

班集体合力的大小取决于班主任善于将全班同学的潜能以另外一种形式激发出来。这更像是一门艺术。而艺术家将是教师,艺术作品则是班集体。

知识重构带来创新,知识优化带来机遇。只有将创新与机遇并轨才能有所改变、有所突破、有所希望。

生命课堂是创新与机遇的课堂,那么先从根源带来改革,从内部发生改变。教师是终身学习的典范,人生也是终身学习的过程。走在典范的路上,应该有所表现。

(2012 年 6 月 20 日)

"76题"制教学模式新探索

"76题"制教学模式是指在数学教学中，将全班同学共76人纳入全面、无重复考查范围之内。达到关注全体、共同发展、有所创新突破的目标。

在课堂上老师很难做到让班里76名同学都起来回答同一类型的题目。但是，通过小组合作讨论及检查的形式可以进行这方面的尝试。例如，对于长方体的体积，可以由小组四个人，每人出一个题目，求解长方体的体积。小组讨论并反馈，随机小组汇报来实现抽样检查，达到小组讨论并汇报、小组讨论有成果这一目标。坚定小组之间、小组内部继续讨论的内涵，以起到强化作用。

（2012 年 7 月 6 日）

减轻老师课堂负担

减轻教师课堂负担，增加学生课堂责任，使教师为教育事业贡献得更长久更高效，使学生树立为祖国事业担当的意识。

让学生更加自主控制课堂节奏，让学生在课堂表现中成长，并在课堂表现中学会有担当、有理想、有抱负、有责任。

课堂是一个舞台，舞者应该是学生，舞伴应该是老师。当舞者跳得非常完美时，伴者应该适时考虑退下舞台，因为舞台是舞者的天地，课堂是学生的天地，老师只需要做一个陪伴即可，伴者可以当一名欣赏舞者的观众即可。关键是要当一名合格的观众。其实当观众也是不容易的，你要有良好的辨别能力才能当一名合格的观众，要有良好的适时鼓掌、适时欢呼的能力才能称其为合格，观众可以表达对舞者的表演是否精彩的看法。

适当减轻老师的负担，要求老师做一名合格的观众。

（2012 年 7 月 6 日）

展望自主学习

我们一直倡导学生成长成才，但是如果学生没有自主学习，其自主成长怎能成才。当前"拔苗助长"式的教育理念是不能迎合我国教育发展的大趋势的。因为它不符合国情与社情，更不符合学生的真实情况。记得在 1997～1998 年时，我们沂南一中曾出过两代文科省状元。那是一种什么样的教育？是一种什么样的学情？再看一下山东潍坊的教育、河北衡水中学的教育，我们现在做的又是什么？有人会说，他们的师资力量雄厚，那么，我说这是不符合实际的说法，又不是老师去高考，是学生去高考，为什么要单拿老师来说话呢！为什么不说临沂的学生数量在全省也是较多的呢，学生数量多不恰应该是一种优势，是教学教育资源的优势吗！

小学阶段的三年级以后可以培养学生的自主能力；到六年级以后，能力已经表现得非常明显了。借助六年级学生的能力，初中、高中学生完全可以有所作为。但是，为什么还是不行呢？如果不能打破某些规则失误和传统理念，那么，现在的这种情境也是很正常的。

衷心希望我们的教育能够更开放、更自主、更灵活，现在的我们要为真正的教育追求多做一些尝试。

（2014 年 9 月 2 日）

微观自信需要培养

低年级学生，在老师看来是幼小不懂事，班里学生数量多，很少给学生表现的机会，因为其表现也不完美、不成熟、不规范，与其浪费时间，不如老师自己讲、自己说。这样下去又怎能行！我想，师生之间存在一定认识差距：老师认为对的、在学生那里可能认为不对，老师认为错的、在学生那里可能认为对。怎样才能既发现学生的问题所在，又培养其自信心，我想，应该培养学生表现的完整力。老师要知道，学生表现好一次他（她）可能记住一天、快乐一天，而没有表现可能忘记课堂的知识，平淡地度过一天，不知道哪天学到了什么，哪天没有学到什么。所以，让学生体验式学习应该是有益的。但由于学生数量多，体验式不可能照顾到全体，这就需要将学生分一下类，什么样的该体验，什么样的体验比较有效，什么样的情况该如何体验。性格外向的可以体验多一些，性格内向的可以体验少一些；没有体验的需要体验一下，已经体验了的可以暂时不体验；做错的同学可以体验一下，做对的同学暂时不需体验；听课认真的不需要马上体验，听课不认真的需要马上体验。还有，男生女生搭配体验知识情境等等，都可以提高学生的学习自主性和整体性。

体验也是让学生微观自信得以持续并培养的良好措施，千万要打破"说不好不说"的错误思维。正是因为"说不好"才必须要说，要改变成人的偏见来培养学生良好的个性和人格。

教师的传统思想需要更新一下。尝试一下，也许奇迹的发生就在改变的那一瞬间。

（2014 年 9 月 8 日）

倍加珍惜学生的错误

学生出现的错误，学习上出现的问题，应充分珍惜，也恰是其错误才让老师得以追求教学上的改进与进步。

没有学生的错误是教育没有进步空间的表现；没有学生的错误是老师工作不能追求卓越的表现，要想得到发展，必须坦然对待问题，坦诚处理，不能回避与避让错误的发生和发展。幼儿为了得到脊髓灰质炎抗体，口服减毒活疫苗或注射灭活疫苗，这难道不是为了得到幼儿自身防疫系统健全的良好表现吗？同样，在教育工作和教学工作中，老师适时地引导和纠正学生的错误，也是教育的高境界、高水准。学生出现了错误，仿佛有了"病毒"进入，这时正是学生需要建立自己的"防疫系统"，即提高改正错误的能力的好机会。以后再有同样的"病毒"进入也就不可怕了，他们也就能顺利健康地成长了。

学生的错误是其成长道路上的"疫苗糖丸"。为了孩子的健康成长，我们必须定期给他们打"疫苗"，而"疫苗"的授种者即是老师和家长。为了保证"疫苗"的质量，我们必须倍加珍惜学生的错误。他们的错误是他们自己最好的"疫苗"，每个学生需要的疫苗都不一样，需要从其错误中提取出来，这也是我们常说的因材施教。这里我们应该叫"因生施疫"，即根据学生犯错的不同种类注射不同的"防错误疫苗"。

作为一线老师，建立一个"疫苗库存系统"显然是有必要的。而系统材料的提供者应是学生。保护好学生的错误即保护了疫苗库存系统的源泉。而这里应该感谢我们库存系统的奉献者——犯错误的学生，没有他们就没有"疫苗防疫系统"。

关爱后进生，应倍加珍惜学生犯下的错误。

（2014 年 9 月 12 日）

培养学生的担当意识

学生有了担当，班级集体荣誉感自然会提升；有了担当，课堂纪律必然会改善；有了担当，才知道应该如何去学习、为什么而学习。

今天早上来到学校，看到教室前有两个学生，一个车荣耀，一个王杰辉。这两名同学是上课表现一般甚至较差的学生。怎样去改变他们，让他们的课堂表现改变并乐学、善学、愿学、好学。我想，只有给他们压力，培养其担当意识并让其接受挑战才能做到以上几点。和前几次一样，我让这两名同学主持课堂，讲昨天的作业，老师帮他们完善课堂。这样做也只有两个目的：一是让其经历当老师的过程，知道自己在下面应该如何表现才是对的；二是让班里的其他同学知道以后应该如何去做。

学生是课堂的生命力，相信学生才能赢得高效。我想，这种方法也能反映这个主题吧！而且是从学生中来、到学生中去。学生有了担当意识，那么未来教育的主题应该越唱越响。

（2014 年 9 月 20 日）

学生自学自立下的课堂

规范有序的课堂是理想化的课堂，怎样让学生做到规范有序且注意力集中、思路明确地上好课？我想，也应该从班风班纪抓教学，学生的自学自立状态是自己学会学习的根本状态。从一年级起各方面的工作应该从这个状态养起，课堂上的稳中有降细节为这方面的任务做起，让学生的能量得到适合且多途径的释放，保证课堂的高效运转，释放的途径是让其正面表现与反面表现，让其全部参与到课堂中来，思维全部跟上课堂的节奏。如果有不遵守者必须严肃查处并单独严厉教导。

一旦学生养成了自主、自立、自学的良好习惯和课堂模式，那么离理想化的课堂也会越来越近。

这期间，课堂模式的运用将是其释放得到有序进行的保障，模式主要围绕学生展开。"二人模式"：两名同学，一名抓班级纪律维持，一名抓课堂教学进行。抓课堂教学进行的同学保证知识点防漏、防错；抓纪律的同学在听好课的同时，保证班里没有一人不认真听。当然，其他模式也必须严防课堂的"纪"与"学"。

学生自主自立下的课堂需要全体参与、全体热学。

（2014 年 9 月 22 日）

把纪律关进学习的笼子

学习的第一条是纪律，但又不能时时强调纪律，这时，需要把学习过程中、课堂的进行中，将纪律潜移默化至学生课堂表现中去。

今天的课堂是由葛向峰同学在讲台上放映同桌的基础训练作业，由下面的一个同学上讲台讲他（她）同桌的基础训练开始，讲两道题目，依次类推，葛向峰同学在放映片下将同桌的批出来，下面的同学也同桌互换进行批阅，要注意这名同学汇报的时候，下面的每一个同学都要认真用笔指着，如果存在不遵守的，我会"巡视"到他们，并对他们做出"不客气"的要求。这名汇报的同学汇报完成以后，由他（她）选出不认真的下一名当"接班人"。通过这种"换人"的方式，彻底将纪律关进学习的笼子，没有人敢不遵守纪律，而从纪律差的同学身上改进他们的注意力也是这种方法产生的良好效果。老师只是配合学生将他们的题目检查完成，做一名彻底的解放者和巡视者。一、二年级将这个习惯贯穿到他们的日常学习课堂中，相信在未来的三、四年级，他们的纪律良好课堂、能量释放课堂会有传奇的效果。

同时，每一个同学的课堂表现也是这种类型课的主要旋律，因为我相信学生会从解决问题中成长更多。在解决问题的过程中，学生会有更多的疑问或疑惑，而提出疑问也是在学生之间平等、轻松的环境扭转中产生的。人人都可以提疑、解疑，打破一师主导的框架，变一师一导为多生多导。让课堂的智慧因学生的展现而变得更加美好和超远。

多生多导以实现纪律关进学习的笼子，让"散生"展现也是将"散生"变"不散"的良好途径。

在展现的过程中，发现谁是下个需要展现的学生，这样就可以形成"问题倒逼课堂"的良好效果，形成人人认真听、人人需要关注的理想境界。而这样的境界也是未来自主管理的课堂中必须存在和要求的。也只有纪律关进学习的笼子里，才能保证课堂有序、合理、规范地进行。这时当出现个别学生注意力不集中听讲怎么办？有精力不集中的，立刻点名下一个上来汇报，既起到了维护纪律、又起到了促进学习的双重作用。注意力集中怎么看？到底老师的"巡视工作"做到哪些要求？一看学生能否指着上讲台汇报的同学汇报内容，必须保证汇报的同学说到哪儿、下面的同学就指到哪儿；二是指的不是自己的书，而是同桌的书，这样就更能保证同学指的注意力了。指着并没有完成，还要用红笔批阅，这就要求学生知道同桌是怎么错的，正确答案是什么。批并不是打个对号或错号就完成了，错的题还要求将对的答案给写在旁边。这一切都需要高度集中的注意力来完成。如果一走神，那么立马会被这个状态淘汰，很可能跟不上下面要说的内容。同时，如果我在下面巡视的时候，有学生直盯着我看，也是不可以的。因为学生要学习,看老师巡视不是学习,直盯着老师在下面巡视更是严重的破坏课堂行为。我在巡视中发现一生、查处一生,做到"无师胜有师"才是学生们应该做到的。不要小看这一细小环节,它直接决定未来课堂的成败,更是将纪律关进学习笼子的拦路虎。如果不处理掉,学生不可能有良好的自学习惯形成。

巡视是为了不巡视,教是为了不教。如果学生们个个都能自学、自立、有担当,那么,未来根本不需要老师在课堂上做一些重复性的工作,老师只是帮他们解惑即可。甚至连解惑也不需要老师,班级形成智囊团,最终答案由民主决定即可。这样的教育才是理想中的教育,更是未来所需要的教育。

我坚信,将纪律关进学习的笼子里,是一个教学理念的创新,是教学氛围创造性的保障,是保护学生好奇心的进步行为。

(2014 年 9 月 26 日)

课堂上老师要做一个出色的导演

课堂上老师要做一个出色的"导演",而不是一个出色的"演员"。

课堂正如一部电影,里面的环节可能生动精彩,让观众看了回味无穷,记住了里面的主角,主角更因为投入了大量精力,而变得更加欣赏自己的演技,演员的演技在不断自我欣赏中一步一步地升级,最终成为一颗耀眼的明星。

老师正是这部精彩电影中的导演,让每一个学生都成为主角,这才是课堂的本质和教育的本质。观众可能永远不会记得导演是谁,但我想演员一定会深深地记住导演。演员记住导演并不是他导的多么好,而是自己演的有多好。学生在展现中人人成为一颗耀眼的明星,我们的班级才会更加卓越。而这一切的取得,我想更应该是导演的杰作。

让学生更优秀,让课堂因学生的演技而更精彩。作为一个导演,千万别把自己当做演员,让观众记住这部电影,记住里面的主角。

(2014 年 9 月 29 日)

问题让课堂更加精彩

课堂的成功与否应看学生自己解决了多少问题,而不是老师传授了多少知识,学生接受了多少知识。

老师的作用是解决问题和创造性的处理课堂问题,单纯的备课、上课、批改作业、辅导、再上课、再备课……往往不能更好地满足学生的课堂需求。学生需求的是课堂丰满的表现力，只有老师更多地给予学生"机会"和"权力"，才能完全实现教师成长和学生的成才。二者完全可以解开"束缚"，实现双赢。

生态课堂是不以减少学生数量而刻意安排、特意准备的课，老师们去听课也是不需要特意安排的。听课应该听生态的课，自然的课，去听、去发现、去解决、去创造才是安排老师听课的主要目的。

要想真正解决课堂现实问题、让课堂"接地气"，必须以现实课堂为中心。

看一个老师优秀程度，不是以老师为准备的那节课上的有多完美，老师的表现有多么出彩，而是以学生有多大的能力解决掉多少问题为标准，以老师当堂处理问题的能力为标准。

课堂不需要老师"去规范、去切割、去剪修"，而是要老师去发现"有能力的同学"发挥出其能力，让能力来带领全班同学会学、乐学、善学，提升全班同学解决学习中遇到问题的能力。

能力上来了，一切皆"能"了。问题是学生能力成长的"铺路石"，没有问题学生永远不可能有能力。学生能遇到问题是一件幸运的事，如果哪个学生没有遇到问题，那是一件"不幸"的事，没有问题，老师和学生永远不可能成长。

（2014 年 10 月 8 日）

让学生在思考中成长

思考是成长的保障，会思考才会学习，培养班里所有学生的思考能力是任课老师的职业追求，也是任课教师的"最低分数线"。

让每一个学生会思考，知道什么是对的、什么是错的，辨别力是思考的第一步，当学生有了良好的辨别力、思考力的时候，我想他们也将成为一名优秀的学生。

班里有同学发言时，其他同学认真听的过程便是思考的过程，其他同学认真听的过程也是好的学习习惯在慢慢养成的过程。这时会出现两类学生：一类是听的，一类是不听的。听的同学也是会思考的学生，不听的同学根本谈不上思考，听的同学也分为两类：一类是能听懂的，另一类是听不懂的。能听懂的当然要思考的深入一些，不能听懂的只要尽心尽力地去听了，他（她）也会去思考，去求索。相比不听的同学而言，听总是有收获的，收获的是思考力和辨别力的形成。

于是，在我的课堂上，经常会有一些情节，突然让某一个同学站起来，重复刚才发言同学的话语,如果他(她)能重复上来,那么他(她)将是"合格的",因为他(她)是在认真听,哪怕是没有听懂也是没有关系,关键看他(她)是什么"态度",看他(她)有没有在形成"思考力、辨别力"。只要用心,我相信,他们的未来一定很美好、一定很精彩。课堂因为用心而专业,人生因为用心而无憾。培养学生并不只看成绩,人生价值观的培养在课堂上的这一小小情节中得以体现和铸造。

当然,用心听的孩子成绩肯定差不了,能力肯定差不了。用心听还与"坚持"两个字密不可分,偶尔一堂课,一个学期课的认真听并不叫作"坚持"。坚持是一种习惯,一种人生态度。当认真听能够成为一种习惯时,思考便在无形之中运转开来,那么,我们就可以叫作"会思考"了,学生会思考了,自然而然的,离成功一定更近了一步。

成绩和成功并不是课堂所追求的,课堂追求的是学生的成长、实实在在的进步,学生的思维力和辨别力成熟了,规范有序了,那么,我相信我们的教学目标也就达到了。

孩子,孩子,你快快长大,长大的并不仅是身高和体重,而是思维力和辨别力,是这两方面的成熟与理性。我教一年级的目标也不局限于成绩,而是学生思维能力的成长,这点远远比成绩更重要一百倍、一千倍。

(2014 年 10 月 10 日)

高效学习从何入手

高效学习从两方面入手:一是课堂改革,二是课程改革。经过 2011 年到 2014 年三年的实践,一些课堂的技巧与方法已经得到了认可与认证,是可以践行的。现如今,面对一年级的学生,我发现,对他们如果简简单单地"按部就班",现如今我用原来的这种教学方式根本不适合他们,所以,我必须采取适合我的教学方式对他们进行教育与教导,而教育与教导的立足点,我选择在课程改革方面,将课程设置的适合他们的特点,同时,用全班所有同学参与游戏的方法让他们逐步树立起学习的自信心和主动性。学习可以借鉴"专题"的措施,对六年的数学知识进行整合,同类的合并,异类的分开,让学生在老师精确的讲解下进入学习知识的快车道。这需要我对教材的把握和对学生特点的理解。同时,我想,真正的取得效果源于坚持,只有坚持下来,不断做下去,在坚定的信念下改革下去,才能收获最大的价值。2014~2020 年,交给一年级八班的学生,让他们在老师的引导下自主的健康快乐、规范有序、全面发展中成长与成才。

改革的路很漫长，在路上收获新的想法和新的尝试并将想法和尝试保留，为未来的高效学习奠定坚实的基础和宝贵的经验。

遵循学生的记忆规律，让学生的学习永远处在新鲜的状态，同时，遵循温故而知新的教育理念，对学习过的新知识和新内容进行阶段性的系统检测，保证每个学生都过关，通过问题使学生的能力得到锤炼，进而使学生的学习结果更加美好。在过程中解决掉更多的学习问题，学生因问题而进步，因问题而成长。

（2014 年 10 月 15 日）

老师的力量

教师的力量是自己有多严谨的教学思路？还是严厉的班风班纪？不是的，老师的力量源于对学生的平静与和谐的交流。交流是师生相互理解、共同沟通达成一致的力量所在。年轻或年长的老师或多或少的有点职业"狂躁症"，对学生的容忍不够心胸开阔，当达到一定"极限"时，会出现"暴力教育法"，中小学的教育尤其突出。其实，这是非常不理智的做法，这样做只会产生对职业的"卷怠"，达到所有人不想看到的结果，有损教师的职业形象，更不利于老师的长远发展。学生也会产生对老师的不尊敬，老师对学生的印象恰是学生对老师的印象，当两看相厌时，教育的效果又怎能保证呢？要知道教育、遗传、环境这三方面是相互作用与联系的，不是只要努力教育了就一定能个个取得满意的结果。教育作为三方面之一，是外因，通过学生自身这个内因起作用，每一个老师都想让班里的每一个学生考上"清华、北大"，但是又有几个学生能做到呢？老师固然可以是理想主义者，但不要忘记，按客观规律办事、教学，"朽木难雕"这个道理存在了很多年，必然有其存在的道理，老师应充分理解。我们也不能因其"难雕"而不"雕"，能不能"雕"是在"雕"的基础上产生的客观认识。老师可以是一个理想主义者，但更主要的应该是一个理性的理想主义者。

正是理性的理想主义者才能使教育走得更远飞得更高，盲目地相信人的成才是先天决定的更是不正确的，要相信我们教师的价值观，一定能对学生产生特定的影响，在做人做事方面更是无形之中影响着学生，这种教育是隐性的。教学是德育的一个方面，从这一层面来看，我们必须要有一个正常的心态看待教学工作，也只有老师"正常"了，才会教出"正常"的学生。

老师的力量是学生情感、认识得到完美和谐地成长，尽其职，布其道，促其成，也只有良好的师生交流平台才能让教师职业更加坚固与光明，曾经听说有老师体罚学生的例子，古人自有"一等人用眼教，二等人用话教，三等人用棍教。"体现的是老师的一种严厉态度、严格标准，更有"严师出高徒"的说法，但严师的"严"和"体罚"固然有形似之感，但其本质不同，"严"是通过严肃的要求，让学生认清问题的重要性，而"体罚"在一定程度上会带来"严"的力量，但会带来学生身心上的不健康发展，对学生带来伤害。现在每一个家庭对自己的一个孩子都视作"掌上明珠"，这种伤害身心为代价的"体罚"必然让家长产生对教育的不满，进而在社会上对教师的形象产生不良影响，所以说老师通过体罚来求严的做法是万万不可取的。它更不符合当下的以人为本、情感教育法。我们教育学生应本着保护其身心，疏通其情感，培养其意志的做法，让学生主动自学、乐观地面对学习和生活。

当下，面对日益激烈的社会竞争，家长们渴望孩子能够取得优异的成绩。这样，哪怕是让孩子接受"体罚"，在嘴上也会"忍痛割爱"。其实，这个问题应该是我们老师的责任问题，教师和教育工作者应充分发挥其"能量"，创造出"免体罚求严厉"的做法，如激励法、参与法、交流法等让体罚求严的做法彻底从人类教育中消失，这才是我们每天工作的追求。永远不要为取得"社会生存的道路"而以"体罚"为借口。

做一个智慧型的老师，做一个平淡且和蔼的教育工作者。要知道你对学生什么印象，学生对你便是什么印象。老师的力量源自对学生的尊重与信任，尊重与信任的重要途径是和平方式的和谐交流。

（2014 年 10 月 20 日）

共筑一个梦

师生共筑一个梦——快乐、身心愉快地成长。学生是在和老师平等、轻松地交流中实现自身的成长的。老师是在发现学生的特点与问题中实现自身的成长。

每一个家长都有一个梦想，那就是让自己的孩子健康、全面地成长起来。家长们都把这种梦想寄希望于老师，这是大部分家长的共同思维定式，但这只做对了一半，找一个好的老师可以给孩子带来优异的学习环境与氛围，从外部影响孩子成长。另一部分是家庭教育，缺少家庭教育的学生永远不可能有持久的动力。家庭教育可以从内因上构筑孩子的心理和心态，让孩子保持一颗"健康"、"和平"的心态，这主要是在家庭教育中形成的，但对孩子的影响却是终生的。家庭教育中最主要的是孩子习惯的养成和行为品德的形成。

记得有一个故事，讲到一个刚孵化出来的小鸭子，跟在鸡的后面就会学鸡叫，跟在猫的后面就会学猫叫，跟在狗的后面就会学狗叫。同样的，对于一个不懂事的孩子，也是如此，什么样的家庭教育环境往往注定了孩子未来成为一个怎样的人。但学校大环境也是其未来成为什么样的人的重要因素。

学校、家庭，老师、家长只有一个梦——共筑孩子美好的未来。目标也只有一个，让孩子发挥出最大潜力，自然的生长之力。这就要求老师要用心去发现，用心去倾听的。老师需要用自己的智慧之眼去发现学生身上的'优点'，这样才能更好地保护学生的"特点"——自然的力量，让孩子在大自然的选择中成人成才。用宽广地心对待每一个学生，用宽厚的心对待学生的每一个细节，实现有教无类。

理解家长望子成龙的心理，但只"望"而不"行"是不对的，只有期望没有行动是可怕的，千百个期望，不如一个实实在在的行动，特别是低年级的孩子更是需要家长的"行动"。"行"包括两方面：一是榜样的示范，二是协助孩子解决孩子自己的问题。为什么选择"协助"而不是"帮助"呢？"协助"是从孩子自身内因出发进行的，通过孩子自身原动力来解决问题，"帮助"是从外部因素帮助孩子解决问题，从外部因素帮助孩子解决问题终究是不能长久的，正如"授人以鱼"不如"授人以渔"的道理一样，让孩子有"造血"能力远远比给孩子"输血"要有效得多。当然特定的紧急情况下，"输血"也是必需的。课堂也是这个道理，我很反对给学生"输血"的老师，很支持让学生自己"造血"的老师，我从来不认为一个老师讲课优秀即是一个成功的老师，讲课优秀只能证明这名老师的"输血"能力极强，恰恰相反，我认为会让学生自己"造血"的老师才是"天才级别"的老师。自己能讲得非常优秀的老师剥夺了孩子的"演讲"能力，带给学生的是"惨淡"的未来，而老师知道自己"不能讲得很好"，不去讲，会积极调动学生的参与性与主动性的做法才是最为明智与理性的做法。因为正是因为老师的"缺点"，造就了学生的"优点"和"特点"，如果没有老师的"缺点"——不去很好地讲课。往往不会发现学生的优点——学生能讲得很好。而学生的参与性讲课也是大教育的关键环节，学生是教育的主体和教育的生命力。

未来教育的必经之路也在此，学生是未来教育的主体和本质所在，因为我相信，第一个走进学校的人是学生，最后一个离开学校的人也是学生，第一个走进课堂的是学生，最后一个离开课堂的也是学生，这样的状态也就达到了教育的目标和境界。

学生的特点需要用"放鸟"的方式去探索。"放鸟"的方式是指一个幼小的鸟不知道自己能不能飞翔,只有将它从高处抛向空中,让它下降的时候看看它能不能飞翔才能验知,对学生也是如此。如果想发现学生的特点,学生能不能接受知识,可以采用"放鸟"的方式去实践,去发现。不赞同那种等小鸟长大了,再让它自己飞的做法。如果没有老师的"抛",怎能有"小鸟"的自由飞翔,但"抛"之前应有一个自己的判断力,即老师的"眼力"和老师对孩子年龄特点规律的判断。将"抛"置于自己的安全范围把握下,也只有安全把握下的"抛"才是对学生、对家长、对社会负责任的。

共筑一个梦,让孩子自由地飞翔,让每一个孩子飞得更高、飞得更远。

(2014 年 10 月 22 日)

孩子们,我能做些什么留给你们

孩子,我该做些什么留给你们,成长是靠你们自己,成功也靠你们自己,勤奋、坚持是成功的必备条件,而练就勤奋和坚持的实践力也是由你们在日常的学生生活中去自我尝试,自我开拓的结果,如果老师剥夺你们去勤奋,去坚持的权力,那么,老师为你们做得再多又能得到什么样的结果。课堂上,每一个学生都是一个成长中的生命,都存在一个梦想,而老师便是课堂上你们寄托梦想的人,老师的价值观和人格影响力直接决定着你们的梦想能不能飞得更高,飞得更远。如果老师的梦想不能比天阔、比地广,那么怎能容下你们的远大理想,如果老师给你们的梦想施以"阻力",那么老师的梦想又怎能让你们给予实现。

老师将课堂上学习的权力、发言的权力、活动的权力都交给了你们,你们能否扬起自己的梦想之帆,一路高航,去实现你们的理想呢?老师做一个守梦的人,守住你们每一个人的梦想,这是老师最大的成功,也是你们的勤奋与坚持换来的属于你们自己的成长。留什么给你们?我想,老师不需要留下过多的知识给你们,不需要留下多少回忆给你们,最需要留下给你们的是你们靠自己的双手去探索世界,靠你们自己的大脑去思考世界,靠你们的双脚去踏遍世界,靠你们的行为去改变世界。而这所有的一切,均来自我们的课堂体验,来自我们分秒必争的课堂流程和课堂上人人表达能力的锻炼与体验。所有这一切,对你们一年级学生来讲是围绕"活动"开展,是想让你们每个人都能感受到自己所在课堂上的一切,让你们每人都体验到表达与表现的快乐,而表达与表现恰是你们需要培养和提升的。孩子们，老师的心你们懂吗，体验到快乐的学生，会因此产生学习兴趣，而兴趣又为能力的养成提供条件，老师相信交给你们最大的财富是去用你们自己的能力与智慧征服属于你们自己的世界。知识在老师眼里正如空气在你们嘴里，随时可以变换流通，而对知识变换流通的能力恰是我们课堂上所体现的。相信，五年，十年，二十年之后的你们越来越优秀，变得更自信、更强大。

孩子们，我能为你们做的只有这些——去实现你们心中的最大价值，去体验属于你们自己的人生！

（2014 年 10 月 28 日）

第三章 公民大讲堂:促进学生个性张扬

学校小社会,社会大讲堂。"生活即教育,社会即学校,教学做合一"。[①] 陶行知指出,我们做事不能一天做到晚,一晚做到天亮,中间必定有空闲的时候。人当忙时不会走歧路,遇到空闲,危险就来了。所以古时候教育,注重闲时的修养,现今的教育,也注重空闲时的消遣方法。在学校里培养学生种种正当娱乐的良好习惯,将来离校之后,继续将他们空闲时的精神归纳在这种正当娱乐当中,这是很重要的教育。

人将来都是服务于社会的,社会的范围很大,学校就在其中。所以,从这个意义上说,我们现在学校的环境,就是社会,我们所进行的教育教学工作,就是社会工作的一部分。作为学校里的主人——学生,就要在这所学校里承担起社会的角色。为此,我们开展了张扬学生个性的学习诵读、六艺农场、模拟场景和研学旅行等四大讲堂。

环境对于人的生活有两种力量,一是助力,二是阻力。逆境令人奋斗,生长历程中发生了困难才能触动思想,引起进步。为此,我们模拟自然界和社会界的场景,以六艺农场和研学旅行中的艰辛阻力去培植儿童的生活力,使小公民们成为一个个具有健全人格,能披荆斩棘去征服自然、改造社会的真公民。

我们深信生活是教育的中心

我们深信健康是生活的出发点,也是教育的出发点

我们深信教育应当培植生活力,使学生向上长

我们深信教育应当把环境的阻力化为助力

我们深信教法学法做法合一

我们深信师生共生活、共甘苦,为最好的教育

我们深信教师应当以身作则

---

① 陶行知. 中国教育的觉醒[M]. 北京:群言出版社,2013:219.

我们深信教师必须学而不厌

我们深信教师应当运用困难，以发展思想及奋斗精神

——陶行知

第一节　学子诵读

经典是中华民族的文化精髓，经典教育的力量不容小觑。在中小学阶段开展经典诵读教育既能提高学生的语文素养、健全学生的人格，又能够传承中华民族传统文化。经典诵读是增强民族文化认同感，增强民族凝聚力和创造力的关键。有学者提出："开设经典诵读课程，不仅能丰厚校园的文化底蕴，提升学生的素质，而且利于促进学生智力发展、锻炼思维、培养审美情趣、陶冶道德情操、传承弘扬民族精神，健全身心品格。"①教育部印发的《完善优秀传统文化教育指导纲要》指出："把中华优秀传统文化教育系统融入课程和教材体系，进一步加强有关学科教材传统文化内容，编写教材和开发课程……"文件中认为务必将传统文化融入学校课程，挖掘学科内的传统文化内容，加强地方课程和校本课程的开发。2017年1月，中共中央办公厅、国务院办公厅印发了《关于实施中华优秀传统文化传承发展工程的意见》。国家近几年相继发布相关文件，可见对传统文化重视程度之深，在这样的导向指引下，经典诵读教学将愈加得到重视。

目前，全国大部分中小学都加入了经典诵读的行列中，让学生与经典为伴。然而，在经典诵读实施的过程中，学校对经典诵读的管理、教师的诵读教学以及家庭对诵读的重视程度，都存在着一些问题，导致经典诵读教学效果不理想。学校就应该是书声琅琅的地方，现在国家要求必须开足开全课程，这是好事，但同时也让书声少了许多，如何让校园回归书声，怎样让经典走进课堂、家庭？我们尝试开展了以"公民大讲堂"为平台的"学子诵读"活动。

一、明确目标，落实活动方案

通过开展经典诵读活动，培养学生良好的阅读习惯和阅读兴趣，开阔视野，增长知识，发展智力，活跃思维，陶冶情操，传承并弘扬中华优秀文化，传承中华美德，促进学校人文化发展，提高办学品位和办学特色。

---

① 曹锦旺. 经典诵读中的接受问题研究[D]. 广州：广州大学，2017：15.

诵读国学经典　彰显学子风采

——公民讲堂之"学子诵读"活动实施方案

一、活动主题

诵读国学经典　彰显学子风采

二、活动意义

激发学生诵读经典的兴趣,营造浓厚的读书氛围,为学生搭建展示平台,提升学生文学素养,培养具有国学底蕴的、灵魂有根的世界公民。

三、领导小组

组长:徐正烈

副组长:王文武

成员:李翠萍　付立辉　苗金梅　朱金华　李洪芹　李萍　尹纪胜

四、活动时间

第一级部:周三下午第一节课

第二级部:周五下午第一节课

第三级部:周四下午第一节课

第四级部:周二下午第一节课

(根据实际灵活安排)

五、活动地点

仁和楼　五楼会议室

六、活动对象

一至九年级全体学生

七、活动要求

1. 各级部组织,班主任(语文老师)提前20分钟将学生带到会场,并和学生坐在一起。

2. 诵读内容以《国学经典诵读》读本、《中华优秀传统文化》课本、《每周一诗》为主,力求内容健康,积极向上,主题鲜明,体现班级诵读的特色。

3. 形式不拘,力求创新。鼓励家长参与,展示形式可以是吟唱、领诵、男女生分诵、师生同诵、亲子共读、情景剧表演诵,并辅以队形变换、伴奏、伴舞等艺术表现形式均可。

4. 朗诵要求语音清晰准确、抑扬顿挫、情感丰富、表情达意。

5. 道具、音乐等,由各班自行设计、准备。

6. 展示时间在 20～30 分钟,全班学生参与展示。

7. 材料整理:活动总结、诵读材料、PPT、活动照片。

八、活动流程

诵读展示——评委评分——嘉宾点评——颁奖仪式

九、奖项设置

1. 评委由各级部语文教师组成,评委不少于 6 人。

2. 各按级部评奖:

"最佳诵读班级":活动结束,根据成绩各级部依次评选 6、10、12、10 个优秀班级,颁发奖状,成绩计入班级量化;

"最美诵读学子":每班评选 3 名,现场颁发奖状、奖品。

二、"学子诵读"的内容编排(表3-1)

表 3-1　各年级诵读内容

公民讲堂之"学子诵读"内容安排		
年级	诵读内容	备注
一年级	《国学经典诵读》读本、《中华优秀传统文化》教材	各年级诗词诵读结合学校制定的《每周一诗》
二年级	《国学经典诵读》读本、《中华优秀传统文化》教材	
三年级	《国学经典诵读》读本、《中华优秀传统文化》教材	
四年级	《国学经典诵读》读本、《中华优秀传统文化》教材	
五年级	《国学经典诵读》读本、《中华优秀传统文化》教材	
六年级	《国学经典诵读》读本、《中华优秀传统文化》教材	
七年级	《中华优秀传统文化》教材、《经典古诗词》	
八年级	《中华优秀传统文化》教材、《经典古诗词》	
九年级	《中华优秀传统文化》教材、《经典古诗词》	

序号	班级	诵读主题	备注
第一期	3.2	想把诗诵给你听——田田荷叶夏满塘,累累硕果秋意盎	
第二期	4.1	有志者,事竟成	
第三期	4.2	与月同行,共享清辉	

（续表）

序号	班级	诵读主题	备注
第四期	4.3	诗中四季美如画	
第五期	4.4	学用《弟子规》，弘扬真善美	
第六期	5.1	秋日最是读书天	
第七期	6.1	匆匆	
第八期	5.2	吟唱春天	
第九期	6.2	伟大的母爱	
第十期	2.1	春之歌	
第十一期	2.2	四季诗篇	
第十二期	2.3	我们是快乐的小精灵	

三、"学子诵读"的组织实施

1. 做好"四个结合"，营造人人诵读的氛围

（1）与日常教学相结合。除安排的校本课外，每周五天早读课，各班按照不同学段的内容开展中华经典诵读活动。进行经典吟诵、书写比赛等学习游戏活动，为经典诵读拓展更宽的道路。

（2）与班队活动相结合。每班每月可抽出一至两节班队课作为经典诵读活动课，将本月所吟诵的古诗文全面复习，或在班级内举行吟诵表演。举行古诗文默写或经典文化手抄报、书画展览、凡人凡言征集等活动。

（3）与养成教育相结合。让学生坚持天天吟诵，并提倡制定恰当的周背诵量，力求达到这个小目标。开辟诵读窗口，学校橱窗每周推荐一首古诗，供学生诵读赏析、感悟。我校举办一年一度的艺术节，各班表演了精彩纷呈的节目，有古诗新唱，有根据古诗意境的表演，有形式多样的朗诵，还有师生同台表演的歌舞等。在六一儿童节庆祝会上，也以经典古诗文为主题，形式多样，孩子们在快快乐乐的氛围中感受到经典诗文的魅力，受到情的感染、美的熏陶。

（4）与校园文化相结合。学校充分利用教室、走廊及楼梯的空间和角落，用诗文、诗画的名言佳句装点教育墙壁，悬挂学生的诗文书法作品。教育环境体现班级特色，重在展示学生阅读经典的活动成果，包括读后感、手抄报等等。鼓

励学生家长为孩子订阅报刊、购买图书，建立小书柜。大力宣传，营造浓厚的诵读氛围。每天定时朗诵，让学生感其声、领其情，通过系列活动，营造浓厚的诵读氛围。

2. 以比赛促诵读提升

学校通过师生比武这个平台选拔优秀师生，通过培养诵读尖子，从而进一步弘扬中华优秀传统文化，推广普通话、推行规范汉字，激发少年儿童对中华优秀文化和祖国语言文字的学习和热爱，增进爱党爱国爱社会主义的情感。各班组织学生根据经典诗文进行写读书笔记、创编童谣、编写手抄报、编写书籍等活动，并定期举办交流评比。

3. 诵读效果初现

丰富了学校的文化内涵。通过实践，初步探索出一条符合本校实际的中华传统经典诵读的路子，营造学校文化氛围。把中华传统文化的经典优秀思想与学校教育、管理的实际情况相结合，创新学习管理，办人民更满意的学校。

全面提升了学生的综合素质。在诵读实践中，感受中华经典的魅力，提高记忆力，积累语言，促进语文素养的提高。陶冶情操，发展个性，提高道德修养水平，使学生具有更佳的学习、生活状态，促进各门功课的学习。锻炼了学生各方面的能力，学生通过自编自演节目、办手抄报，动手能力、思维能力、协调能力、艺术鉴赏力等都得到了极好的锤炼。

提高了教师的文化底蕴。通过活动，理解中华传统经典对学生做人、做事、学习等方面的重大影响意义，陶冶自己的情操，树立更好的学习、生活的态度，积极投身于教育、教学之中去。掌握中小学生经典诵读的方法，初步能创造性地开展活动，提高诵读效果。

4. "学子诵读"评价标准（表 3-2）

评价具有甄别、考察、改进、激励、导向、自省等多种功能。对中小学生经典诵读效果的评价应以激励为主，对学生的评价结论只有层级之分，不应有及格、不及格之分。在经典诵读教育上考试是不符合经典诵读的教育初衷，还会影响经典诵读教育的顺利开展和教学效果，所以经典诵读的评价体系中，要充分发挥评价的激励作用，弱化考核的甄别筛选形式。经典诵读评价的最终目的应该是诊断学生诵读情况、调整诵读教学方法，最终促进学生语文素养的全面发展。

表3-2 "学子诵读"评价标准

评价内容	评价方法	得分
仪表(10分)	1. 衣着得体,与诗歌内容相协调 2. 精神饱满,姿态得体大方 3. 表演能和朗诵融为一体 4. 能通过表情的变化反映诗歌的内涵	
创新(10分)	1. 表演者使用的诠释方式与众不同,给人耳目一新的感觉朗诵形式富有创意 2. 配以姿态表达,或以其他富有创意形式朗诵 3. 诵读内容新颖,音乐、视频别具一格	
朗诵(80分)	1. 全体学生参与,能体现出班级的凝聚力 2. 朗诵水平:语言流畅、普通话标准,吐字清晰,语速得当,抑扬顿挫,语感准确 3. 朗诵情感:表情丰富、感情充沛,表现力、感染力强 4. 朗诵形式:形式丰富、新颖,富有特色,诗词内容与音乐、舞蹈的搭配效果好 5. 舞台形象:服装整洁、统一,组织有序,精神风貌好 6. 能正确把握作品内涵,声情并茂,朗诵富有韵味和表现力,能与观众产生共鸣	
合计得分		

经典教育是学生自觉地感悟转化走向现实的过程,更是壮大我们中华民族精神的过程。"学子诵读"活动的开展,在全方位地提升学生语文学习能力和语文素养的同时,让学生得到思想道德境界的提升并养成良好的学习及行为习惯。

第二节 六艺农场

一个人的和谐全面发展、富有教养、精神丰富、道德纯洁——所有这一切,只有当他不仅在智育、德育、美育和体育素养上,而且在劳动素养、劳动创造素养上达到较高阶段时，才能做到。①

——苏霍姆林斯基

一、新时代呼唤教育回应劳动创造人的起点

重视和加强劳动教育，是新时代党的教育方针对培养时代新人的明确要求，也是我国教育事业对"社会主义教育与生产劳动教育相结合"根本原则的一贯遵循。马克思主义关于人的全面发展学说主张教育与生产劳动相结合，在马克思看来，生产劳动同智育和体育相结合不仅是提高社会生产力的一种方法，而且是造就全面发展的人的重要方法。陶行知指出，要"在劳力上劳心，用心思去指挥力量，使能轻重得宜"。习近平总书记多次提到劳动最光荣、劳动最崇高、劳动最伟大、劳动最美丽，突出了新时代中国特色社会主义教育的特点。檀传宝教授认为，劳动教育的核心或者本质目标应当是劳动价值观的学习②。通过劳动教育，既培养吃苦精神、奋斗精神，又培养与劳动人民的情感，注重中华民族勤俭、奋斗、创造、奉献的劳动精神的弘扬一以贯之③。

我们看到，近年来一些青少年中出现了不珍惜劳动成果、不想劳动、不会劳动的现象，劳动的独特育人价值在一定程度上被忽视，劳动教育正被淡化、弱化。2018 年 9 月，习近平总书记在全国教育大会上明确提出将劳动教育纳入社会主义建设者和接班人的总体要求，指出必须构建大中小学劳动教育体系，全面落实党的教育方针。2020 年 3 月，中共中央、国务院印发《关于全面加强新时代大中小学劳动教育的意见》（简称《意见》），强调劳动教育是中国特色社会主义教育制度的重要内容，直接决定社会主义建设者和接班人的劳动精神面貌、劳动价值取向和劳动技能水平。要全面贯彻党的教育方针，坚持立德树人，把劳动教育纳入人才培养全过程，贯通大中小学各学段，贯穿家庭、学校、社会各方面，把握育人导向，遵循教育规律，创新体制机制，注重教育实效，实现知行合一，促进学生形成正确的世界观、人生观、价值观。《意见》明确要求，"根据各学段特点，在大中小学设立劳动教育必修课程，系统加强劳动教育。中小学劳动教育课每周不少于 1 课时。"2020 年 7 月，教育部印发《大中小学劳动教育指导纲要（试行）》（简称《指导纲要》），针对劳动教育是什么、教什么、怎么教等问题

---

① 〔苏〕B. A. 苏霍姆林斯基. 给教师的建议[M]. 杜殿坤，译. 北京：教育科学出版社，1984：63.
② 檀传宝. 何谓"教育与生产劳动相结合"——经典论述的时代诠释[J]. 课程・教材・教法，2020（01）：05.
③ 柳夕浪. 构建中国特色社会主义劳动教育制度[J]. 人民教育，2020（07）：40.

进行专业指导。

《意见》和《指导纲要》的出台，一方面折射出党和政府对于劳动教育的高度重视和严肃对待，另一方面也映射出劳动在教育场域中被弱化、软化及淡化的窘境。劳动教育被认为具有树德、增智、强体、育美的综合育人价值，劳动教育成为德智体美劳"五育"融合的关键枢纽、突破口[①]。新时代的劳动教育重在"文化知识学习之外"，重点引导学生"动手实践、出力出汗，接受锻炼、磨炼意志"，在劳动实践中进行教育，培养学生正确的劳动价值观和良好劳动品质。让学生亲自承担学校的绝大部分劳动，由此形成学生自治的基本责任和担当。

二、开办"六艺农场"的初衷

山东省沂南经济开发区实验学校地处城乡接合部，坐落于工业园区，村民土地基本被园区企业征用，学生家长大多在工厂企业打工，多在流水线上做工，早已远离了土地，对土地已经没有了老一辈人的那种虔诚。对孩子的教育也是在思想上看不起劳动，认为劳动很丢人，孩子在家里做家务劳动，总是被家长说"去学习，不用你干"，给打发走了，孩子从小就有了"劳动不光荣"的观念。再者，在这个信息化、人工智能大行其道的时代，外界的诱惑实在是太多，一个手机就能让孩子安静一整天，即使学生在周末有大把的时间，也不会参与劳动，转而投入手机、平板、电脑的怀抱，留守儿童更是尤为严重。学生不参加劳动，不知道田地里一年四季的庄稼，小麦和韭菜分不清，甚至鸡鸭鹅也无法清晰地辨别，真的是"四体不勤，五谷不分"，劳动情怀更是无从谈起。城镇化的加速，农民逐渐远离了土地，正逐步成为产业工人，传统的乡土文明渐行渐远，农耕文明传承下来的宝贵财富正逐渐消失。学生对家乡的乡土情怀正在逐渐弱化，乡土情怀的种子难以种下。这不是我们想看到的。基于此，我们在学校开办农场，开展了对学生进行劳动教育的尝试。

作为一所九年一贯制的现代化学校，学校总占地面积 91967 平方米（约合138 亩），在空间上满足了建设劳动教育场所的条件。学校整体规划、谋篇布局，开辟出专门用于学生种植的区域，每班设有自己的劳动实践基地，学生每周去农场参加劳动，集体收获后交到餐厅，换取班费。学生在劳动中亲历种植、研究农事、手工制作、检测蔬果，在劳动实践中落实"德育统领、智育提升、体育补给、美育滋养、科学规划、劳动尊重"，实现立德树人根本任务的落地。

---

① 刘良华. 劳动教育何以成为"五育"融合的突破口[J]. 人民教育，2021(01)：36.

三、"六艺农场"的实践与探索

劳动教育落地有痕必须通过课程育人。我们遵循"做中学"的原则,从学生的真实情境和现实发展需要出发,打破学科课程与活动课程、课堂教学与生产劳动之间的边界,让儿童回归到真实的情境中去学习[1],建设"六艺农场"课程基地,开发了农场体验课程,根据不同年龄段学生的特点和认知规律,研制了《六艺农场劳动手册》,逐步发展为综合实践活动课程有效开展的新样态。孩子们与土地交流、与自然对话,看着种子发芽、生长、开花、结果,感受到生命的存在与力量,感受"劳动创造美"的快乐。"六艺农场"实行班级认领制,学生自主管理,包干到班级,学生每天轮流值班对实践区进行科学管理,亲自参与种植、管理和收获,体验在耕耘中的辛苦与收获的喜悦。学校配备兼职劳动种植课教师,拟定种植授课计划。选派学校有种植经验的教师兼职劳动教育教师,主要负责劳动课理论知识的传授。聘请有专业种植经验的家长志愿者做专业教师,主要负责农场农作物种植的实践操作教学。

1. 目标定位:分层制订,指向儿童核心素养的梯级发展

劳动教育属于综合实践活动课程,课程目标必须分层次、多级别、梯级达成。因此,我们依据农场条件、时令节气和学生实际,进一步细化各年级每学期的学习目标、内容实施和评价任务。

以"蔬果种植课程"为例,一二年级课程学习着眼于认知方面,重在"见习",通过观察"六艺农场"的农具、蔬菜,认识生活中常见的农具、蔬菜,知道常用农具的名称和用途;通过周末和家长去菜市场买菜,能说出蔬菜的名称,基本了解蔬菜的营养价值。三~六年级课程学习注重劳动技能和情感方面,突出具体的实践操作,已进入"真刀真枪"实干的"实习"阶段,通过亲自种植蔬菜,掌握蔬菜种植的基本流程,以"二十四节气与蔬菜种植"为主题,探究节气与农事的关系,了解哪些是时令蔬菜,哪些是反季蔬菜,体验节气的神奇和劳动的艰辛与甘甜。七~九年级课程学习注重探究和品格养成,在参与劳动种植的基础上,通过参观蔬菜大棚、农贸市场和农业现代化产业园等活动,组织学生调查、采访,了解当地蔬菜种植的发展情况,掌握简单的蔬菜育苗、移栽和养护方法,撰写调查报告、研究小论文。三个年段遵循纵向贯通、横向整合、循序渐进、螺旋上升的原则,体现了不同学段学生必备品格和关键能力的梯级发展。

---

[1]　刘艺慧. 在农村小学建一所精致的"少年农学院"[J]. 人民教育,2018(04):10.

2. 课程设计:整体规划,突出课程再造的融合

"六艺农场"课程本质指向生活理解与创造。我们立足"儿童视角,全面发展"的宗旨,结合各个年龄段学生的认知特点和身心发展需要,进行课程内容的整体规划和设计研发,采用国家课程和校本课程有机融合的方式,让学生"运用已经和正在学习的相关学科知识,亲自去探究、体验与实践,由此发展其生活理解力与创造力",努力使得"六艺农场"课程成为一种新型的融合课程。

以"葫芦"课程为例(表3-3),在"六艺农场",我们开辟出葫芦种植区,承包给相应班级管理,从"种葫芦"到"摘葫芦""赏葫芦""画葫芦""刻葫芦""写葫芦",共分六个章节,同时融入语文、数学、美术、道德与法治等课程。例如,语文、美术、综合实践活动三个教研组从二年级语文课文《我要的是葫芦》入手,为了让学生更好地走进文本,在学习课文的同时,老师带领学生走进"六艺农场"的"葫芦园",触摸真实的生活情境,体验葫芦种植的全过程。语文、美术教研组通过课堂和学生社团联合开展"赏葫芦""画葫芦""写葫芦"主题活动,从葫芦的育苗、栽培、采摘、观赏、雕刻等环节,师生共同商定不同阶段的活动形式,贯穿于整个学期。设计"自然之物""功能探寻""文化探究"三个阶段,每个阶段设计不同的探究主题,每个孩子在陪伴葫芦的整个生长过程中,通过葫芦的种植、观察、管理、制作、鉴赏,全方位走近葫芦,体验劳动之美,提升审美能力。

表3-3 课程三阶段设计主题和问题探究

课程三阶段	设计主题	探究问题
自然之物	葫芦解密	什么是葫芦?
	葫芦生长记	葫芦是怎么生长的?
	葫芦家族	葫芦有哪些兄弟姐妹?
功能探寻	舌尖上的"食葫记"	葫芦的食用方法及药用价值
	小葫芦大乾坤	葫芦的妙用有哪些?
	葫芦的前生今世	搜集葫芦有关的民间故事、传说
	顾此失彼	为什么摁下葫芦起了瓢?

（续表）

课程三阶段	设计主题	探究问题
文化探究	葫芦与福禄	为什么葫芦是福禄的象征？
	风水葫芦	葫芦真有镇宅的作用吗？
	藤上七朵花	学唱葫芦娃
	葫芦秀	葫芦文化有哪些表现形式？
	七月食瓜　八月断壶	与葫芦有关的诗词有哪些？
	微作文大赛	我和小葫芦

翻土、播种、浇水、覆盖，各班级采取不同的策略。有的先浇水浸种床，有的直接将种子埋土里再浇水。有的班在种植时盖上薄膜，有的裸种，学生在持续的对比观察中了解了各种因素对植物生长的影响；学生在对比观察中增强了观察的持续性；孩子探索及发现和解决问题的能力以及自主解决问题的方法培养起来了。

加强观察，关注植物生长变化。在种植活动中，管理环节是孩子们感受惊喜的过程。管理环节也是孩子们发现问题、解决问题的过程。植物生了病虫害，或需要浇水、施肥时，他们都会主动讨论，及时解决问题。

3. 课程评价：发展性评价，注重"过程—结果—发展"

"六艺农场"课程实施过程中，我们围绕"过程—结果—发展"三个评价维度，构建与之相适应的评价机制，突出评价的激励功能，突出评价的过程性、展示性、多元化、发展性等。

注重过程性评价，建立"六艺农场"体验档案袋。真实记录学生参加农场劳动的点滴成长，关注劳动过程的体验，发挥过程性评价的作用。

丰富评价的形式，采取过关升级的方式。学生在每个阶段完成预定学习目标，分别颁发"小农人博学奖""小农人实践奖""小农人创作奖""小农人合作奖"。

借助互联网，展示劳动成果。通过班级微信群、学校官方微信公众号定期推送学生在"六艺农场"的劳动成果、作品，让更多的老师、学生、家长及社会人士通过互联网关注学校"六艺农场"特色课程，关注学生在劳动中的精彩瞬间。

"六艺农场"的开办，丰富了学生的课内外生活，开阔了视野，打破了传统的以书本知识传授为主的课堂教学模式,拓宽了课堂的生命空间,实现了"以劳立德,以劳提智,以劳补体,以劳滋美,以劳规划,以劳探索",达成了公民课堂的自主发展。学生在浓郁的泥土气息中,感知到劳动果实的来之不易,向着德智体美劳全面发展的合格小公民目标迈进!

第三节 模拟场景

党的十九届五中全会通过的《中共中央关于制定国民经济和社会发展第十四个五年规划和二〇三五年远景目标的建议》(以下简称《建议》)中,明确了"建设高质量教育体系"的政策导向和重点要求。基础教育的高质量发展,不是个别方面的高质量,更不是围绕分数和升学的"内卷化"的高质量,而是促进人的全面发展的高质量发展。[①] 然而,我们的基础教育整体上仍然未能摆脱应试主义的窠臼,学生在学校教育中的陶冶空间日益缩小,他们在获得应试阶梯上晋升的同时,并没有获得个体生命状态的同步扩展,这使得当前教育实践中依然弥漫着浓郁的功利主义气息。

以公共生活来开启学校教育空间,意在凸显教育的本质——成为服务社会的好公民。学校理应担负起学生个体灵魂上升的扶梯、培育完整而健全人的神圣使命。以学校模拟场景为载体,能切实开启学校公共生活视野,拓展学校教育的精神空间,提升学校教育的价值目标,这才是当今教育发展的要义所在。

一、直面应试教育的顽疾,呼吁学校公共生活的回归

亚马逊创始人贝索斯在普林斯顿大学的讲演中,提到他和祖母之间的一个故事。

他说,我听过一个有关吸烟的广告,我记不得细节了,但是广告大意是说,每吸一口香烟会减少几分钟的寿命,大概是两分钟。无论如何,我决定为祖母做个算术。我估测了祖母每天要吸几支香烟,每支香烟要吸几口等等,然后心满意足地得出了一个合理的数字。接着,我捅了捅坐在前面的祖母的头,又拍了拍她的肩膀,然后骄傲地宣称,"每天吸两分钟的烟,你就少活九年!"我清晰地记得接下来发生了什么,而那是我意料之外的。……我们在房车旁停下来。

---

① 王烽. 高质量发展:基础教育的挑战与应对[J]. 人民教育,2021(01):22.

祖父注视着我，沉默片刻，然后轻轻地、平静地说："杰夫，有一天你会明白，善良比聪明更难。"①

在贝索斯看来，天赋和选择不同，聪明是一种天赋，而善良是一种选择。天赋之聪明更多地涉及人思维的灵活性，善良的选择则直接关涉人的生活方式；聪明指涉个人才智的运用，善良则需要对个人才智运用做出合理的判断，涉及人与人、人与事物的复杂关系。一个人天赋之聪明过于显露，会妨碍个体对事物的复杂性以及个人与事物之间关系的关注。这意味着个人的天赋在使用过程中需要必要的节制，避免判断的简单化。个人的聪明才智只有置于生活世界之中才有意义。仅仅让个人的才智得到发展显然远远不够，这样的教育培养出来的不过是聪明的动物，个体要完整成人，还必须将自己置于人与人的关涉之中，置于公共交往之中，置于国家社会之中。

有人曾做过调查，将中外父母的问话进行了对比。

在中国，父母把孩子从幼儿园接回家时说的第一句话通常是：

（1）今天在幼儿园吃什么了？

（2）你今天学什么了？

（3）有人欺负你吗？

（4）今天老师布置作业了吗？

而国外父母问孩子的第一句话通常是：

（1）你今天快乐吗？

（2）今天有什么有趣的事吗？

（3）你有什么作品吗？

（4）今天和大家玩得高兴吗？

不同的问话体现了不同的教育理念和方法。中国的父母比较关注孩子的生活和学习情况，而国外的父母则把注意力更多地放在孩子的情绪、情感、兴趣、能力以及孩子自身成功感的建立和与伙伴的交往上；中国的父母更集中于孩子自身，国外的父母更多地关注置身群体之中的孩子的情状。前者的关心本来是无可厚非的，但是可能会让孩子自己对生活和学习过程有更多的关注，而忽视了情绪情感的变化、成功感的建立等。而后者的问话更容易让孩子有倾谈的欲望，有表达的意愿，会让孩子对自己的作为有所感触，并且会对明天的幼儿园生活产生向往。

---

① 〔美〕贝索斯. 抵抗天赋的诱惑［J］. 读者，2013（2）：40.

前一种问话更多地呈现出一种以自我为焦点的教育取向,也就是让孩子在学校生活中更多地活在自我关注之中,而不是充分地进入学校公共生活之中;而后一种问话更多地引导孩子如何去认识、参与、分享公共生活并在其中显现自我,让个体积极地活在学校公共生活之中,保持个体向周遭世界的开放性。如果说两种教育取向都可以培养人的聪明才干、知识技能,那么,它们的根本不同就在于,前者会促使个体在自我成功的追求中走向自我封闭,而后者会引导个体积极融入他人和世界,培养开放的个人。实际上,在我们的教育现实中,大抵是第一种倾向居多,甚至可以说,我们今天的教育正在越来越多地走向"精致的利己主义"。幼儿阶段的教育踪迹,恰恰是整体教育取向的写照。

二、学校教育向着公共生活的复归

柏拉图在《理想国》中阐述了个体成长与城邦秩序的关系,在他看来,教育乃是基于个人自然天赋的成全,人的发展应始终置于城邦整体的发展之中。柏拉图把人的灵魂与城邦的秩序相提并论,以城邦来观照人的灵魂,凸显了人的发展与城邦密不可分。个体发展并不仅仅是个人天赋才能的发展,而是将天赋才能置于城邦之中,通过个人的天赋才能服务于城邦生活,以达成个体的幸福与城邦福祉的统一。

人不是生来就成为人的,人之为人在于人有一个可以理智思考、合理感受的灵魂,但这需要建基于学习。每个人都在学习成为人,每个人,也都是在学习之中成为人的。通过学习,人应该成为具有自我意识的反思性的理智者,不仅仅靠面包生活,而是通过实际的询问、言语和行动生活,在其中人们表达他们对人的处境的理解。个体成长的过程也必须是面向他人与社会,置身于人与人、人与社会的关系之中而展开的过程。这意味着学校教育需要面向公共生活,开启公共生活,在公共生活的观照之中,引导个体成为置身于人与人的关系之中的现实的人——活在人与人的关系之中,正是人的现实性的表达。学校公民教育就是要立足于学校公共生活的开启,培植个体向着公共空间涌动的实践品性。

公民教育乃是当代教育的基本主题,鉴于当前公民教育理论与实践中存在的诸多问题,我们需要溯本追源,以澄清今日学校公民教育的内涵与目标。古希腊公民的德行完整地显现在自我灵魂的养成和城邦正义的实现之中;中世纪的教会借基督教对人的灵魂救赎而主张把人从积极的政治生活中撤离出来;现代社会对个体自由的过分强调,使得公民品性逐渐等同于个体与社会之间的权利诉求与法定义务承担,公共生活逐渐衰落。

我们有必要从古典公民教育传统中汲取养分,以滋养由日益物化的社会所导致的贫瘠的公共生活空间。为完成公民教育的现代超越,当下的学校教育应回到原点,重塑个体在公共事务中践行自我德行的公民教育理念,着力于以公共生活开启公民教育,在学校生活中养成个体的公民意识,培植公民的实践品格,把个体造就成一个明日公民,使其得以积极地生活在公共空间之中,在公共生活中彰显其作为公民的实践品格。

重温古典公民教育传统,复归公共生活,重塑人的政治本性,就成为时代发展的要义。这意味着我们今天的教育,其根本指向并不是聪明的经济人,而是将自己的聪明才智和个人利益诉求置于公共实践之中的人,是将个人的聪明才智和利益诉求与公共理想、公共幸福紧密结合起来的人,也就是健全的具有社会责任感的公民。学校教育如何开启公共生活,培植个体在公共领域的实践品性,就成了其不可或缺的中心目标。

杜威提出"教育即生活"的主张,并不是要把学校等同于社会生活的简单再现,而是要充分地扩展与社会生活的联系,从而使个体在生动地经验世界的过程中习得合作、探究的生活姿态,并由此达成社会的改造、生活的改进,而学校的过程也将成为启迪民主生活方式、孕育公民社会的过程。这意味着我们今天的教育必须拥有更高的价值关切,提升价值视野,孕育教育之魂。

三、学校公共生活的实践——校园模拟场景

学生在学校模拟场景中致力于完成共同的任务,从而能够对公共事务共同担负起自身当然的责任。这种实践,在杜威看来,即是学校生活的民主化。"学校是一个个小社会,在这些小社会中,儿童通过实践学会如何促进自己的成长、别人的成长和整个社会的成长。"①

基于此,我们尝试在校园内开办模拟小超市、小银行、小邮局、模拟法庭等,使其成为历练公共价值、养成公民品格的活动。

例如,通过建立一个仿真模拟小超市环境,让学生参与到超市运营的各项工作,学生在更真实的场景中习得超市经营管理知识与技能。

1. 确定超市管理模式,明确师生角色分工

校园模拟超市按现代企业管理模式模拟设立董事会,实行总经理负责制,

---

① 〔美〕内尔·诺丁斯. 教育哲学[M]. 徐立新,译. 北京:北京师范大学出版社,2008.

下设五个职能部门,由五位专业教师分别担任人力资源部、商品管理部、市场运营部、财务管理部和广告宣传部的经理,而学生可以轮流担任采购员、保管员、收银员、会计、甚至经理等岗位。教师与学生在自己职责范围内,各司其职又互相做好辅助工作。使学生通过此平台能基本了解一个正规商业公司的建制与管理。学生通过参与超市运营的各个环节,了解超市运行的基本流程,掌握市场调查、广告策划和企业会计等基本技能。

2. 建立规范的管理体制,形成明确的岗位职责

各部门明确本部门的业务范围,权责利益关系,对相应岗位职责进行具体描述。

(1)董事长:超市的法人代表和重大事项的主要决策人。

(2)经理岗位职责:全面负责本部门的经营管理工作;负责本部门员工管理与培训;负责制定阶段性工作计划和管理目标;保证超市的安全与员工、顾客的安全;兑现承诺的经济指标。

(3)采购员职责:负责超市货源的质量把关;负责商品结构调整和经营品种的检查,保证经营品种类别齐全、品种丰富;负责进货计划和实施;负责滞销货物的处理。

(4)保管员职责:负责商品的分类、登记、入库、保管工作;负责商品录入POS机;负责所管商品的账物核对;负责库存商品的安全,防止变质、虫蛀、污染等;合理堆码商品,最大限度地利用仓库;负责仓库卫生。

(5)理货员职责:了解超市布局和商品陈列的基本方法,熟悉超市内商品摆放位置,并对陈列商品进行整理;掌握商品标价,能熟练使用标价机;熟悉产品应有的标志及相关知识;注意查看商品有效期,防止过期商品上架销售;随时注意商品销售动态,及时提出补货建议或按规范操作要求完成领货补货上架作业。

(6)防损员职责:负责各项安全防损防盗设施的维护,做到定期保养和检查;负责超市产品防盗防损。监督收银员及超市员工做假行为;负责员工内盗与外盗的监督和控制。

(7)营业员职责:熟悉超市的商品知识,包括商品用途、性能、产地、规格、价格等;准确回答顾客提问并协助他们购物;跟踪超市商品销售情况并及时补货;负责超市的物价标识的维护和更换;负责对商品中不合格品、报损商品、残次品的登记;超市不定期的盘点。

(8)收银员职责:熟练POS机的操作,熟悉产品价格;熟练收银员的应对用

语、应对态度、应对方法等待客之道；站立工作，坚持唱收、唱付、唱找，准确迅速点收货款；迅速而正确地装袋；妥善保管好营业款，在规定时间内交款，确保货款安全；做到经常检查、保养好 POS 机。

（9）营运课长职责：遵照执行超市的各项营运制度和流程，做到规范操作各项工作；负责营业员的管理；负责组织分配并细化落实完成下达的各项销售和管理任务指标；负责超市促销。

（10）会计职责：做好收款、缴款及交接工作，对收银员的账、款进行核对，监督；对分管的账目核算、监督并存档。

3. 资金运营与收益分配

校园模拟超市的启动资金从该教改项目的专项资金中来，一旦超市正常运转开始盈利后，则超市的资金将由销售利润来进行周转。在超市运营中教师与学生都要注意规避风险，规定财务部人员要及时汇报财务情况，加强结算资金管理以及存货控制。但凡是投资都存在风险，如果超市财务呈负数，出现亏损，这个亏损则由项目专项资金承担。

模拟超市活动的开展，指导学生通过亲身体验购物的过程，更直观地学习购物技能，更好地适应社会生活。学生学会了购物，提高了学生运用语言、沟通及购物的能力，有利于形成不畏困难、勇于沟通、乐于交往和善于表达的态度倾向，达到提高学生社会交往能力和理财能力的效果。

成功的学校教育，能够让个体更多地专注于公共的、属于"社会的"知识，在学习的过程中求得对自身的理解。个体在公共生活中主动参与，主动过一种联合的生活，才能更好地体现其公民身份。知识通过与个体已有的经验发生关联，以此为原点，进行重新思考和理解，以此形成新的自我认识，进而身体力行。校园模拟场景的实践，让知识真实的发生，实现了学校知识生活的内在超越。

第四节　研学旅行

——让学生的身体与心灵一同行走在中华大地上

从王阳明的"格物致知，知行合一"，到陆游的"纸上得来终觉浅，绝知此事要躬行"，再到陶行知的生活教育理论（"生活即教育""社会即学校""教学做合一"）；从"实践是检验真理的唯一标准"，到习近平总书记的"梦想从学习开始，事业从实践起步""要把立德树人融入社会实践教育等各环节"……无不启示我们——实践出真知。实践学习是获取直接经验、验证默会知识必不可缺的一种重要途径。研学旅行本质上是一种实践学习,作为社会实践教育的一种新形式,中小学生研学旅行是构建全面培养体系、落实立德树人根本任务的重要途径。

2016 年底,教育部等十一部门联合发布《关于推进中小学生研学旅行的意见》,其中明确指出"中小学生研学旅行是由教育部门和学校有计划地组织安排,通过集体旅行、集中食宿方式开展的研究性学习和旅行体验相结合的校外教育活动,是学校教育和校外教育衔接的创新形式,是教育教学的重要内容,是综合实践育人的有效途径"①。研学旅行具有综合性、多学科融合的特性,成为当下学校教育改革的热点问题和课程改革新的生长点。但也存在诸如"旅而不研,缺乏研学味""课程建设相对薄弱""研学导师培养滞后"等问题。

如何让研学旅行真正成为"行走的课堂",充分发挥其育人功能,我们沂南经济开发区实验学校通过整合县域内周边研学资源,科学论证、规划研学线路,合理设置研学主题,研发出切实可行、主题鲜明的研学课程,打造出了独具特色的研学旅行"社会大课堂",积累了宝贵的研学旅行经验。

我们的研学旅行采取项目式学习(简称 PBL)的方式实施,具体包括:项目的立项论证、规划设计、组织实施和总结评价四个步骤,分为研学前的立项论证阶段,研学中的规划设计、组织实施,研学后的项目评价。

一、研学前:科学论证,构建研学旅行课程体系

研学地点选择和线路设计是研学课程开发的第一步,它决定着研学的主题、目标和内容。在项目立项阶段,我们研学课程研发小组进行了周密的调研和科学的论证,确保其科学性、教育性。

沂南县古称阳都,是诸葛亮故里、红嫂家乡、温泉之都,人文底蕴丰厚,是智圣文化的发源地。这里生态资源极为丰富,有"中国十大最美乡村"——竹泉村,全国首批、山东省首个国家级田园综合体——朱家林。学校地处沂河湿地公园之畔,周边现代农业蔬菜大棚连片成群。这里红色资源极其丰富,沂南县地处沂蒙山腹地,是沂蒙革命根据地的中心,革命战争年代被誉为山东的"小延安",红色景点遍布县城周边;学校地处经济开发区,周边电动车、机械制造等企

---

① 教育部. 教育部等十一部门关于推进中小学生研学旅行的意见[EB/OL]. http://www.moe.gov.cn/srcsite/A06/s3325/201612/t20161219_292354.html,2016.11.30

业较多,为学生进行职业体验提供了便利条件。

　　基于此,我校立足县域内丰富的研学资源,确立了"生态研学""职业体验"
"人文研学""红色研学"四大研学主题(表3-4),根据学生的年龄特点、认知规
律,明确学校九年一贯下四个学段的研学内容,研发出了与之配套的研学旅行
课程。学校积极践行"社会即学校""生活即教育"的教育思想,打通校内外研学
通道,开展"小规模、主题型、体验式、项目化"研学实践活动,让学生走进田野、
博物馆、企业、社区等丰富多彩的自然世界和社会生活,感受中华优秀传统文化
的魅力,体验不同职业的社会分工,在广阔的社会大课堂中淬炼品格、积淀素养。

表3-4　研学旅行课程体系

研学旅行 课程体系	第一学段 (一二年级)	第二学段 (三四五年级)	第三学段 (六七年级)	第四学段 (八九年级)
生态 研学	沂河湿地公园 渔业园	汶河湿地公园 临沂现代农业产业园	马泉农业休闲园 孟良崮国家森林公园	朱家林田园综合体 竹泉旅游度假村
职业 体验	崂山矿泉水 绿源电动车厂	海宝电动车厂 舜天化工 中创轮胎	三辉玻璃 开源轴承 华盛中天机械	航合医疗 祎禾科技
人文 研学	辛集信量桥 北神墩"墩"文化	诸葛亮纪念馆 诸葛亮公园	北寨汉墓博物馆 河阳白龙桥	孙祖镇黄庭观与黄山寺 铜井凤凰画像刻石
红色 研学	沂蒙红色影视基地 鲁中革命烈士陵园	明德英故居 王换于故居	战工会纪念馆 大青山革命烈士陵园	歌曲《跟着共产党走》诞生地旧址、抗大一分校旧址、山东抗日军政干部学校旧址、九子峰战斗遗址

　　学校成立研学旅行课程研发小组,在细致调研的基础上,确定四大类研学
主题,根据四个学段学生不同的年龄和认知规律,规划出具体的研学线路,将研
学点细分到每个学年、每个学段,编写出具体可操作的、吸引力强的研学旅行校
本教材《沂南经济开发区实验学校研学旅行课程纲要》和《沂南经济开发区实验
学校研学旅行指导手册》(以下简称《课程纲要》《指导手册》),全部研学点浓缩
到《指导手册》中,研学呈现出"自主性""丰富性""体系化""评价多元化"等特点。

二、研学中：落实课程，绽放精彩研学课堂

研学旅行的根本目的在于吸引学生走向真实社会，面对真实情景，解决真实问题，去寻找与发现、思考与分析、体验与感悟，培养能力，提升素养，促进其社会化的实现。以研学主题为切入点，聚焦跨学科融合，通过跨学科学习触发各学科之间的关联，进行有意义的探究性学习。

到达研学地点后的课程，在《指导手册》的基础上，研学大主题之下细分小主题，拆分任务，这样更符合各年龄段的学情，利于研学课程目标的达成。形式多样的主题活动，使得研学旅行更富有吸引力和挑战性。以"职业体验"研学主题为例，学生走进开发区企业崂山矿泉水，参观工厂车间、实验室，亲身体验矿泉水的原水存储、过滤、消毒等制作流程，体验职业角色。聆听工程师有关健康用水报告，从而正确使用和珍惜水资源。

除进行职业体验外，我们还会把语文、数学、科学等内容整合起来，进行跨学科融合。比如，对矿泉水的研究性学习，让学生搜集描写水的古诗词，进行辨别真假矿泉水的实验等。

开展"生态研学""职业体验""人文研学""红色研学"。学生通过走进沂南县周边研学景点、工厂企业，在深刻感受"生态文化""职业角色""历史文化""红色革命文化"的过程中，与真实的自然生态、社会生活、人文历史相接触，主动探究、获取知识，习得技能，逐步成长为适应社会的小公民。

三、研学后：项目评价，成果汇报、展示

研学旅行的最后一步是进行项目评价。研学结束后，针对事先设计的展示计划进行总结汇报，包括成果提交和成果宣讲、作品展示等环节。

第一，评价内容凸显层次性。根据不同学段的年龄特点分别设置不同的评价项目，第一、二学段的研学作品主要以"说一说""画一画"为主，成果汇报突出所见所闻（研学感悟），以说出来（班级研学论坛讲故事）、画出来（手抄报）的形式呈现。第三、四学段体现其探究性、过程导向，主要以研究报告、研究小论文、实践表格、作品展览等多种形式呈现。

第二，评价方式注重多元化。学生研学旅行作品提倡多元化，除过程性评价和结果性评价外，还注重自我评价、小组评价、教师评价和家长评价。

学生自评：研学旅行结束后，通过问卷调查，对研学旅行进行自评。同伴互评：研学同伴的评价更加贴切，主要包括在研学旅行课程中的协作性、积极性、

责任感、纪律性等。

教师评价，项目评价还包括老师的综合性评价，带队老师根据学生研学旅行过程中的具体表现和提交的成果作品进行综合评价。同时，我们还会通过学校官方微信公众号、优秀研学作品汇编成册等方式进行成果展示，以此扩大研学旅行的社会影响力。

家长评价。家长根据研学旅行课程结束后学生的表现来进行评价。研学旅行课程结束后可以让学生给家长述说一下课程过程，通过学生的讲解来进行评价，包括用语言表达，叙述的完整性、流畅性及故事感悟来进行。

四、研学旅行的管理：全程安全无死角

建立完善的研学旅行安全保障机制，能确保研学旅行的高质量提升。安全始终是研学旅行的基本前提，也是底线，是头等大事，涉及交通安全、饮食卫生等方方面面，师生走出了校门，会遇到意想不到的风险、困难，这对组织研学旅行带来了极大的挑战。安全问题是政府、学校和家长高度关注的问题，也是多年来困扰中小学不敢放开手脚推进研学旅行活动的重要制约性因素。因此，为确保研学旅行高质量、健康发展，必须明确政府、学校和家长三方的安全责任。

在具体的管理中，我们重点做好以下三项工作。

一是精心制订周密的研学旅行活动方案和安全保障方案，做到"活动有方案，行前有备案，应急有预案"。首先，学校提前向县教体局报送审批，主动争取上级部门的支持。其次，学校与家长签订安全风险告知与承诺书，将其作为参加研学旅行的前置条件。再次，行前和行中，加强对学生的安全教育，做到细致讲解、不厌其烦。对带队老师也加强安全意识教育。

二是建立健全研学旅行安全预警和应急体系，要求参加研学的师生必须购买旅行意外保险，将研学旅行的风险合理分散或者转移，降低研学旅行的安全隐患指数。

三是多元构建研学旅行的经费筹措机制。研学旅行的费用以学生自愿参加、家长承担为主，同时学校积极争取上级财政支持，对困难学生坚持"学校承担一部分、社会资助一部分、家长承担一部分"，不让任何一个家庭困难学生无法参加研学旅行。

"纸上得来终觉浅，绝知此事要躬行"。研学旅行丰富了学生的体验，学生的身心得到了锻炼和提高。基于项目式学习，促进跨学科融合的研学旅行大课堂，正在逐步由以"学"为主转变为以"研"为主，学生的角色也逐步由学习者向研究者转变。

第四章　公民课堂评价：
为学生自主发展护航

　　传统的课堂评价是"教师在日常教学实践层面通过观察、交流、作业、测验等手段,收集学生学习信息,以为教和学的改进提供决策基础的活动"①。

　　课堂评价很容易与课堂教学评价混同,其实两者既有区别又相互联系。课堂教学评价从属于教学评价,以教学活动为对象,通常由上课教师以外的主体来实施;课堂评价,它从属于学习评价,以学生学习为对象,由上课教师自己来实施。这两种评价指向的都是促进学生的发展。

　　课堂评价实质上反映的是一定的教学理念和教学思想,也就是说,不同的教学理念和思想下的评价标准是有差异的。例如,传统课堂教学,注重的是教师的教,那么它的评价标准更多地指向教师的教学行为;新课程理念下的课堂,更多的是注重学生的学,那么它的标准更多地指向学生的学习行为。

第一节　公民课堂评价的界定

　　既然公民课堂是培养未来公民的课堂,是打造学生自主发展的生命场,那么,在践行"知行合一"的理念下,促进学生的自主发展就成为公民课堂的核心理念。因此,"以学生的自主发展来选择教学",就成为公民课堂评价的主要标准。所以说,公民课堂的评价就是为学生的自主发展护航,它的核心目的就是促进教师"以学生的自主发展选择教学"这一理念的落实,从而帮助学生形成自主发展的能力,培养学生的公民素养。在这里具体指促进学生"公民六艺"素养的形成,即"礼、美、健、御、书、慧"素养的形成,特别是学生自主发展能力的形成。

---

① 王少非.促进学习的课堂评价[M].上海:华东师范大学出版社,2018:38.

一、公民课堂评价的意义

公民课堂评价的意义就在于激励学生的学习动机,助力老师发展自己指导学生自主学习的能力。

1. 引领校本教研,进行逆向教学设计。威金斯和迈克泰提出了一种新的教学设计模式——逆向教学设计,即"从终点想要的结果开始,根据标准所要求的学习证据和用以协助学生学习的教学活动形成教学"①。逆向教学设计的最大特点就是即时评价。教师以评估者的身份进行教学,评价标准先于教学实施,教学过程伴随着评价过程,牢牢地盯住学生的学习效果,对学习目标的达成具有积极意义。公民课堂评价的目的就是为学生的自主发展护航,那么,我们就可以以学生的自主发展为结果,逆向进行教学设计,让课堂教学的设计以学生的自主发展为最终的指向,以此来引领校本教研。

2. 促进学生自主学习。课堂评价的最终指向就是促进学生的自主学习。促进学生的学习,首先要注重全面性。学生是人而不是接受知识的容器。人的一切活动,包括学习,要受人的意识支配,所以,教学评价就不能仅仅局限于关注知识的掌握,更要促进其兴趣、爱好、意志等个性品质的形成和发展。其次,要注重多元性。既要充分调动不同的评价主体开展评价活动,也要尊重每个学生的不同意见,鼓励学生有创见的思想,特别是在有争议的问题上更要培养学生多元的思维能力,促进创新精神的形成和发展。第三,要注重发展性。评价的作用在于促进学生的发展,而不是区分学生的三六九等。每一次评价都是对课堂活动的总结,更是下一段活动的起点、向导和动力。

3. 改进教师的课堂教学。著名教育家叶澜说过,一个教师写一辈子教案不一定成为名师,如果一个教师写三年教学反思可能成为名师。这句话说明,名师不是一天可以成就的,是一个长期积淀的过程,而反思的主要方面就是课堂反思,所以说课堂评价就是在帮助老师进行反思,不断改进课堂教学。

二、公民课堂评价的标准

世界上唯一一个专门关注课堂评价的标准是美国教育评估标准联合委员会(JCSEE)在 2018 年 10 月确定了课堂评价标准框架。这个标准的一个核心理念就是促进学生的学习。

---

① 徐洁. 把课堂还给学生[M]. 上海:华东师范大学出版社,2017:37.

前面提到,课堂评价实质上反映的是一定的教学理念和教学思想,也就是说,不同的教学理念和思想下的评价标准是不同的。公民课堂评价的标准一定是基于培养公民理念下的标准。

公民课堂是一种理念,不是一种模式

今天下午听了李翠萍老师的一节语文课,是一节公民课堂的示范课。课题是四年级上册25课《为中华之崛起而努力》。老师在简单的谈话后导入新课,利用问题生成单,让小组进行了组内交流,然后进行了展示。在进行简单质疑后,进行了品读课文:你认为周恩来立下"为中华之崛起而读书"志向的原因是什么? 老师通过耳闻、目睹两个方面,引出周恩来的那句话:为中华之崛起而努力。通过看图片对学生进行了爱国主义教育。在完成课堂达标后,进行了小结,最后安排了课后作业——语文主体学习材料中的内容。

这节课从课堂流程来说,很好,并且还添加了问题生成单和课堂达标作业,体现了课堂的自主性,达到了当堂检测的目的。知识点也很多,听、说、读、写(谈写法)都有所涉及,思想教育也加上了,可谓面面俱到。但课后这位老师很快给我发来了三点反思:

一是检查预习用时过长,课堂问题生成单应放在课前做。课上交流即可。脑子刚转过弯来。

二是品读课文太少,自读自悟,带着感悟读书少。把语文课的重点丢了。

三是没落实好公民课堂特点。很失败的一节课!

我只给她回了一句话:一节课能有三个反思很厉害呀。照这样计算,讲上一年的课你就成专家了,公民课堂永远在路上。

"我接受讲课任务就是准备挨批评的,不挨批就不会成长! 好几年没讲公开课,也没好好地研究过语文课堂教学了。讲课之前觉得思绪混乱,好像教学加了一些新东西,怎么完成教学任务呢? 看到学生问题生成单上的题做得很困难,就有些慌了,因此阅读指导也丢了,表达训练也丢了,语文丛书也舍弃了,自己昨天还侃侃而谈的东西一样也没落实……讲完课思路倒清晰了一些,语文课堂的本质不能丢,得想办法用这些更科学的教学形式帮助孩子自主阅读,提高语文素养。"

其实,从她的反思中我们知道她已经成长了,她知道了这节课虽然面面俱到,但正因为想着什么都表现出来,所以恰恰丢失了语文课最核心的东西,那就是读,让学生在读中识字、在读中品悟。

因开会没有参加课堂研讨，后来在同她单独的交流中，我知道她接受任务后，为了表现公民课堂的特点，想尽办法去呈现公民课堂形式上的东西，总想着追求完美，能给其他老师带来一种公民课堂模式上的示范，所以，就如她反思中所说"语文课的重点丢了"。

其实她所表现出来的也正是现在老师们都在面临的问题：把公民课堂当成了一种模式。既然是一种模式，那就好像是另起炉灶，打破原有的东西，重新构建一种模式。这样的话就成了老师的一种负担，好像公民课堂就是为了标新立异。

其实公民课堂是一种理念，不是一种模式。我们都知道落实素质教育的主阵地就是课堂，现在我们都在追求课堂的高效，目的就是减轻老师的负担，促进学生的发展。在这个过程中，可谓仁者见仁、智者见智，所以出现了杜朗口中学教学法、洋思中学教学法、自主课堂等等。而我们学校立足实情，提出了公民教育，所以我们也就有了公民课堂。

公民课堂所追求的就是一种生活化的课堂，陶行知早就提出生活即教育，这样的公民课堂就是为了打造高效课堂，利用一切有利于提高课堂效率的形式，去完成教学任务。在这个过程中，老师要遵循教育规律，遵循人的发展规律，利用学生的心理特点，提高学生的参与度，培养学生成为全面发展的人，让学生在课堂中参与，在参与中体会，在体会中发展，在发展中成长。美国伊克中学的校训是：让我听我记不着，让我看我会忘记，让我参与我会明白。说的就是学生的自主发展，也是学生的发展规律。

公民课堂所提出的三大原则、四个特点，其实在很多课上都有不同体现，只不过我们给它系统化罢了。当然，在落实公民课堂的过程中，一定要立足实际，采取循序渐进的原则，比如问题生成单，可能低年级适合采用问题导学单，中、高年级可以采用问题生成单，比如课堂达标作业，可以低起点，也可以采用必做题与选做题等形式，比如小组合作，低、中、高年级肯定不同。所以，公民课堂不是一种模式，它就是为了打造高效课堂、促进学生发展的一种理念。在这一理念的指引下，老师们要遵从科学的规律，发挥自己的主观能动性，让老师们在进行课堂教学时能越来越轻松，学生的素养越来越全面。

公民课堂永远在路上，在探寻的路上，师生共成长！

（2016年11月1日）

公民课堂的理念全部体现在公民课堂的三大标准上，即自主性、民主性、科学性。

1. 自主性标准。在哈佛 350 年校庆上，有人问校长："哈佛最值得自豪的是什么？"校长回答："让每块金子发光，促进每位学生快乐自主发展。"可见自主发展的重要。现在的学生就是未来的公民，"授之以鱼，不如授之以渔"的道理我们都懂，"自主"是未来公民最核心的一种素养。公民课堂的自主性标准从横的方面讲主要在"自主预习，自主计划，自主学习和自主检测"上。这四个标准体现的是学生自学的过程。从纵的方面讲自主性要根据学生的身心发展阶段分为四个阶梯，即一二年级要注重教学，在这一教学过程中渗透学生自主学习的意识；三四五年级要注重助学，在这一阶段要注重帮助学生学会自学；六七年级要注重导学，在这一阶段要引导学生自学；八九年级要注重自学，在这一阶段形成学生自学的能力，达到自学。教学、助学、导学、自学，这四个标准体现的是自主学习由低到高的发展阶段。

2. 民主性标准。课堂的民主是指在课堂教学过程中建立起民主平等、互相尊重、互相信任、互相合作的师生关系，突出学生的学习主体地位，使教学具有民主的性质，成为民主的活动。就学生而言，教学民主是一种自由自主的生活。积极主动地参与是其显著特征；就教师而言，教师应该尽量淡化其实施教育的身份和地位，不直接灌输和命令，而是通过交流、沟通与合作，与学生实现沟通，从而共同获得心智的发展、情感的体验、知识的提升以及道德水平的提高。公民课堂中的民主性主要体现在两个方面。一是民主的语言，具体来讲就是养成学生与学生相互提问、对话的自主巡回发言方式。"请""谢谢"等礼貌用语在师生、生生对话中养成自觉。这些都是课堂民主的外在体现。二是民主的氛围，在课堂中，老师的"倾听、微笑、等待"，学生的"参与、自信、专注"，是课堂民主氛围的体现。学生有发表赞同、补充、反对见解的固定手语，有使用自学标记、批语、记笔记、大声诵读、讨论、知识的艺术表达等适合学生的学习方式。

3. 科学性标准。公民课堂的科学性，一是体现在教学内容上的科学，要遵循教学规律，改变课程内容"难、繁、偏、旧"和过于注重书本知识的现状，同时要注重学科知识所具有的系统性强、逻辑严谨的特点，做到从知识结构的整体出发，使整体教材与章节教材统一起来，吃透教材，科学制定教学目标，要符合学生实际，让教学目标是建立在学生认知发展水平和已有的知识经验基础之上的。二是课堂的流程要科学，力戒过去那种单一的我讲你听、我问你答，以教师的讲为中心的填鸭式的教学流程，发展成为以"生成问题、合作探究、交流反馈、当堂达标"的课堂流程，注重教会学生学习。三是课堂的节律要科学，要遵循学生的身心成长规律，低年级段注重"开课 3 分钟、课中 2 分钟、结课 3 分钟"的设计；

其他年级段要注重课堂内节律的设计，保持学生的注意力集中，让课堂节律符合学生的生命节律。变学生的"苦学"为"乐学"，"死学"为"活学"，"学会"为"会学"。

三、公民课堂评价的形式

常用的课堂评价有课堂观察、课堂提问和课堂检测。美国斯蒂金斯将常用的评价方法归为四大类：选择性反应式评价、论述性评价、表现性评价和交流式评价。[①]　选择性反应式评价，即运用检测样体进行评价；论述式评价，即根据学生的论述陈述情况进行评价；表现性评价，即根据小组讨论表现学生回答问题情况，适当对学生进行点拨；交流式评价，即强调师生深入对话交流，在交流中对学生进行评价。这几种评价方法通常综合运用。

公民课堂的评价不管用哪种方式，都是为了促进学生的自主发展，从这个意义上讲，我把它归为外部评价与内部评价两类。外部评价即由学校组织上课老师以外的人进行，主要的形式是通过观课来提高老师以学生的思维选择教学的能力。内部评价主要由上课老师和学生进行，主要的方式是通过课堂提问、互动、合作，达成学生自主发展的能力。不管用哪种方式，都是为了促进公民素养的形成。下面的这节课堂随笔，可能更能体现课堂评价的多样性。

"枝繁叶茂"成就"精彩纷呈"

新课程强调：教师是学习活动的组织者、引导者与合作者，不再是知识的传播者、指导者，学生则是学习活动的主体。在这种理念下，老师恰当的评价能帮助学生去点燃思维的火花，从而成就自主发展的课堂。

今天第四节听了四年级王慧老师的语文课《蟋蟀的住宅》，被她巧妙的评价所深深吸引。

上课之初，老师在黑板的右侧画了一棵树干，树干两侧各生六根枝，然后每根枝上写上六个数字，这就分别代表本班的十二个学习小组，然后齐诵课堂展示歌：我自信我最棒，聚焦点处来亮相。胸挺直头高昂，面带微笑喜洋洋。嘴里说心中想，脱稿不再看师长。吐字清声洪亮，嗯啊口语别带上。一握拳一挥掌，肢体语言能帮忙。展示完忙退让，褒贬评价记心房。然后老师说："这节课我们依然是枝繁，"学生接着说："叶茂。"

---

① 〔美〕斯蒂金斯. 促进学习的学生参与式课堂评价(第4版)[M]. 国家基础教育课程改革"促进教学发展与学生成长的评价研究"项目组，译. 北京：中国轻工业出版社，2005：77.

老师针对课题让学生谈感受，了解拟人的写法。接着出示了第一个任务：预习目标。1. 自由读课文，对照生字词用蓝笔圈画生字词，并会读、会写。2. 读通句子，遇到难句、长句和自己喜欢的句子可以多读。3. 课文读完后想一想，这篇课文主要写了什么？老师把这个问题交给了每个小组的三号同学进行组织，并让其中一个小组的三号同学说出小组交流的程序。这位三号学生大方地说：请同学们拿出红笔，三号同学领读，其他同学跟画、跟读，没读上来的词语进行补充。在小组内交流结束后，让小组内四号同学当小老师，进行字的写法指导。在理解"随遇而安"这个词语的基础上，老师让一位学生回答了课文的主要内容。在简单理解住宅特点的基础上让小组合作：哪一句是写住宅特点的？你感受到了什么特点？读出你的感受？在小组展示环节，每个小组的组长进行了分工：一位学生读句子，一位学生说特点，一位学生体验性读，最后齐读。接着老师让学生进行了体验是怎样盖房子的：读课文，画出描写修建过程的句子；组长进行分工，并进行角色表演；展示；组长总结，这是一只怎样的蟋蟀？在展示时老师把这个机会给了"还没有在树上结叶"的六组。同时让另一个组到了台上进行了脱稿展示。最后进行了小练笔。

本节课就小组合作而言，最大的亮点是老师用一棵枝繁叶茂的"评价树"调动了全班学生的参与，让学生成了学习的主体，碰撞出了学生思维的火花。每当一个学生回答结束，都要报上是几组，然后老师就在他所在的小组的枝上画上一片叶子，这种评价是看得见的。每一位学生都能感受到他所做的事情的价值，同时也能调动其他学生积极参与的动力。并且当集体展示时，所得到的叶子与单个人展示是不一样的，比如有个组是三个人展示，那么一次就得了三个叶子。也正因为学生把自己当成课堂的主人，所以才有了学生对学生的评价："我觉得组长很大胆，敢于表现自己，并且组员能听从组长的安排。"被评价的组长立即回应："噢，谢谢！"不经意的一个小环节引得观课老师会心大笑。

其次，小组的分工明确。这个分工有全班的分工：老师把第一个问题预习交给所有组的三号去组织，把指导写字交给所有组的四号去组织。也有组内的分工：小组长每次都能分得井井有条，每一位组员也都知道该干什么，从中可以看出老师平时对组长及组员的培训。

三是学生的学习习惯。学生自己预习时用蓝色笔画，组内交流时把蓝色变成红色，这一学习习惯使学生的学习有了看得见的痕迹，让学生能养成静下心来不动笔墨不读书的习惯。

理想的课堂永远是个过程，所以才让我们每一个老师都在为它孜孜追求。

本节课也不例外，一是"蔽"字的笔顺学生写错了，老师让学生质疑，学生都说行，结果老师也不了了之了，其实那个学生的笔顺写错了。二是老师在处理住宅的特点这一环节上有些琐碎。三是老师在上课过程中有些思维中断。这只能说明老师还没有把课堂全放给学生，如果老师只想着几个模块，按照模块的流程进行处理，可能就避免了老师忘记环节还得拿备课来看的现象了。从这一点来看，就越发显得我们自主课堂的必要性了。让课堂自主发展，让学生成为课堂的主人，老师是一个组织者、引导者，新课程理念的贯彻落实将是一个长期的过程。

（2013 年 10 月 9 日）

总之，课堂的评价是一个内因与外因的结合、内力与外力的统一。

第二节　对公民课堂的评价

对公民课堂的评价是助力老师形成以学生的自主发展选择教学的能力。对公民课堂的评价严格意义上讲应该是课堂教学评价，其目的在于评价教师的教学活动及其效果，是由学校课程中心组织、由授课老师以外的另一部分老师实施。将对公民课堂的评价信息反馈给老师，让教师对课堂教学进行修正，进而让学生个体以独特的方式学习。同时他要求教师进行仔细的设计，从而能够运用产生的信息来确定学生所知，洞察学生如何、何时运用其所知。教师也运用这些信息使教学合理化，更有目标，并向学生提供反馈以促进他们的学习。

对课堂的评价是一种总结性评价，其间可以有两个过程，一是过程性评价，二是诊断性评价。过程性评价主要聚焦老师为了课堂所作准备，如确定清晰的教学目标、选用适当的方法、进行课堂的组织、进行交流反馈等环节。诊断性评价就是通过对课堂的当堂达标测验和测验性考试抽测，从学生的结果来评价老师的课堂教学效果。

一、评价的对象

1. 以课堂教学流程为对象。指向课堂这一整体，重点关注课堂在"生成问题、合作探究、交流反馈、当堂达标"这一流程中如何促进学生的自主发展。

2. 以上课的老师为对象。指向老师的各种能力，包括解读教材的能力、课堂掌控力、学生的引领力等。

二、评价的主体

评价主体是指具备一定评价知识技能、能够实际参加评价活动的人及其所采用的工具。

对公民课堂的评价,主要指授课老师以外的人,通过各种观课量表来实施(表 4-1～表 4-3)。

表 4-1　小组合作学习有效性观察量表

观察员:×××

观察点:小组合作学习在课堂中发挥的作用

观察目的:通过观察学习小组在课堂中发挥的作用,对本节课课堂效果进行评价,找出问题所在,改进教学方法。

时间		地点		课题	课型	执教教师
观察项目	学生行为	教师指导	小组活动场景记录		效果评析	
问题提出	学生能否主动发现问题、提出问题,并通过小组讨论提炼优化有研究价值的问题					
组内成员分工	小组成员合理分工、密切合作,让每个学生都有事可做,秉承量力而为的原则					
独立思考	对分配到的学习任务能做到独立思考,整理思路准备小组交流					
组内交流	在小组合作学习中,能与同学有效合作,认真听取别人的意见,取长补短,完善自己的观点					
汇报展示	能否对老师和同学提出的观点大胆质疑,提出不同意见					

说明:各项观察的重点是实效性,如"问题的提出"使要研究的问题有价值、小组讨论不流于形式等。

表 4-2 课堂教学效果达成度观课量表

观察员:×××

研究问题:通过学生完成"课堂达标作业"情况了解小组学习效果

学习项目	参与情况		目标达成情况
知识点的掌握	学生掌握情况	全部学会	
		部分学会	
组内交流	回答问题	主动亮出自己的观点	
		被动接受、一知半解	
汇报展示	学生态度	质疑、互动	
		盲目接受	
课堂达标作业	正确率	正确	
		错误	

表 4-3 学习小组成员组内交流参与度观课量表

观察员:×××

观察点:小组合作学习课堂体验活动中学生的学习行为表现

观察目的:通过观察小组成员在课堂中的学习表现,对学习小组课堂效果进行评价,找出问题所在,改进教学方法

时间	地点	课题	课型	执教教师

观察项目		学生行为	评价结果		
观察项目	情感态度	1. 学习兴趣是否浓厚	浓厚( )人	一般( )人	无( )人
		2. 听讲注意力是否集中	30~20 分钟 ( )人	20~10 分钟(人)	10 分钟以下 ( )人
		能否积极参与教学活动(人次)			
			积极参与	被动参与	不参与
	思维方法	3. 能否对老师和同学提出的观点大胆质疑,提出不同意见			

（续表）

观察项目	思维方法	4. 在小组合作学习中,能与同学有效合作,认真听取别人的意见,取长补短,完善自己的观点			
		5. 学生思维的条理性,能用清晰的数学语言表达数量关系			
	知识应用	6. 能否应用已经掌握的知识与技能解决问题			

三、评价的方式

1. 学校层面:采用"四课"形式。由学校课程发展中心进行组织实施。每学期利用两个月时间,根据上学期课堂所存在的问题,作为本学期所研究的切入点,先进行深入研讨,达成共识,让教研员、骨干教师上好"引领课"。然后,根据各年级、各学科、教学进度,进行"实践课"。在实践课过程中,听课老师要随时进行研讨。在实践课时,要进行录像,便于每位老师在课后观看,进行"反思课"。在本轮研讨结束时,评选出的优秀教师上好"展示课"。四课的形式,是给老师搭建一个研究课的平台,从学校层面加强对课堂的评价。

构建自主高效课堂
——2020～2021上学期"公民课堂实践活动"实施方案

一、指导思想

为进一步推进高效课堂教学改革,切实提高课堂教学效率,加强学校常规教学管理,旨在切实落实公民课堂的自主性、民主性和科学性,促进教师的课堂教学交流和课堂教学水平提高,本学期学校将组织实施"公民课堂实践活动",并以此作为反馈教师的教学效果、教学态度和教学水平的有效手段。

二、活动目的

1. 全面落实教学常规管理制度,使每位任课教师精心准备、上好每一堂课,打造高效课堂,促进教师的专业成长。

2. 使学校形成浓厚的互听互学的良好教研氛围,互相切磋、共同反思,在提高自我的同时全面提升全校教学质量。

三、活动领导小组

学校成立以校长为组长，业务领导为副组长，行政管理人员、学科教研组长、教研能手、骨干教师为成员的工作小组。

四、听课活动对象和时间

全体教师；2020 年 10～11 月。

五、听课活动要求

1. 课堂教学体现"公民课堂"的自主性、民主性和科学性，注重学生的自主、合作、探究性学习，注重同桌合作、小组合作的实效性；体现学生学段特点，按照教学、助学和导学递进，精心设计助学单、导学案。

2. 做好听课记录，填好观课量表，保证听课质量。

听课教师必须在听课笔记上认真做好记录。听课记录主要包括教学实录和教学评点两个方面。教学实录主要围绕"教学环节、教学内容和学生活动"进行，包括：①听课时间、学科、班级、执教者、课题、第几课时等；②教学过程，包括教学环节和教学内容，以及教学时采用的方法；③各个教学环节的时间安排；④学生互动情况；⑤教学效果。

教学评点主要围绕"哪些方面好，为什么好""哪些方面不足，为什么不足""对于不足之处如何改进，为什么这样改进"的思路进行，包括：①教材处理与教学思路、目标；②教学重点、难点、关键；③课堂结构设计；④教学方法选择；⑤教学手段运用；⑥教学基本功；⑦教学思想。

写教学评点可以采取两种记录形式：一是间评，把师生双边活动后所产生的反馈感应，随时记录下来；二是总评，就是对间评综合分析后所形成的意见或建议记在记录本上。

3. 听课形式，听课管理。

采取学科集体听课形式进行。听课老师提前到听课教室，不得迟到或早退，不得做任何与当时教学内容无关的事情，手机设置为静音。

4. 落实评课工作，提高评课质量。

听课人必须对所听的课与授课者进行交流点评并打分，授课者要做好有关记录。教研员、教科员、备课组长组成评审专家，专家评分占 50%，教师打分占 50%，成绩计入个人量化。

5. 讲课教师向听课教师提供讲授内容的教案，课后交由教科研中心室整理存档。

校课程发展中心

2.教师层面:随堂听课的方式。各年级组根据公民实践课安排,组织老师进行观课、评课。并围绕课堂研究,采取"主体引领式"的校本教研思路,即:以课堂教学为主体,以问题导向为策略,引领集备、作业设置、单元检测、听评课、课后反思等一系列校本教研。每周三,开展以考带研——课例引领式单元集体备课,以考查知识点的方式带动单元问题研讨和重点课例集备,促进教师共同成长。

3.学生层面:课堂达标作业。达标作业的设计是指向确定学生是否达成本节课的学习目标。这样做的目的:一是减轻学生课后作业负担;二是帮助学生巩固当堂所学知识,提高解决问题的能力;三是提前找准下节课学生的学习起点。公民课堂要求反馈及时,因为只有及时,才能让学生体验到快乐;只有体验到快乐,才能提高学生进一步学习的兴趣;也只有及时才能摸准学生的学情,为下一节课做好准备。要做到这些,这就要求老师设计时做到:一是要有梯度,根据学生的情况设计二种或三种层次的问题,让不同的学生都能体验学习的快乐。二是采用倒逼法,那就是每节课从后面数8分钟,这8分钟就是反馈用的,是不能占用的。这就使老师必须在30分钟内解决教学内容。同理,这就要求老师要精于整合教材,细心摸准学情,精心设计问题,坚持学习型小组建设,如此一来,形成良性循环。如表4-4所示。

表4-4　四年级公民课堂知能践行单

四年级公民课堂知能践行单(一)	
班级:　　　　　　　　　　　　　　　　　　　　　　　　生评:☆☆☆☆☆ 姓名:　　　　　　　　　　　　　　　　　　　　　　　　组评:☆☆☆☆☆	
13. 精卫填海	知错能改
基础百花园 一、给加点字选择合适的意思 A. 死亡　　　　　　B. 原来的　　　　　　C. 因此 故为精卫(　　)　　因病身故(　　)　　　故乡(　　) 提升训练营 二、按原文填空 炎帝之少女,(　　　　)女娃。女娃游于(　　　　),(　　　　),故为精卫,常(　　　　),以堙于东海。 三、翻译句子 1.炎帝之少女,名曰女娃。 2.女娃游于东海,溺而不返。	
教师话语:	

（续表）

四年级公民课堂知能践行单(二)	
班级：　　　　　　　　　　　　　　　　　　　　　　　　生评：☆☆☆☆☆ 姓名：　　　　　　　　　　　　　　　　　　　　　　　　组评：☆☆☆☆☆	
4.8.1　平均数(例1)	知错能改
【基础园】 1. 选一选 (1)植树节少先队员种树，第一天种了180棵，第二天、第三天共种了315棵。平均每天种多少课？（　　　） ①(180＋315)÷2　　　　　　②(180＋315)÷3 (2)气象站在一天的1点、7点、13点、19点，测得的温度分别是8℃、15℃、24℃、17℃。请算出这天的平均气温。（　　　） ①(8＋15＋24＋17)÷4　　　②(8＋15＋24＋17)÷(1＋7＋13＋19) 【拓展园】 2. 一班有40个学生，二班有42个学生，三班有45个学生。开学后又转学来了11个学生。怎样分才能使每班学生人数相等？	
教师话语：	

第三节　为了公民课堂的评价

　　为了公民课堂的评价是以学生的学习、最重要的是达成以学生的自主发展来选择教学而进行的评价。为了课堂的评价主要是围绕公民课堂的民主性、科学性和自主性这三个维度进行评价。

　　为了公民课堂的评价是持续性的。在学习的过程中，提供学生在达到标准的过程中取得的进步的信息，将评价结果运用视为促进学习，包括给学生反馈和给教师反馈。教师运用评价信息进行自我反馈，从而为适性的教学提供依据；向学生提供反馈以帮助他们确定下一步的学习行动。

　　为了公民课堂的评价可以促进学习、改善学习空间。为了课堂的评价就是让课堂中的评价如何服务于学生的自主发展。这种评价就是为了改进，所以是形成性评价。评价的目的不在于判断学习的好差，而在于做出评价后是否有利于学生的学习。教师应用评价来影响学习的主要手段就是动机的强化，无论是课堂中的表扬奖励还是用小红花、五角星、小红旗之类强化技术抑或是用于购置学生评价甚至成绩的排名。

一、评价的对象

以学生的学习为评价对象。在整个课堂中，老师要时刻关注学生学习的整个过程，不断调整教学来适应学生的不同需求，达成以学生的自主发展来选择教学，这更多的是一种形成性评价。

二、评价的主体

1. 教师。教师不能只是用评价来对学生做出判断、下结论，而是要从评价结果中发现自己教学中存在的问题，依据评价结果来调整自己的教学，最终促进学生的学习。

2. 学生。应当让学生有充分的机会参与评价过程，并在评价中学会评价。一是让学生参与评价的全过程。学生的学习是课堂评价的对象，但同样是课堂评价的目的。学生是学习的主体，学习最终是学生的事。即使在教师作为评价主体的评价中，学生也必须是评价信息的重要用户。只有学生准确理解并运用评价结果，评价才能真正促进学生学习。但学生不能只是评价信息的用户，必须让学生有机会参与评价的全过程，参与设定评价目标和评价标准，参与设计评价工具，作为主体实施自评和互评，有效运用评价信息来调整自己的学习。二是让学生学会评价。在布鲁姆的教学目标分类学中，"评价"处于认知技能目标的最高层级。在对于学习是非常重要的元认知能力中，自我评价是非常重要的组成部分，是自我调节的关键前提，对于学生未来长远的发展而言，自我评价能力至关重要。高质量的评价不止于学生对评价结果的有效运用。如果说评价结果的有效运用，能够解决学生当前学习中的问题，那么，评价能力的发展将会使其在未来终身学习和工作中受益。课堂评价应当为学生学会评价提供示范，让学生在参与评级的过程中学会评价。

三、评价的方式

1. 氛围的营造就是一种评价。既然是为了促进学习的评价，那么氛围的营造其实也是一种评价。好的氛围，能影响学生的学习效果，促进学生的自主发展。

民主的魅力

今天下午第四节课我听了一年级数学老师李光臻的课，课题是《加法》。李老师先从数字分解与合成的训练开始，引入新课，让学生观察图，提出"你是怎么合起来的"，从而引出今天的学习内容：加法。然后引导学生认识加号，指导读法。接着利用实物教学法，老师展示两只手中的铅笔，表述出：一只手中有2支，另一支手中有2支吧，合起来2＋2＝4，共有4支。让学生根据这种表述，说一说自己手中的铅笔。在让6位同学展示后，引入例题：看图说算式表示的意思，1只蓝色千纸鹤，2只黄色千纸鹤，合起来共有3只千纸鹤。在学生理解后，提出还发现了什么？共有三个孩子。紧接着进行了三个巩固练习，一是看图列式数铅笔，4＋1＝5；二是看图数松鼠，3＋2＝5，三是将自己手中的铅笔放到桌子上分成两部分，自己列式。最后进行了三个课堂实践，一是看图数青蛙补充完整版式，2＋2＝4，二是看图数鸡补充完整，三是画数字补充完整。接着进行了课堂小结：这节课你学到了什么？

整堂课目标明确，围绕目标多层次、多角度训练，组织教学有针对性，课堂中李老师所体现的最大特点是民主。

一是民主的氛围。老师说话有激情，但不失活泼，精神饱满，能带动学生的情绪，能扑下身子与学生对话，尊重每一个学生的想法，而不是一味地将学生引到自己的思路上来。

二是民主的态度。对待学生的回答民主，其中有好多意外的回答，老师都能根据学生的回答进行点评，加以引导。①当让学生根据图上表示的1只白纸鹤和2只黄纸鹤，合起来是三只纸鹤时，一个学生这样回答："我发现这边有3只纸鹤，那边有3只纸鹤，共有6只纸鹤。"这时老师说：你把这边三只看做一个整体，那边的也看成一个整体，然后合起来，也不错。②看图数松鼠，本来是树上有3只、树下有2只小松鼠，算式是3＋2＝5，老师问还能列其他算式吗，一个学生说："这边是1个，还有2个，还有2个"老师马上让他登台演示，虽然学生后来还是说出是1＋4＝5，没有表达出他的1＋2＋2＝5的意思，但老师对他的态度，充分体现了尊重学生。③数青蛙那道题，本来是二个一组、二个一组，即2＋2＝4，一个男同学说出是3＋1＝4。三次意外情况的出现，老师都能耐心对待，细心引导。

三是民主的设计。课堂呈现出的民主性还体现在问题设计民主。老师在巩固训练时,让学生将自己手中的铅笔放到桌子上、分成两部分,自己说出来。因为每个同学手中铅笔数不同,可以有不同的摆法,即使数目相同,也会有不同的摆法。这就充分发挥了学生的自主能动性,因为是自己摆的,所以学生在呈现时精彩纷呈,并且在表述时效果很好。

课堂的民主,也使得学生在总结谈收获时,有的学生说学会了加法,有的说学会了几加几等于几,有的说学会了合成,还有的说学会了分成。虽然只是一年级的小同学,但学生自主发展的状态已然显现。我想这就是课堂民主的魅力所在。

(2017 年 10 月 11 日)

2. 问题的设计有助于评价。问题是种手段,通过提问,用学生的回答来收集学生的信息,这种定位于了解学生学习情况的提问本质上,就是一种评价。

问题设计是学生学习的起点和动力。因此,要精细设计、精确措辞、精当运用,要言简意赅、思之有味,要起到"一石激起千层浪"的效果。

(1)目前问题设计存在下列问题。

一是多,低效度。这表现为老师不分主次地进行问题轰炸,满堂灌变成了满堂问。使学生失去了思维所需要的时间,过多的问题使得思维的空间变得窄小,思维的长度变得短促,学生只能在老师的步步紧逼中,认同似的回答问题。

二是浅,缺深度。有的老师课堂提问简单,一问一答,明知故问,浪费时间。提问方式往往采用"是不是"的判断型和"是什么"的叙述型,很少采用"为什么的分析型"和"你有无其他想法的扩展型"。表面上看,课堂热热闹闹,实则空空洞洞。由于问题过浅,缺少深度,学生没有思考余地。这样的问题,不能使学生引发认知冲突、产生思考困惑,学生无须思考就能回答出来。实践证明,过浅的问题,既不能激发学生的学习兴趣,也不能激活学生的思维。

三是难,少梯度。问题设计太浅,让学生有轻易答出的懈怠;问题设计太难,又让学生有望而生畏之感。在教学设计中,有的问题设计太难,超出了学生思维的最近发展区,加上缺少铺垫,学生根本无法解答。缺少梯度的难题,同样不能激活学生情智。

(2)只有认真研究问题设计的策略和方法,才能解决存在的问题,收到预期的效果。从另一方面来说,问题其实就是一种评价,好的问题设计能激发学生学习的动力,引领学生学习。

一是重点处设问。重点内容就是教材中最主要的内容，在知识结构中起纽带作用的知识，它包括基本概念、基本理论、基本技能等。问在重点处，让学生把握知识的精髓，能够由此及彼；问在关键处，让学生掌握知识的关键部分，能够带到全面，使其他问题也迎刃而解。如王兴菊老师所讲的《凡卡》，用"连狗都不如的生活是一种怎样的生活？"这一个问题引出对全篇文章的理解。

二是难点处设问。比较抽象、深奥的或坡度太陡的知识，学生学习理解时感到费力、困难，是教学的难点。老师于难点处可进行层递式设问、探究式设问、提示性设问，化难为易，让学生跨越学习的障碍。（把难点知识设计成一个大问题，然后将其分解成几个小问题，让学生通过解决小问题，认识大问题，进而突破难点。）比如，王晓伟老师讲《惊弓之鸟》，她层层设疑、环环相扣，引导学生理解了惊弓之鸟的前因后果。

三是展示处设问。展示是公民课堂的精彩之处。为了让展示更有效、更精彩，老师应抓住学生好奇、好动、好表现的心理特征，在便于展示之处，设计有新颖性、刺激性的问题，促使学生主动探求问题、展示学习成果。这时候老师一定要耐心等待。

四是拓展处设问。设计拓展性问题，让学生对文本材料进行深度挖掘，拓展学生思维的广度和深度，满足课堂教学中个性化的需求，把学生的学习引向深入，并延伸到课外。这样能大大提高学生的创新能力和自学能力，促进学生自主发展。最明显的设计是"谁还有其他意见？"

五是问题设计要有层次。面对全体学生，课堂问题要有思维的梯度，要体现由易到难，能引导学生由浅入深、层层深入地认识教材、理解教材、掌握教材。那么问题分哪几个层次？问题设计的理论基础是什么？布鲁姆把认知领域的教育目标按由简单到复杂、由低级到高级的顺序，分为知识、理解、应用、分析、综合、评价等六种不同思维水平。对应的就有如下六种不同层次的问题。

①识记性问题。这是考查学生概念字词分式法则等知识记忆情况的问题。老师常用关键词有：是什么、在哪里、什么时候、有哪些、怎么写等。识记性问题的答案是现成的，学生回答时不需要进行深刻的思考，只需要做回忆性的重述。这种问题可由学生课前独立完成，课中应当节制使用。

②理解性问题。用自己的话叙述、解释新学知识都属于此类问题。理解性问题是用来检查学生对所学新知的理解情况。老师设计这类问题常用语句为：请你用自己的话叙述、阐述、比较、对照、解释等。

③应用性问题。通过建立一个简单的问题情境，让学生应用知识解决简单

的问题。设计应用性问题时,老师常用的关键词是:应用、运用分类分辨选择举例等。

④分析性问题。要求学生把事物的整体分为各个部分、各个方面,找出它们之间的关系,包括要素分析、关系分析、原理分析。

⑤综合性问题。要求学生在分析的基础上,把事物的各个部分、各个方面、各种特征综合概括,得出新结论,或得出预见性的结论。一般表达形式是:根据什么、你能想到问题的解决方法吗? 为了什么、我们应该怎么做? 如果什么、会出现什么情况? 假如什么、会产生什么后果? 等等。

⑥评价性问题。这是老师引导学生对作品的思想价值、各种解题方法的特点、对有争议的问题的看法进行评价的问题。判断并说明理由的题目属于评价性问题。问题的难度就是问题的深度与广度。从思维水平上要求,问题必须先易后难,由浅入深,要有一定的层次性。

在设计问题时,既要有一般水平的问题,表现为对教材内容的识记、理解和应用,也要有较高水平的问题,表现为对教材内容的综合分析和评价。

3. 展示也是评价。通过学生书面、口头、行为等方式来展示自我个人的或组内形成的学习成果,以达到活跃思维、锻炼勇气、培养能力、塑造人格的目的。展示是学生互教互学、是训练勇气、是开发胆识。学生从敢想到会想、从敢问到善问、从敢答到能答、从敢演到擅演,在展示中学习,在展示中成长。展示也是学习型小组建设的核心所在。公民课堂之所以以学习型小组为支撑,是基于解决这样两个问题:一是解决普及的问题,即"有教无类",学生的全面性;二是解决"因材施教",分层教学的问题。用展示能提高教学效果,用展示最能体现以学生的思维来选择教学这一思路。这种方法的理论依据是美国缅因州实验室做过的一个"学习金字塔"实验。实验结果表明,不同的学习方法,在两周后的记忆保持率是不同的。教别人两周后能记住90%,实际演练、也就是在做中学能记住75%,小组讨论记住50%,演示记住30%,图片、声音记住20%,阅读记住10%,听讲记住5%。所以美国伊克中学的校训是:让我看,我记不着;让我听,我会忘记;让我参与,我会明白。如何做到有效展示。首先要进行小组培训。其次组内要进行分工,四个人,根据能力分给他们不同的任务。第三展示要均衡。每隔一段要进行轮流。在展示时要做到生生互动、师生互动。老师的顺势而导在这个地方体现得最为明显。最不可取的是精英展示,即为了教学流程的顺畅,为了教学目标的快速达成,只用优秀学生来展示。为了促进展示的健康发展,最好的评价方式是小组整体评价。现展示如下。

小组内展示:

小组长:下面我们开始交流,×××你先说说你的想法。

生1:我说一下我的想法……这是我的想法,大家有什么意见吗?

生2:……(例如:我同意你的看法,但我还想补充一下;或者直接发表意见,不用过渡语。)

生3:……(我不同意你的看法,我是这么想的。)

小组长:刚才大家发表了自己的意见,我来做个总结……

全班展示:

一小组代表或集体展示(首席发言小组)

小组长:这是我们组的学习收获,大家有不同意见吗?(有不同感受的小组直接汇报不同之处,不必按部就班把所有的学习收获都展示出来)/哪个小组来挑战我们的诵读?(或直接举手示意)

同生2、生3

首席发言小组组长或教师:小结(刚才大家发表了自己的意见,我来做个总结……)

4. 小组内评价:小组内评价主要在学生之间进行,要充分给学生表达的机会。既有组员的自评,也有组员之间的他评,还有小组长的评价。这些评价是学生学习动力的源泉,也是小组建设中不可或缺的重要部分。

小组内评价(表4-5)

星级组员评价标准:

①根据学习任务积极思考,得1颗☆。

②小组学习帮助小组成员解决问题或困难的,每次得1颗☆。

③组内交流服从安排,认真倾听,能清楚表达自己想法的,得1颗☆。

④全班交流时代表本组发言,得1颗☆;因发言精彩而得到老师表扬、为本组挣得小组加分的,得1颗☆。

⑤课堂表现与以前相比有较大进步,课下经小组成员评议通过的,得1颗☆。

⑥认真完成达标作业,卷面整洁的,得1颗☆。

评价办法:星级学员赋分由小组长负责计分,一课一记,一周一总。

表彰办法:每周评选出星级学员(分为三个等次,一星、二星、三星),三星学员约占30%;学期评选最优学员,颁发证书。

表4-5 小组内评价

___组：　　　　　　　　　　　　　　　　　　　　　　　　　记录人：

姓名	星期	自主学习	合作交流	课堂展示	课堂达标	统计
	一					
	二					
	三					
	四					
	五					
	一					
	二					
	三					
	四					
	五					
	一					
	二					
	三					
	四					
	五					
	一					
	二					
	三					
	四					
	五					

5. 班级内对小组的评价。班级内对小组的评价主要在班级内组际之间进行，目的是促进小组的建设，形成学生合作能力，如表4-6所示。

最优小组评价标准：

①小组成员能按时完成学习任务的，奖励一面▷。

②组内学习、交流有序，汇报展示安排合理的，奖励一面▷。

③获得首席发言小组并能组织全班交流的，奖励一面▷。

④小组发言精彩的,奖励一面▷。

⑤课上认真完成达标作业并进行错题纠正的,奖励一面▷。

计分方法:

最优小组由各科老师负责,一课一记,一月一总。

表彰办法:

每班每月评选出最优小组,照相、并在学校公民课堂最优小组展示台栏目内张贴、表彰。

每学期学校表彰最优小组。

表 4-6 班级最优小组评价

	周一	周二	周三	周四	周五	合计
A1 组						
A2 组						
A3 组						
A4 组						
A5 组						
A6 组						
B1 组						
B2 组						
B3 组						
B4 组						
B5 组						
B6 组						
C1 组						
C2 组						
C3 组						
C4 组						
C5 组						
C6 组						
D1 组						

（续表）

	周一	周二	周三	周四	周五	合计
D2 组						
D3 组						
D4 组						
D5 组						
D6 组						

第五章 公民课堂展望：
放飞新型公民的希望

经历了就会被感动，行动了才能有收获！

通过在沂南经济开发区实验学校九年的学习，从这儿走出的小公民们，无论将来从事什么职业，无论收入水平高低，他们在语言、数学、人文与社会、运动与健康、批判性思维、沟通与合作、公民责任与社会参与等素养的积淀上，是兄弟学校所无法比拟的。较之兄弟学校，从这里走出来的小公民更加关注信息素养、创造性与问题解决、跨文化与国际理解，特别是自我认识与自我调控。他们更加重视科技素养、艺术素养、环境素养，特别是学会学习与终身学习。值得一提的是，他们更多地把触角伸向了农村农业发展、园林果蔬规划、财商素养、人生规划与幸福生活以及未来领导力……

沟通与合作、创造性解决问题、信息素养、自我认识与自我调控、批判性思维、学会学习与终身学习以及公民责任与社会参与，这些成为沂南经济开发区实验学校的小公民走上未来社会的最重要的品质。

第一节 回顾过往

经过近几年的实践探索，公民教育在开发区实验学校开花并结出了头茬果实，在教育教学、家校共育等方面，引起了社会和上级教科研部门的关注。齐鲁名校长领航工作室落户我们沂南经济开发区实验学校，成了引领县域学校发展的门户。

学校由单一的六年制小学发展成为小学初中一体化的九年一贯制学校。学校的教学质量、升学比率得到了社会和家庭的认可，前来求学的学子由沂南经济开发区波及周边再辐射到全县每一处乡镇的角角落落。在校学生由2016年的不足600名发展到现在的2852名，5年的时间，来此求学的学子数量翻了

4倍多。

一、学校取得的荣誉

学校成为"全国首批家校共育数字化示范校""全国青少年校园足球特色学校""中国好教师基地校""全国重点数学实验学校""中国新样态联盟实验学校""山东省首批人工智能试点校""鲁派教育艺术研究科研基地""山东省家庭教育实验基地""临沂市绿色学校"。在这百余项荣誉的背后,是广大师生、家长及社会各界对学校发展的大力支持和帮助的结果。

二、学校主持的项目、获得的研究成果

1. 主持的项目(表5-1)

表5-1 学校主持的研究项目

项目名称	结题情况	研究起止时间
教育部学校规划建设发展中心课题《中小学"未来公民"教育课程体系构建研究与实践》	结项	2018.01—2019.12
山东省教育科学规划课题《疫情背景下基于"互联网+"的家校共育策略研究》	结题	2020.01—2020.12
山东省教育学会家庭教育专项重点课题《学校、家庭、社会三位一体教育模式研究——以沂南经济开发区为例》	结题	2017.01—2018.12
临沂市社会科学研究课题《中小学"公民教育"课程研究与实践》	结项优秀	2018.01—2018.12
临沂市教育科学"十三五"规划课题《公民"六艺"校本课程体系建构的实践研究》	结题	2018.03—2019.07
"全国基础教育课程综合改革示范实验区"实验项目:"传统文化与国学教育"项目	在研	2017.01—2022.12
"全国基础教育课程综合改革示范实验区"实验项目:"语文主题学习"项目	在研	2017.01—2022.12
"全国基础教育课程综合改革示范实验区"实验项目:"校长发展论坛暨特色品牌学校建设"项目	在研	2019.03—2022.12
"全国基础教育课程综合改革示范实验区"实验项目:"家校合作育人"项目	在研	2019.03—2022.12

2. 获奖的研究成果（表5-2）

学校公民教育研究成果在临沂市县教育主管部门得到确认。

学校教师也得到了成长。数学教研员张忠梅老师在全县中小学数学课堂教学研讨会上做典型发言；14名教师获全县中小学线上教学教研成果奖，其中，一等奖10人，二等奖4人；14名教师获县教学质量奖。

表5-2　学校获奖研究成果

姓名	类别	等次	颁发机构	日期
徐正烈	沂南县第六届教学成果评选	特等奖	沂南县人民政府	2020.9
李翠萍	沂南县第六届教学成果评选	一等奖	沂南县人民政府	2020.9
朱录文	沂南县第六届教学成果评选	一等奖	沂南县人民政府	2020.9
王文武	沂南县第六届教学成果评选	二等奖	沂南县人民政府	2020.9
麻爱玲	沂南县第六届教学成果评选	二等奖	沂南县人民政府	2020.9
张忠梅	全县小学数学课堂教学研讨会	典型发言	沂南县教育和体育局	2020.8
张炜	全县初中教研成果（线上教学）课例类	一等奖	沂南县教育和体育局	2020.8
田玉莹	全县初中教研成果（线上教学）课例类	一等奖	沂南县教育和体育局	2020.8
赵继敏	全县初中教研成果（线上教学）课例类	一等奖	沂南县教育和体育局	2020.8
尹纪胜	全县初中教研成果（线上教学）课例类	二等奖	沂南县教育和体育局	2020.8
程纪江	全县初中教研成果（线上教学）案例类	一等奖	沂南县教育和体育局	2020.8
高晓丽	全县小学教研成果（线上教学）课例类	一等奖	沂南县教育和体育局	2020.8
朱金华	全县小学教研成果（线上教学）课例类	二等奖	沂南县教育和体育局	2020.8
车升玉	全县小学教研成果（线上教学）课例类	二等奖	沂南县教育和体育局	2020.8
孙学梅	全县小学教研成果（线上教学）课例类	二等奖	沂南县教育和体育局	2020.8
李萍	全县小学教研成果（线上教学）案例类	一等奖	沂南县教育和体育局	2020.8
李翠萍	全县小学教研成果（线上教学）案例类	一等奖	沂南县教育和体育局	2020.8
麻爱玲	全县小学教研成果（线上教学）案例类	一等奖	沂南县教育和体育局	2020.8
李翠萍	全县小学教研成果（读书活动）案例类	一等奖	沂南县教育和体育局	2020.8

3. 发表或出版的研究成果（表 5-3）

出版了教育专著《美好教育之道：县域教育特色化发展研究》，在《中小学管理》《中学数学》《中学数学杂志》《中小学数学》等刊物发表研究成果，在省、市范围内推广和应用，起到了辐射和引领作用。

表 5-3　学校发表或出版的研究成果

发表时间	成果名称	成果形式	发表期刊/出版社	作者排序	备注
2020.02	扎根厚重地域文化　营建新学校办学特色	论文	中小学管理	独作	CSSCI 扩/全国中文核心
2018.05	"五大"工程锻造教师"六自"活动培育学生	论文	中小学校长	第一	国家级刊物
2018.10	中小学公民"六艺"课程设计及其实施	论文	中学教学参考	独作	省级刊物
2020.05	美好教育之道：县域教育特色化发展研究	专著	中国海洋大学出版社	第二	大学出版社
2019.03	语文自主发展课堂模式探究	论文	小学教学参考	独作	省级刊物
2017.11	义务教育阶段学生留级诉求与留级举措的思考	论文	教书育人·校长参考	第一作者	国家级刊物
2018.09	名校办分校　帮扶有诀窍——以山东省沂南经济开发区实验学校创办梓栏分校为例	论文	教书育人·校长参考	第一作者	国家级刊物
2018.11	"亲职教育"为"未来公民"奠基	论文	新课堂	第一作者	省级刊物
2018.01	小议用好"亲职教育"之沟通、教养，为未来公民保驾护航	论文	读与写	第一作者	省级刊物
2018.03	让每个小公民"星"光闪耀	论文	语言文字报	独作	国家级
2011.06	精心设计问题串　引导学生探究学习	论文	中学数学杂志	第一作者	省级刊物

第二节　憧憬未来

　　今天的学生，就是未来社会的公民、建设者和接班人。如何把一个个鲜活的生命个体培养成为中国特色社会主义新时代的合格公民？这要求学校教育遵循人才成长规律，创新人才培养模式，做好学校与社会的人才培养衔接，为新型公民奠定坚实的根基。学校小社会，生活大课堂，未来公民，就从这里出发！

一、从文化到精神：传承华夏文明的图腾

　　我们把寻找文化基因和生长点作为办学的重要依据和逻辑起点。中华文明，上下五千年，华夏的文明之光、道德瑰宝一直激励着中国公民砥砺奋进。华夏文明的主要特征就是其独特的、一脉相承的道德礼仪。在《尚书·周书·武成》中是这样表述的，"华夏蛮貊，罔不率俾"。意思是说，无论是中原地区的民族，还是边远地区的民族，都对周武王表示顺从——可以说，唱响文化自信，立足世界民族之林，是从周武王开始的。而《唐律疏议》曰："中华者，中国也。亲被王教，自属中国。衣冠威仪，习俗孝悌，居身礼仪，故谓之中华。"

　　1. 凝练共同文化价值追求，确立公民教育目标培养

　　中华民族的骨子里流淌的是儒家文化的精髓。山东临沂是沂蒙精神诞生的核心地带。沂蒙精神源于儒家文化，儒家代表人物孔子弟子有七十二贤，其中临沂就有十三贤，他们曾在这里讲学，传播儒学思想，运用"六艺"课程进行"君子"人格培养，这为我们开展公民教育提供了丰厚的文化土壤。遵循上述文化逻辑基点，结合培养时代新人的要求，通过对以儒家文化为代表的中华优秀传统文化和沂蒙精神中蕴含的教育元素进行合理转化，我们萃取出共同的文化价值追求——"明礼守法、尚美致雅、崇健图强、御正求真、知书悟道、得慧达变"（简称"公民六艺"，即礼、美、健、御、书、慧）。在此基础上，我们提出了培养"有根有魂有中华民族精神底蕴的世界公民"的育人目标，并将其细化为"中国特色社会主义和共产主义理想、热爱祖国、热爱劳动和劳动人民、有自觉的社会公德、有集体主义精神、有较高的科学文化素养、有国际视野和世界眼光"的未来公民。

　　2. 汲取文化精华涵养身心，一以贯之丰厚公民底蕴

　　沂南经济开发区实验学校坚持以"公民教育"立德树人，在继承和发展儒家

思想、沂蒙精神的基础上,不忘初心,将"六艺文化"融入了国家课程、地方课程和校本课程,弘扬华夏文明,打造学校普惠文化品牌,以活动入手入心,朝人文化、精品化、特色化迈进!

二、从课程到课堂:打造公民六艺的素养

为保证公民教育培养目标有效落地,我校确立了"九六三"育人方略,即"笃行九年,修习六艺,养成三德"。其中"修习六艺"是指依托学校"公民六艺"课程体系,着力培养学生的六大核心素养,即"礼、美、健、御、书、慧"。具体目标:明礼守法,学会交往;尚美致雅,学会审美;崇健图强,学会健体;御正求真,学会规划;知书悟道,学会学习;得慧达变,学会探索。同时依靠"公民课堂"落地实施。

课程是落实教育的载体。只有拥有了课程,才能真的实现"春风化雨润万物"。我们发掘指向学生的"六艺"课程,这是奠基未来公民的根本。

秉承"国家课程校本化、校本课程序列化"原则,我们将公民教育引入中小学课堂,并由课内延伸到课外,逐步形成了立足校本的公民教育系列课程(图5-1),以此来滋养学生的核心素养,为未来社会的合格公民奠基。

图5-1 立足校本的公民教育系列课程

1. 依托国家课程,构建"公民六艺"学科融合课程群

整合学科课程资源,推进学科间的深度融合,在学科教学中渗透"礼、美、健、御、书、慧""六艺"价值,着力打造公民教育学科课程群。即公民语言课程、公民数学课程、公民艺术课程、公民体育课程、公民探索课程。在学科课程群中分别设置通识性必修课程和个性化选修课程,在课程实施中渗透公民教育。对"小公民"素养形象,通过"明礼院—'演'出来;尚美院—'画'出来;崇健院—'练'出来;领御院—'捏'出来、'剪'出来;国学院—'写'出来;智慧院—'造'出来"的六种方式,培养出既具有中国传统文化底蕴、又有个性凸显的,适应未来社会发展的合格小公民。

国家课程通过德智体美劳的"六艺"呈现，这样，学生的公民知识得到普及，公民素养得以养成，公民价值得以弘扬，公民技能得以习得，公民能力得以达成。

2. 融合实践活动，构建"公民六艺"校本课程

在学校课程建设中，学校将以"六艺院"（明礼院、尚美院、崇健院、领御院、国学院、智慧院）为阵地，以月主题活动为载体，通过丰富多彩的实践活动，全面实施"公民六艺"校本课程，内容包括礼艺、美艺、健艺、御艺、书艺、慧艺课程，其中又分为必修课和个性化选修课，以此促进学生五育全面发展，奠基未来公民素养（表5-4）。

表5-4　公民六艺培养目标

出处	公民六艺	目标	细化课程	五育
孔子六艺之"礼""乐""射""御""书""数"	礼	明礼崇德，学会交往——培养学生的人文素养、家国情怀和国际视野	开发"节日课程"，创新"公民生活"课程	德育
	美	尚美致雅，学会审美——培养审美情趣，学会发现美、欣赏美和创造美	开发陶笛、架子鼓、戏剧表演等课程	美育
	健	崇健图强，学会健体——培养学生良好的身体素质、心理素质和抵御未来各类风险的能力	开发文体活动课程	体育
	御	御正求真，学会规划——培养学生的设计力、领导力、胜任力、表现力，形成国家认同	开发生涯规划课程、成长指导课程、研学旅行课程	劳动教育
	书	知书悟道，学会学习——培养学生的阅读兴趣、阅读方法和表达能力，以书品育人品	开发国学诵读等无字课程	智育
	慧	得慧达变，学会探索——培养学生的学习兴趣、人生志趣、思维品质和思维能力	开发思维导图、魔方、超脑思维训练、Scratch编程等相关校本课程	智育

3. 全力打造"自主性、民主性、科学性"的"公民课堂"

课堂是落实课程的主阵地，学校将以最大限度满足学生成长需要为标准，坚持问题导向，构建起以"自主性、民主性、科学性"为主要特征的"公民课堂"，

同时依据学生在校四个发展阶段,循序渐进地采用教学、助学、导学、自学四种教学模式。即在1~2年级侧重教学(教为主导,学为主体);在3~5年级侧重助学(问题引领,同伴互助);在6~7年级侧重导学(学案诱导,任务驱动);在8~9年级侧重自学(精讲精练,自主生成)。同时,我们将在开设的国家课程和地方课程中渗透巩固"未来公民"意识,学生在轻松愉快中学会做人行事,社会化公民在中小学就得以普及。除此之外,学校还将围绕公民教育培养目标,针对学生每个阶段的成长需求开展问题化学习,同时要求教师在问题设计中要面向全体学生,做到在重点处、难点处、展示处、拓展处设问,体现由易到难的过程,引导学生思维由浅入深。随着每个教学问题的不断解决,学生的思维水平和自主能力也得到发展和提升。并且,我们深知,学校小社会,生活大课堂。在学校里的日常生活都是公民成长的大课堂,我们将在学校设立公民大讲堂,利用杏坛论道,面向广大一线教师,分享自己的教学理念与经验,让老师们在积极发展中形成自我认同、自我尊重、自我守规,找到专业发展的职业幸福感。培养一支德高、业精、勤勉、乐教的教师队伍。利用学子诵读,传承国学根脉,形成公民素养,培养爱国情怀,增强公民意识。利用百家讲坛学习先进理念,拓宽师生的眼界,为培养未来合格小公民奠定基础。

三、从学生到家长:丰厚未来公民教育的土壤

未来公民的培养离不开家长的参与,围绕家校合作,有效调动教师、学生、家长的积极性,就必须融通家校关系,逐步推进办学目标,在家校社三位一体的"立交桥"中,以家长参与学校管理为根本,将家庭教育、社会教育纳入学校治理体系,融合这两股育人力量的优势,取长补短,补齐学校治理体系短板、缝隙,形成"全程、全员、全方位"育人的网络运行体系,实现家校共育状态下的珠联璧合,把学生培育成德智体美劳全面发展的新型公民,落地五育并举的根本任务,达成党的教育方针和立德树人根本要求轻松落地的根本目的,让家校共育的实践真正开花结果。

1. 打造家校社协同育人治理体系

教育站在了新时代的新起点,教育治理体系和治理能力现代化也迈上了新征程,实施多元共治,构建"家校社"治理共同体,已成为教育的应有之义。为此,我们将依托学校教育交流中心、家委会和家长义工三大机构,把家庭和社会力量纳入学校治理体系,共同参与学校管理决策和治理实施,打造协同育人网络,完善共同体治理机制,形成多元共治格局。

依托家委会组织机构，扩大家长参与学校事务的广度和深度，保障家长的知情权、参与权。坚持将敞开大门办教育，秉持"让家长与学校成为相向而行的力量"的家校共育理念，邀请家长参与到学校的决策中来，让家长成为学校管理的"第二条腿"，小到校服征订，大到教育教学计划制定、课程开发等，都要广泛征求家长意见。

2. 畅通指向家长的唤醒课程

家长需要成长，家庭教育的优劣关系到孩子未来的方向。唤醒家长的主体责任意识，才能助推家长家庭教育能力快速提升。为此，我们将以亲职教育课程开发为抓手，形成家长幸福课程、社区服务课程和亲子课程，逐步构建起了家长乐于接受的课程体系，借力课程滋养家长的责任意识和学习自觉。

四、从校园到社会：拓宽未来公民成长的渠道

培养未来公民应具备的、能够适应终身发展和社会发展需要的必备品格和关键能力，就要从文化基础、自主发展、社会参与这三个方面入手。如果说文化基础与自主发展是在学校里培养的话，那么，社会参与就需要学生从校园走向社会，提前感知与体验。

1. 未来公民学术素养培养

学校将以六大院为主阵地，以"争当六艺星，争做小院士"为路径，以月主题活动为载体，提升学生的综合素养。即所有学生都是学员，通过努力升级为团员、小院士。通过动手、动脑、动眼，以"演""画""练""捏""剪""写""造"的方式进行呈现，这样，小公民的学术素养得到提升。

2. 未来公民实践能力培养

学校将以学校生活为主阵地，以班级管理为载体，以"学生—六艺星—班级小公民—学校小公民"为路径，以"争当六艺星，争做小公民"的方式，培养学生的实践能力。

一是班级生活。以班级管理为载体，学生在班级表现优秀，即可评为班级六艺星；评选优胜者，可以当班级小公民；小公民实行岗位负责制，成为教师的助理；教师小助理参与班级管理，进行班级岗位实践。

二是学校生活。学校小社会，岗位大舞台。每个月首席班主任可以推荐两名教师小助理到学校，成为学校小公民，当校长小助理。校长小助理参与到学校的管理中来，以学生的视角管理学校；参与路队检查、楼梯检查、餐厅检查、教师办公室检查等岗位实践，培养了学生的参与意识，锻炼了实践能力。

三是社会生活。社会是一所大学校，学生时代走入社会，是为将来真正踏进社会的演练，在社会这个大课堂中，让学生走出校门，走进社区，清理街道，参观企业，参加劳动实践等活动，对学生进行服务社会、服务他人的教育。

"未来公民"意识的培养不在朝夕之间，"未来公民"教育的效果也未必立竿见影，过程比结果更具教育意义。只要我们在正确的教育理论指导下，家校共通，不断思考、不断实践、不断创新，相信我们能寻求到更多更好的"未来公民"教育方法和模式，为素质教育实施带来更加美好的明天。

经历了就会被感动，播种了才能有收获。俗话说：播种行为，收获性格；播种性格，收获绿叶。有了绿叶，鲜花才会盛开得更加灿烂；有了良好的习惯，人生才会变得更加美好。还有一种说法，就是——播种一个行动，你会收获一个习惯；播种一个习惯，你会收获一个个性；播种一个个性，你会收获一个命运。

唐代大诗人李白在《上李邕》中说："大鹏一日同风起，扶摇直上九万里。"沂南经济开发区实验学校作为沂南县课改的领头羊，已经崭露锋芒，取得了丰硕的成果。把学校做强做大是我们经济开发区人的责任，更是义务。马云是这样说的，"很多人不能明白未来对自己的意义和机会，也很难理解坚持对自己未来的意义，但我们必须明白未来一定会有人因为你的想法而成功。很多人只是想了一想而已，而有的人却是在真正地坚持地做。"

长风破浪会有时，直挂云帆济沧海。展望未来，我们充满了希望，愿我们沂南经济开发区实验学校一步一个台阶，迎着朝阳、伴着彩霞，一路欢歌，奔向更加美好的明天！

参考文献

[1] 陶行知. 中国教育的觉醒[M]. 北京:群言出版社,2013:52.

[2] 吕达,刘立德,邹海燕. 杜威教育文集[M]. 北京:人民教育出版社,2005:66.

[3] 〔苏〕B. A. 苏霍姆林斯基. 给教师的建议[M]. 杜殿坤,译. 北京:教育科学出版社,1984:63.

[4] 〔美〕内尔·诺丁斯. 教育哲学[M]. 北京:北京师范大学出版社,2008:59.

[5] 柏拉图. 理想国[M]. 郭斌和,张竹明,译. 北京:商务印书馆,1996:78.

[6] 〔美〕杜威. 民主主义与教育[M]. 王承绪,译. 北京:人民教育出版社,1990:88.

[7] 檀传宝,等. 公民教育引论:国际经验、历史变迁与中国公民教育的选择[M]. 北京:人民出版社,2011:96.

[8] 檀传宝. 公民德性及其养成:中国公民教育评论[M]. 北京:社会科学文献出版社,2020:65.

[9] 王少非. 促进学习的课堂评价[M]. 上海:华东师范大学出版社,2018:38.

[10] 〔美〕斯蒂金斯. 促进学习的学生参与式课堂评价[M]. 4 版. 国家基础教育课程改革"促进教学发展与学生成长的评价研究"项目组,译. 北京:中国轻工业出版社,2005:77.

[11] 刘铁芳. 公共生活与公民教育:学校公民教育的哲学探究[M]. 北京:教育科学出版社,2013:83.

[12] 蓝维,等. 公民教育:理论、历史与实践探索[M]. 北京:人民出版社,2007:65.

[13] 徐洁. 把课堂还给学生[M]. 上海:华东师范大学出版社,2017:15.

[14] 习近平. 思政课是落实立德树人根本任务的关键课程[J]. 求是,2020(17):06.

[15] 檀传宝. 何谓"教育与生产劳动相结合"——经典论述的时代诠释[J]. 课程·教材·教法,2020(01):05.

[16] 赵华,冯建军. 新时代公民道德建设的学校落实机制[J]. 人民教育,2021(01):56.

[17] 冯建军. 让教育与生命同行[J]. 人民教育,2006(09):07.

[18] 鲁江,付毕敏. 突破学校围墙对教育的阻隔——广东省深圳市明德实验学校研学旅行课程设计[J]. 人民教育,2019(24):17.

[19] 王晓燕. 研学旅行亟须专业化引领发展[J]. 人民教育,2019(24):13.

[20] 柳夕浪. 构建中国特色社会主义劳动教育制度[J]. 人民教育,2020(07):40.

[21] 刘良华. 劳动教育何以成为"五育"融合的突破口[J]. 人民教育,2021(01):36.

[22] 刘艺慧. 在农村小学建一所精致的"少年农学院"[J]. 人民教育,2018(04):101.

[23] 王烽. 高质量发展:基础教育的挑战与应对[J]. 人民教育,2021(01):22.

[24] 杨其山. 建设田园课程:激活乡村教育的一池春水[J]. 中小学管理,2021(02):07.

[25] 徐正烈. 扎根厚重地域文化 营建新学校办学特色[J]. 中小学管理,2021(02):41.

[26] 马元方,谢峰,等. 地方商师院校人才培养模式的研究与实践[J]. 教育研究,2008(08):106-109.

[27] 〔美〕贝索斯. 抵抗天赋的诱惑[J]. 读者,2013(2):40.

[28] 曹锦旺. 经典诵读中的接受问题研究[D]. 广州大学,2017:15.

[29] 陈宝生. 国之大计 党之大计——新中国教育事业的历史成就与现实使命[N]. 人民日报,2019-09-10(13).

[30] 教育部. 教育部等十一部门关于推进中小学生研学旅行的意见[EB/OL]. http://www.moe.gov.cn/srcsite/A06/s3325/201612/t20161219_292354.html,2016.11.30.

[31] 习近平. 在北京大学师生座谈会上的讲话[EB/OL]. https://baijiahao.baidu.com/s? id=15993971958561483258&wfr=spider&for=pc 2018.05.

后 记

为真实成长喝彩 为幸福未来补钙

在最适宜的环境中,公民成长才会最快。班级的小剧场为小公民提供了营养配套的土壤,学校的大舞台为小公民搭建起强筋壮骨的实训场。公民的成长过程是循序渐进的,从班级公民到学校公民,为未来社会公民有序、良性、健康地生活奠基。

今天的学生,就是未来社会的公民,更是未来社会的建设者和接班人。如何把一个个鲜活的生命个体培养成为中国特色社会主义新时代的合格公民?尊重成长规律,积极创新公民培养模式,不断吸收中国文明中传统、革命、现代的先进文化元素,同时还借鉴国外公民教育的经验,自觉与学校人才培养模式融合创新,推动着主要以公民参与的人类命运共同体的建设任务。

首先凝练共同文化价值追求,确立公民教育培养目标。沂南经济开发区实验学校建校以来,把寻找文化基因和生长点作为办学的重要依据和逻辑起点。走进校园,映入你眼帘的是,楼宇外、廊道内的环境,无不闪烁着亮丽的文化符号,洋溢着传统文化的气息。沐浴在公民文化氛围中,无论是学生、老师、家长,还是社会爱心人士,都会亲身感受到公民的成长过程。

这里的课堂和功能室,处处留下了"小公民"成长的足迹,学生的学习生活正在发生着根本性的改变。这种改变是基于未来社会公民所必须具有的关键能力和必备品格,即为他们获取信息能力、创新思维能力、问题解决能力、独立思考能力、批判思维能力、沟通能力、协作能力等而设计的。

学习是人的天性,是每个人生命成长的形式和样态。一个人的学习与成长,应该是一种文化延续的整体成长。学习方式的不同归根结底是由人的价值观所决定的。因为价值观决定思维方式,思维方式最终决定一个人的行为方式。由于学习是学校生活的核心,不同的学习方式决定着不同的学校生活品质。不同的学校生活品质影响着学生的成长规律,提高学生在校学习、生活的质量,就要下大力气转变学生的学习方式。因此,教育者要做的就是要改变一个人的价值追求,树立主题学习观、对话学习观、多维学习观和整体学习观。笔者认为,学习方式的研究要基于教育培养"生活主体"这一最终目的,即教学生"学会生活",以及学生学习的对象或领域与人的生活所面临的对象或领域应该是同一的立场。

自主性是小公民身上的首要特质,主要通过学生的自主学习来实现。任何学习方式的变革最终都是为了发展与提升学生的自主学习能力。自主学习从根本上确立了学生的主体地位,强调培育学生强烈的学习动机和浓厚的学习兴趣,从而能动地学习,即主动地自觉自愿地学习。自主学习是以培育主体性、自立性、自觉性和主动性为主要内容的自主性发展目标,要求教育者以学校教育为主阵地,同时辅之以科学合理的家庭教育、社会教育,使青少年儿童通过自主学习,学会求知、学会做人、学会健体、学会审美、学会交往、学会劳动、学会生存,符合时代和新型社会发展所需要的人才素质要求。

学生今天的学习方式就是他们明天的生存方式和生活方式。要实现不同生命个体(学生)学习与成长方式的根本转变,必然要将每个学生的成长主题设计、分解为各个成长与发展阶段的学习主题;对于每一阶段的学习主题,教育者要根据学习者的不同学习需求细化为不同内容的学习主题链,进而设计为适合每一个学习主体的教学内容。只有将学生不同时期的成长主题分解为与之相适应的学习主题,同时,根据学生不同阶段学习与成长的主体性需求,加强主题性学习的适性指导,才能让每个不同的个体以自主、合作、探究的方式实现个人品格的生成与构建,才能在真正意义上实现道德主体理性、自由的发展。

到目前为止,小公民们在实践中总结、发掘了其主体性品质(如独立性、自主性、自信心、创造性、责任感、理想、信念、意志力、合作精神、批判力等十多种品质)的学习主题。在此基础上,教育者根据每个学生初步确立的人生规划目标,在准确研判基础上,指导、帮助每个学生将其一生各阶段的成长需求、成长困惑与学习需求、学习方式,确定为不同的成长主题。然后,在成长主题的引领下再划分为不同的学习主题,教育者因此有计划、有目的地进行主题性教学。

教师主题性教学和学生主题性学习深度融合,通过引领学习、合作学习、自主学习,三个层级改进了学生的生命成长方式,较好地解决了学习与成长割裂的难题,激发起学生学习的内在需求,学生全面发展在我校成为现实。

公民成长是一个全面发展的过程,也是一个循序渐进的过程。尊重学生发展阶段性,为小公民成长有序设计阶梯。每个人的生命都是独特的,教育应按照个体发展的一般规律和阶段性特征进行科学设计,以彰显不同对象和不同阶段的独特性,使每个人在每一阶段都能活出精彩。学校依托九年一贯制办学的天然优势,将学生在校的九年划分为既相互独立又密切衔接的四个教育阶段(1～2年级是第一学段,3～5年级是第二学段,6～7年级是第三学段,8～9年级是第四学段),并按照学生成长规律设计形成"六艺星—班级小公民—学校小公民"的成长阶梯。

公民讲堂是突破时空的立体学习场。"学子诵读""六艺农场""模拟公民生活场景""研学旅行"等成长体验"大讲堂"应景而生。

拓展小公民的知识眼界,"学子诵读"做好了"四个结合",即与日常教学相结合、与班队活动相结合、与学生良好习惯的养成教育相结合、与校园文化结合,激发学生诵读热情。通过这些系列活动,努力营造人人诵读的人文氛围。

从学生的真实情境和现实发展需要出发,打破学科课程与活动课程、课堂教学与生产劳动之间的界限,建设了"六艺农场"课程基地,让儿童回归到真实的情境中去学习。这里"六艺农场"实行班级认领制,学生自主管理,包干到班级,学生每天轮流值班对实践区进行科学管理,亲自参与种植、管理和收获,体验在耕耘中的辛苦与收获的喜悦,感受到生命的存在与力量,感受"劳动创造美"的快乐。

模拟公民生活场景,实现学校教育向公共生活的复归。学校积极创设学校公共生活的实践——校园模拟场景,如"确定超市管理模式,明确师生角色分工""建立规范的管理体制,形成明确的岗位职责""开展资金运营与收益分配"。所有这些模拟性公民生活场景,都成为公民成长的生活体验。

让研学旅行真正成为"行走的课堂",充分发挥其育人功能。学校通过整合研学资源,科学论证、合理设置研学主题,研发出切实可行、主题鲜明的研学课程与线路,打造了独具特色的研学旅行"社会大讲堂",积累了宝贵的研学旅行经验。以研学主题为切入点,聚焦跨学科融合,触发各学科之间的关联,进行有意义的探究。这样,学生走向真实社会,面对真实问题,解决真实问题,寻找与发现、思考与分析、体验与感悟,在这里得到最佳融合。能力培养与素养积淀,促进其社会化的实现。这里的学生们在"学子诵读""六艺农场""模拟公民生活场景""研学旅行"等综合性社会实践活动中,培养、锻炼和形成了核心素养,他们的爱国情怀、科学精神、民主意识、合作能力、公民道德品格等都能得到切实的发展与提升,为公民的成长打下了坚实根基。

在评价杠杆的撬动下,不同层级的公民逐渐成长并成熟起来。

一是以月主题活动为载体,以争当"小院士"为目标,按照"六艺星—社团团员—小院士"的培养路径,让学生通过在学校"六艺院"进行"演、画、练、剪、写、造"等方式的学习,培养人文素养和科学精神,实现个性化发展。二是以班级争先活动为载体,以争当"班级小公民"为目标,按照"六艺星—班级小公民"的培养路径,通过让学生参与班级内的卫生、体育、学习等管理岗位实践,培养他们的活动参与和实践能力,实现和谐发展。三是以校级岗位实践活动为载体,以争当"学校小公民"为目标,按照"六艺星—班级小公民—学校小公民"的培养路径,通过建立教师小助理、校长小助理工作岗位和机制,培养学生的综合素养,促进其全面发展。

教育回归生活,生活高质有效发展。以"课堂生活"为主体,以立德树人为圆心,公民课堂成就合格公民,孕育课堂变革,也就应运而生。今天的课堂因造就未来合格的公民而备受关注。

公民课堂在论证阶段得到了教育部学校规划建设发展中心王丽娜主任、华东师范大学王占魁教授的指导与帮助,尤其是临沂市罗庄区教育局苗成彦主任、沂南县第一实验小学朱祥慧老师在课堂实践、反思过程中,给予了精心的指导与帮助,在此一并表示衷心的感谢!

公民课堂正在实践阶段,笔者先后所在单位沂南县第二实验小学、沂南经济开发区实验学校的老师们都付出了辛勤劳动与智慧,在此深表谢意!

由于作者水平有限,书中不足之处在所难免,恳请各位专家与读者批评指正。

沂南经济开发区实验学校

徐正烈

2021 年 4 月